술 잡학사전

Tipsy

Copyright © Clare Burder 2015

No part of this book may be used or reproduced in any manner whatever without written permission except in the case of brief quotations embodied in critical articles or reviews.

Korean Translation Copyright © 2018 by Moonye Publishing Co. Ltd.
This Korean language edition is published by arrangement with Affirm Press through BC Agency. Seoul.

이 책의 한국어판 저작권은 BC에이전시를 통한 저작권자와의 독점 계약으로 (주)문예출판사에 있습니다. 저작권법에 의해 한국 내에서 보호를 받는 저작물이므로 무단 전재와 복제를 금합니다.

추천사

술 제조가, 전문가, 애호가의 갈증을 풀어주는 술 바이블

바텐더를 위한 교육을 진행하면서 주류와 관련된 많은 책을 읽게 되었고 그것을 바탕으로 월드클래스 아카데미에서 활용하고 있습니다. 산업과 기술이 발달하고 그것보다 더 빠르게 문화가 발전합니다만, 술 문화는 그 속도를 따라가지 않는 것 같습니다. '알고 마시면 더 맛있다'는 말도 있는데 주변에는 술을 잘 모르거나 왜곡된 상식을 갖고 있는 사람이 참으로 많아 안타까움을 자아내곤 합니다. 술에 관한 교육을 담당하는 사람으로서 어떻게 하면 많은 사람이 술의 세계를 쉽게 이해하고 올바른 상식을 가지고 세련된 문화를 조성해나갈 수 있을까 하는 문제를 고민해왔습니다. 그래서 언제 어디서나 누구나 활용할 수 있는 술에 대한 상식을 알려주는 주당들을 위한 아이템을 찾고 있었는데 이 책을 만난 것입니다.《술 잡학사전: 알고 마시면 재미있는 술에 대한 모든 것》은 전 세계에서 마시고 즐기는 술에 대한 제조뿐만 아니라 어떻게 활용하면 즐길 수 있는지도 알려주면서 정확하게 장·단점을 파악하고 있어 국내에서 술을 제조하는 생산자와 주류 전문가, 애주가들에게 필독서로서 부족하지 않다고 봅니다.

인류의 역사와 함께 발전한 것 중의 하나가 바로 술입니다. 각 나라의 문화와 역사를 갖고 있으며, 세계의 패권을 누가 쥐었느냐에 따라 어느 나라로 전파됐느냐가 다르고, 또한 그 나라의 술이 전 세계에 알려질 수도 있었고 사라질 수도 있었습니다. 우리가 제국이라고 칭하는 국가의 술들을 어디서나 만나볼 수 있는 이유가 여기에 있습니다. 아쉽게도 중국의 '백주'와 러시아의 '보드카'는 이제 만날 수 없게 됐습니다만, 반면에 일본의 '사케'가 여전히 세계인의 입맛을 사로잡고 있는 것은 의외입니다. 물론 전 세계에서 가장 많이 판매되는 증류주이며 우리나라 국민 1인당 1년에 약 85병을 마시는 한국의 '소주'가 있었으면 더 좋았겠지만요.

신이 주신 선물 '와인'을 비롯해 요즘 대세로 떠오르는 수제 맥주에 대해서도 이해하기 쉽게 설명돼 있어 흥미로웠습니다. 모르고 마시는 것보다는 알고 마시는 것이 술에 대한 예의이며, 술에 대한 가치를 올바르게 알 수 있지 않을까요. 술에 대한 많은 상식과 지식을 제대로 알려주는 이 《술 잡학사전》 한 권으로 여러분의 지식을 한층 강화시켜 주선酒仙이 되기를 바랍니다.

2018년 봄
디아지오 코리아 월드클래스 아카데미 원장
성중용

차 례   4   추천사 (성중용 – 디아지오 코리아 월드클래스 아카데미 원장)

9   매혹적이고 감미로운 술의 세계로 빠져들다

Chapter 1   와인 Wine

- 20   와인의 배경지식
- 45   평가하기
- 56   구매 요령
- 88   더 넓은 세계의 탐험
- 97   음미하기
- 104 와인의 보관
- 108 음식 궁합

Chapter 2   사케 Sake

- 120 사케의 배경지식
- 129 평가하기
- 134 구매 요령
- 138 음미하기
- 142 음식 궁합

Chapter 3   맥주 Beer

- 148 맥주의 배경지식
- 155 평가하기
- 159 구매 요령
- 175 음미하기
- 181 음식 궁합
- 184 **사과주**

Chapter 4   아페리티프와 디제스티프 Aperitif & Digestif

- 190   아페리티프와 디제스티프 배경지식
- 192   구매 요령

Chapter 5   스피릿 Spirits

- 202   스피릿의 매혹적인 세계
- 205   **진**
- 206   │ 진의 배경지식
- 212   │ 구매 요령
- 215   │ 음미하기
- 221   **럼**
- 222   │ 럼의 배경지식
- 226   **테킬라와 메스칼**
- 227   │ 테킬라와 메스칼의 배경지식
- 231   │ 음미하기
- 233   **위스키**
- 234   │ 위스키의 배경지식
- 241   │ 구매 요령
- 252   │ 음미하기
- 256   │ 평가하기
- 258   │ 음식 궁합
- 260   │ 선물용 위스키 구매 가이드

부록 261
- 262   더 맛있는 술을 위해 좀 더 알아야 할 것들
- 270   치즈와 술의 찰떡궁합
- 272   꿈의 홈바 꾸미기
- 274   알아두면 더 맛있는 술 이야기 (이지민-대동여주도 콘텐츠 제작자)
- 281   애주가들의 필수 체크, 용어

- 285   감사의 말

일러두기

- 본문 중 ( ) 안의 내용과 • 로 표시한 내용은 독자의 이해를 돕기 위해 옮긴이가 추가한 설명입니다.
- 저작권사의 허락을 받아 한국 상황에 맞게 일부 내용을 수정하거나 새로운 원고와 일러스트를 추가했습니다.

매혹적이고 감미로운 술의 세계로 빠져들다

정말로 기막힌 술의 첫 모금을 목으로 넘기는 순간의 기분을 느껴본 사람은 알 것이다. 사람들 앞에서 민망하기 그지없는 큰 신음 소리가 터져 나올 만큼 황홀감이란 말로 다 설명할 수 없다.

그것은 제품에 대한 신뢰성, 적정한 가격, 끌림, 맛 사이에서 최적의 접점을 이루는 술 한 잔을 마실 때 느끼는 황홀함이다. 지금까지 그런 황홀감을 느껴본 적 없다고? 그렇다면 먼저 위로의 말을 전하며 이 책을 권하고 싶다. 이 책이 든든한 지원군 노릇을 해줄 것이다. 느껴본 적 있다고? 그렇다면 틀림없이 더 자주 느껴보고 싶을 테니, 이 책이 쏠쏠한 도움이 돼줄 것이라 자신한다.

이 책을 간략히 소개하면, 수년간 쌓은 나 자신의 경험을 밑천 삼아 여기에 호주의 알아주는 주류 전문가들에게서 얻은 약간의 조언을 더해 당신이 술을 제대로 즐길 줄 아는 애주가로 거듭나도록 이끌어줄 초보자를 위한 가이드다. 책을 읽다 보면 어느새 피노 그리pinot gris와 피노 그리지오pinot grigio의 차이를 구별하고, 위스키에 훈연 향이 더해지는 원리와 진과 토닉워터가 찰떡궁합인 이유에 고개를 끄덕일지 모른다. 최상급 사케의 매력에 푹 빠지거나, 니그로니negroni 칵테일이 지금까지 맛본 그 어떤 칵테일보다 당신 입맛에 딱이라는 사실을 알게 될지도 모른다.

당신이 책장을 넘길 때마다 술을 제대로 이해하는 기쁨을 알게 해주고 싶다. 술의 역사, 조주법, 그리고 술 특유의 매력을 알려주고 싶다. 또 술은 양보다 품질이 중요하며 좋은 품질이라는 것이 정확히 무엇을 의미하는지 알 수 있도록 안목을 길러주고 싶다. 분명히 밝혀두지만 그저 당신을 알딸딸하게 취해 비틀거리게 하려는 의도로 이 책을 쓴 것은 아니다(설사 그런 일이 생기게 된다고 해도 거기에 대해서는 책임질 수 없다).

오늘날의 주류 산업은 법규, 전통, 규제, 별난 라벨 표기 관행이 복잡하게 뒤엉킨 거대한 세계다. 그런 탓에 '정보 시대'라는 현 시대의 별칭이 무색하게도 생산자와 소비자 사이에 지식 격차가 엄연히 존재하며, 그 격차는 대체로 생산자에게 유리하게 작용하는 방향으로 흐른다. 그래서 이 책을 통해 복잡하게 뒤엉킨 주류계의 수수께끼를 푸는 첫 단서를 알려주려 한다. 즉 라벨에서 눈에 띄지 않는 자리에 표시된 유용한 정보 알아내는 방법을 비롯해 여러 단서를 알려주려 한다. 그렇다고 해서 탐사보도 프로그램식의 폭로를 하려는 것은 아니다. 우리에게 일용할 술을 만들어주는 주류 업계 사람들을 사랑하며 앞으로도 평생 그분들에게 고마워하고 싶다. 다만, 소비자인 당신에게 업계 사람들끼리의 비밀을 약간 엿보게 해주고픈 마음이 앞서는 것뿐이다.

그런 마음에서 주류라는 거대 세계로 탐험을 떠나기 전에 무엇보다도 먼저 전해주고 싶은 조언이 있다. 술을 마시는 데 꾸준히 돈을 지출할 생각이라면 관련 서비스 혜택을 놓치지 말고 누리라는 것! 구매의 대략적 가이드를 얻고 싶다면 평판 좋은 주류 판매점과 그곳에서 일하는 사람들에게 적극 도움을 구해라. 특히 해당 주류에 전문 지식을 가진 사람이라면 큰 도움이 될 것이다. 많은 판매점에서 시음회 행사를 정기적으로 열고 있으니 그런 행사를 활용해 구매 전에 시음을 해보는 방법도 있다. 판매자에게 전에 기분 좋게 마셨던 술의 스타일이나 브랜드를 알려주면 당신이 색다르고 맛 좋은 술을 찾도록 추천해주기도 할 것이다. 예산을 세우는 것도, 바보처럼 들릴 것 같은 질문을 하는 것도, 새로운 것을 맛보는 것도 두려워하지 마라. 새로운 것에 과감히 도전해보라. 동네 주류 매장의 어두컴컴하고 먼지 뒤덮인 구석을 탐색해보라.

이제 사설은 그만하고, 본격적으로 술의 세계로 들어가 보자.

당신이 즐겨 마시는 그 술, 어떻게 만들어지는 걸까?

술을 한번 제대로 마셔보고 싶은가? 그렇다면 조주법과 조주법에 따른 풍미의 차이를 익히고 나서 마셔보라. 이 책에 소개되는 술들 중에는 포트(달콤한 맛에 알코올이 강화된 포도주)나 테킬라처럼 서로 달라도 너무 다른, 공통점이라곤 알코올 성분뿐인 술들이 있다. 하지만 세계의 대다수 명주名酒들이 단 몇 가지 기본적 과정을 재치 있게 조합해서 빚어질 뿐이다(더 자세히 알고 싶다면 부록 262~269쪽을 참조하라).

발효 Fermentation

당분이 알코올로 변하는 과정

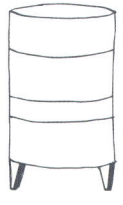

(술 제조할 때) 발효란 효모가 당분을 알코올로 바꿔주는 과정이다. 이때 효모가 제 역할을 잘하려면 원재료에 적절한 형태의 당분이 함유돼 있어야 한다. 포도는 효모 역할을 제대로 해주는 유형의 당분이 적절히 함유돼 있는 원재료에 해당한다. 그렇지 못한 원재료를 사용할 경우에 필요한 과정이 몰팅이다.

몰팅 Malting

전분을 당분으로 변환하는 과정

보리와 쌀 등의 원재료는 전분 함량이 높다. 전분은 화학구조상 복수의 단당이 사슬 모양으로 연결돼 있는데, 사슬 구조가 너무 길어 효모가 변환 역할을 수행하기에는 무리다. 그래서 효소를 사용해 전분을 분해해야 한다. 분해 방법과 명칭은 원재료에 따라 여러 가지지만 여기에서는 편의상 통틀어 '몰팅'이라고 부른다.

증류 Distillation

알코올 증기를 분리·응축하는 과정

자, 지금부터는 좀 더 집중해서 듣자. 알코올과 물을 섞은 혼합용액을 가열하면 약 78°C에서 알코올이 가장 먼저 증발한다. 물은 100°C에서 끓는다는 사실은 말 안 해도 다들 알 것이다. 이렇게 먼저 증발한 알코올 증기를 붙잡아 냉각시키면 이 증기가 다시 액화되면서 알코올 함량이 높은 액체가 만들어지고 가열 기구에는 물과 불휘발성 물질(당분, 타닌 등)이 남는다. 바로 이것이 증류의 기본 원리다.

침용 Maceration

풍미를 우려내는 과정

혹시 베이스 술에 풍미가 부족하다면? 그럴 땐 방법이 있다. 이런저런 재료를 첨가하면 된다. 허브나 향신료, 식물이나 과일 같은 것을 섞어 넣어 '침용(담그거나 우리는 것)'하면 된다. 이때 가열을 하기도 하는데 가열하면 대체로 더 깊은 풍미가 추출된다(단, 알코올이 증발되지 않도록 주의해야 한다). 풍미 추출 후 여과만 거치면 침용 과정은 끝난다.

주정강화 Fortification

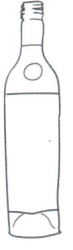

알코올 함량을 높이는 과정

주정강화는 발효시켰거나 발효 중인 와인에 알코올 함량이 아주 높은 증류주를 첨가하는 과정이다. 이 과정을 거치면 두 가지 효과를 거둔다. 즉 (대체로 당분과 알코올 함량이 아주 높은) 증류주를 첨가하면 더는 효모가 살지 못해 소멸되고 화학적으로 안정되는 한편, 자연발생적인 재발효가 방지된다. 대체로 이 과정 뒤에는 와인 성분이 한데 어우러지도록 통에 넣어 장기간 숙성 과정이 이어진다.

숙성 Ageing

말 그대로 숙성시키는 과정

숙성은 산소와 접촉하거나 차단한 상태에서 이루어진다. 밀폐된 환경(밀봉된 병이나 통)에서 이루어지는 숙성은 술 스스로 완성돼가는 느리고 복잡한 과정이다. 이 과정은 (가령 숙성통 속에) 소량의 산소가 더해지면 원재료에 더 많은 변화가 일어나면서 보다 빠른 속도로 이루어진다. 한편 숙성 과정에 있는 와인이 산화되지(상하지) 않으면서 산소를 흡수하게 하려면 제조 방법, 알코올 함량, 그리고 추가 방부제를 잘 조절해줘야 한다.

이것만 알고 마시면 나도 전문가

당신도 느끼고 있을 테지만, 술에 대해 이러쿵저러쿵 늘어놓은 설명은 정말 많지만 실제 음용에 대한 설명은 별로 없다. 전문가처럼 술을 제대로 마시고 싶다면 새로운 요령과 용어를 익혀야 한다. 그런 요령과 용어를 알기 전에 먼저 몇 가지 기본 원칙부터 짚고 넘어가자.

> Tip. 가까운 마트에 가서 달달한 젤리 과자를 사라.
> 그리고 다음처럼 따라해보라.

젤리 과자를 입 안에 쏙 넣어보라. 그러고는 (손가락으로) 코를 꽉 틀어막고 젤리를 씹어라. 흐물흐물 녹으면서 달달한 맛이 느껴질 때까지 씹다가 삼키기 직전에 막았던 코를 놓아라.
느꼈는가? 입에서부터 코 안쪽으로 풍미가 확 밀려오는 것을. 만약 애들처럼 젤리를 쪽쪽 빨아먹었다면 덤으로 어린 시절의 아련한 추억까지 느꼈을지도…….

어떻게 이럴 수 있느냐고? 지금부터 설명해주겠다.
인간은 음식이나 음료를 온전히 음미하려면 두 기관의 도움을 받아야 한다. 하나는 코 안쪽에 위치한 코의 감각(후각)이다. 후각은 수백만 가지의 냄새를 구분할 줄 아는 굉장히 유능한 일꾼이다. 후각은 기억 체계와 밀접하게 연결돼 있다. 우리가 어떤 냄새를 맡는 순간 기억이 확 떠오르는 것도 바로 이런 이유에서다. 또 후각은 맛이 아닌 풍미를 감지한다.
맛은 풍미와 다르다. 또 하나의 음미 기관인 혀에서 감지할 수 있는 맛의 종류는 모두 다섯 가지가 있다. (아직 밝혀지지 않았을 뿐 그 이상이 될 수도 있지만, 어쨌든 지금까지의 일반적 상식에 따르면) 단맛, 짠맛, 신맛, 쓴맛, 감칠맛이다. 혀는 (아니, 인간의 혀만이) 이 다섯 가지 맛을 감지한다.

코를 막으면 젤리의 풍미를 감지할 길은 막히지만 혀가 달달한 맛의 정보를 전해주기 때문에 단맛을 그대로 느낄 수 있다. 젤리의 풍미는 막았던 코를 풀어줘야만 느끼며 우리는 그제야 젤리가 사과 맛인지, 딸기 맛인지, 레몬 맛인지를 구분할 수 있다.

여기에서 포인트는 두 가지다. 첫째, 음식과 음료를 제대로 감별하고 싶을 때 우리가 자유롭게 쓸 수 있는 기관은 후각(코)과 미각(혀) 두 가지라는 것. 둘째, 두 기관을 제대로 활용하기 위해서는 집중해서 냄새를 맡고 세심히 맛을 보기만 하면 된다는 것. 그렇게 어려운 일은 아니다!

이제 혀과 코의 기능 차이를 알았고 맛과 풍미의 차이도 이해했으니 슬슬 술의 또 다른 측면을 파고들어가 보자. 기대해도 좋다. 술과 술의 차이를 구분 짓는 요소들, 즉 간단히 말해 술의 구조, 겉모습, 여운, 특징을 알아보는 흥미로운 시간이 될 테니 말이다. 확실히 이런 요소들은 조금은 알쏭달쏭한 감이 있지만 한편으론 그런 것이 묘미를 안겨준다. 물론 라임, 딸기, 향신료가 어쩌니 저쩌니 하며 장황한 설명을 늘어놓을 때도 있겠지만 어떤 술이 단순하거나 풍부하다거나, 풍미가 두드러지거나 절제되어 있다거나, 질감이 잘 살아 있다거나 매끄럽다는 등의 흥미로운 풍미 표현도 만나게 될 것이다. 비교와 비유의 풍미 표현(예를 들어 '드라이한 리슬링riesling은 인간으로 치자면 북유럽의 슈퍼모델이라고 해도 손색이 없을 만큼 멋지다')이나 창의적인 풍미 표현을 읽다 보면 흥미로워질 것이다. 술의 세계는 이야기보따리를 풀자면 한도 끝도 없이 이어지겠지만, 아무튼 이제부터 여러분을 위해 간추리고 간추린 핵심 이야기를 하나씩 살펴보자.

단순하게 생각하자

누구나 도통 뭔 말인지도 모르겠는 과장된 맛 평가를 읽어본 적이 있을 것이다(와인 라벨에 적힌 '관능적'이라는 등의 문구를 떠올려보라). 몇 시간씩 책에서 읽은 대로 시음을 했는데도 뭐가 뭔지 막연하기만 하고 즐겁게 마셨는지, 아니 어떻게 마셨는지조차 모르겠는 경우는 없었는가? 엄격히 따지는 꼼꼼한 성격이 아니라면 자신에게 다음과 같이 물어보라.

맛이 좋은가?
한 잔 더 마시고 싶은가?
또 사고 싶은 마음이 드는가?

질문 중 하나라도 긍정적 답이 나오면 그 답에 따라 술을 평가하면 된다!

디너파티는 삶의 큰 활력소가 되는 것 중 하나인데, 그런 파티에 와인이 빠진다면 정말 뭔가 허전하다.

와인은 뱃속은 물론 마음까지 즐거움으로 채워준다. 와인은 예술과 과학이 완벽하게 어우러져 빚어낸 작품이다. 와인은 겨울에는 몸을 따뜻하게 데워주고 여름철에는 갈증을 잠재워주며, 축하 모임과 댄스파티에 분위기를 돋워주고 밤늦도록 시간 가는 줄 모르게도 해준다. 무엇보다도 와인의 경이로움은 무한대의 다양성에 있다. 역사를 통틀어 똑같은 와인은 단 한 병도 없다. 와인의 중심에는 포도밭과 사람들의 숨결이 녹아 있다. 와인을 마실 때 와인을 통해 사람과 포도밭, 그리고 그 이면에 깃든 이야기와 맞닿는다.

와인은 특정 역사와 장소, 시기가 한데 어우러져 빚어낸 합작품이다. 말하자면 와인은 흙, 바람, 햇살, 비, 그리고 당연히 그 와인을 빚어내는 사람들의 헌신이 한데 어우러져 탄생한다. 와인은 이처럼 비범한 것만이 아니라 맛도 좋다. 이 정도만 들어도 와인에 대해 더 알고 싶어지지 않는가?

Chapter 1

와인
WINE

와인의 배경지식
와인에 대해 알아보기

    호주는 와인 양조계에서 아직 햇병아리에 지나지 않겠지만 지난 200년 사이에 나름대로 비약적인 발전을 가져왔다.

    호주의 와인 산업은 1791년 포도나무를 처음 심은 이후로 쭉 대성공을 이루었다. 와인 산업의 발전은 이 땅에 집단으로 유배와 있던 죄수들에게도 나쁠 것이 없었다(호주는 영국의 죄수들이 유배를 오면서 형성된 국가로, 1788년부터 1868년까지 80년 동안 약 16만 2,000명의 죄수들이 호주로 유배됐는데, 죄수의 노동력은 호주 건국과 경제 발전의 기초를 닦는 데 큰 역할을 담당했다). 호주는 아주 다양한 기후와 토양을 갖춘 덕분에 갖가지 품종의 포도를 재배하기에 적합하다는 이점도 있었다.

    와인은 나라별로 규칙이 달라서 모두 다루려면 이야기가 너무 길어질 테니, 이 책에서는 주로 호주 와인을 중심으로 이야기하려 한다. 하지만 지레 걱정하지 않아도 된다. 호주 와인만 해도 저렴하면서도 흥미를 끌 만한 와인이 차고 넘치니 말이다.

역사 한 토막

    와인은 유서가 깊은 술이다. 정확히 콕 집어 말할 수는 없지만 그 역사가 대략 6,000~7,000년에 이른다. 지금 우리가 마시는 현대식 와인(또는 현대식 와인과 유사한 와인)조차 이집트, 그리스, 로마 사람들이 양조법을 진화해 가며 무역을 했던 시기로 거슬러 올라간다 해도 그 역사가 최소한 1,500년에 달한다. 하지만 우리가 현재 이처럼 뛰어난 와인을 즐기게 된 점에 관한 한 유럽의 수도사들에게 고마워해야 한다. 포도밭의 위치가 최종 와인의 품질과 특징을 크게 좌우한다는 사실을 알아낸 사람들이 바로 유럽의 수도사들이었으니, 그 공은 인정해줘야 한다. 특정 장소와 와인 간의 관계는 워낙 신비로워서 현대의 과학 지식을 총동원해도 여전히 풀리지 않는 와인의 최대 미스터리로 남아 있다.

이른바 와인의 '구세계'라 할 수 있는 유럽은 1,000년이 넘는 역사를 자랑하는 와인의 심장부로서 와인 생산과 라벨 표기를 규정으로써 엄격히 관리한다. 유럽의 상징이라 할 만한 와인은 식민주의 물결을 타고 '신세계'의 구석구석으로 퍼져나갔고 테라 오스트랄리스Terra Australis(라틴어로 '남방대륙'이라는 뜻이며 훗날 호주(오스트레일리아Australia)의 어원이 됨)까지 전해졌다. 1800년대에 포도나무 전염병이 돌아 유럽의 포도원이 초토화되는 비극이 벌어졌다. 다소 아이러니하지만 이 비극 덕분에 현재 세계 최고령 와인 양조용 포도나무 몇 그루가 이곳 호주에서 자란다. 호주 사람이라면 왠지 자부심 가질 만한 대목이지 않은가.

풍미의 근원

해마다 색다른 특징을 띤, 원재료인 포도 품종도 많은 데다 (호주에서만도) 생산자 수가 2,000명이 넘고 브랜드 수도 1만 5,000개 이상에 달하는 상품을 제대로 이해하려면 어떻게 해야 할까? 글쎄, 우선 그 풍미의 근원을 알아야 하지 않을까? 와인이 그처럼 다양한 것은 포도 품종, 양조 방식, 숙성에 따라 저마다 풍미의 특징이 다르게 형성되기 때문이다.

포도

포도의 풍미는 품종에 따라 저마다 다를 뿐만 아니라 포도가 여무는 정도에 따라서도 달라진다. 덜 익은 포도가 푸릇푸릇한 빛깔을 띠면서 채소 특유의 풍미를 지니는 편이라면, 잘 익은 포도는 열대과실이나 졸인 과일의 풍미를 지니는 편이다. 그래서 와인 양조에서는 포도의 수확 시기가 중요하다. 또한 포도의 당분 함량에 따라 최종 와인의 알코올 함량이 좌우되기도 한다(더 자세히 알고 싶다면 48쪽으로 잠깐 건너뛰길).

와인 양조법

기본적으로 와인 양조란 한마디로 알코올 발효 과정의 관리다. 하지만 복합적인 요소까지 모두 따지자면 하나의 예술이라고 할 만큼 복잡하다. 발효 자체는 그다지 어려울 것이 없는 단계다. 진짜 난관은 어떤 스타일의 와인을 만들지, 또 그런 스타일의 와인을 어떻게 빚어낼지 결정하는 일이다. 와인 양조 과정에서 와인 생산자가 내려야 할 결정이 한두 가지가 아닌데다, 그 결정은 예산은 말할 것도 없고 포도 품종, 기후 조건, 포도 숙성도 등 수많은 요소에 의해 좌우된다. 경우에 따라서는 명성을 얻은 고유 스타일이나 지역별 특징을 염두에 두거나, 아니면 새로운 실험을 시도해볼 만한 시장성까지 고려해서 결정을 내려야 한다.

알쏭달쏭 용어

테루아

프랑스어로는 '테루아 terroir'지만 입에 잘 붙지 않는 발음을 피하는 차원에서 여기에서는 '장소성 place'으로 부르기로 하자. 아무튼 이 용어는 기후(따뜻하거나 서늘한 기후, 해양성·내륙성 기후 등), 토양(비옥도, 광물성 특성, 지층, 배수성 등), 방향과 경사도(재배지의 마주 보는 방향과 경사진 정도), 일조량, 날씨, 포도원 관리 방법, 여전히 미스터리인 미지의 요소 등을 통틀어 일컫는 말이다. 전 세계 곳곳에 와인 생산지가 들어서면서 점차 밝혀지고 있다시피 지역에 따라 적절한 재배 포도 품종이 다르다. 어떤 품종은 배수가 잘 되는 토양이 맞고, 또 어떤 품종은 모래가 많이 섞인 해안지대가 이상적인 재배지다. 저녁에는 서늘하고 낮에는 온화한 기후 조건이 필요해서 내륙지대가 최적지인 포도 품종도 있다. 대다수 지역이 그 지역만의 특산 품종이 있는 것도 바로 이런 이유 때문이다.

화이트 와인 양조법

화이트 와인 양조의 핵심은 압착 후에 포도껍질을 제거하는 데 있다. 풍미가 주로 포도즙에서 나오기 때문이다.

1 포도를 손으로 직접 따거나 기계로 수확한다.*

* 손 수확은 비용이 많이 들고 작업 속도가 더디지만 거의 손상 없이 포도를 딸 수 있어 좋고, 기계 수확은 포도 손상이 손 수확에 비해 심하지만 비용이 저렴하고 작업이 빠르다.

수확한 포도는 압착해서 포도껍질을 으깨고 줄기는 제거한다.

2

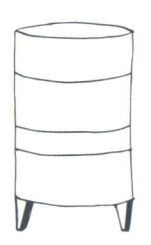

3 포도를 조심조심 압착해 포도즙을 더 추출한 후 고형물(씨, 껍질, 과육)을 제거한다.

압착한 포도즙을 (산소가 전혀 투과되지 않는) 스테인리스스틸 탱크나 (미량의 산소가 투과되는) 오크(참나무)통에 넣는다.

4

5

발효시킨다! 이제 효모가 본격적인 활동에 들어가면서 당분을 알코올과 이산화탄소로 분해한다.

효모가 소멸되면 효모 찌꺼기는 (걸러서) 바로 분리하거나 풍미를 더 우려내기 위해 와인과 접촉 상태로 좀 더 놔둔다.

6

7

경우에 따라 유산 발효malolactic fermentation나 오크 숙성 과정을 추가로 거친다.

적당한 시기에 와인을 병에 담는다.

8

화이트 와인의 풍미를 좌우하는 5대 주역

양조 과정에서 화이트 와인의 풍미를 좌우하는 주요 결정 요소는 다음의 다섯 가지다.

1. 효모

효모는 크게 천연의 공기 중이나 과실에 붙어 있는 야생 효모와 용도에 맞게 인위적으로 배양되는 상업적 효모 두 가지로 나뉜다. 일부라도 야생 효모가 들어가면 최종 와인이 거친 풍미를 띠게 될 가능성이 있는데, 대개 버섯이나 흙의 풍미로 나타난다. 반면 상업적 효모를 쓰면 대체로 싱싱하고 깔끔한 과일 풍미가 두드러진다.

2. 유산 발효

샤르도네chardonnay 특유의 버터 향을 좋아하는가? 그렇다면 이 얘기가 더욱 흥미로울 것이다. 'MLF'나 '말로malo'라는 줄임말로도 불리는 유산 발효는 박테리아를 이용해 거친 사과산malic acid을 부드러운 유산lactic acid으로 바꾸어(사과산은 덜 익은 풋사과의 신맛을, 유산은 요구르트의 신맛을 떠올리면 된다) 더 부드러운 마우스필mouthfeel(입 안에서 느껴지는 질감)과 균형 잡힌 산도를 띠도록 해주는 과정이다. 유산 발효는 주로 (사과산의 비율이 높은 편인) 샤르도네로 와인을 빚을 때 크림, 버터, 버터스카치 캔디, 유산, 요구르트, 캐러멜 계열의 풍미를 더해주기 위해 활용된다. 와인 생산자에 따라 일정량의 와인을 유산 발효시켜서 블렌딩 용도로 사용하기도 한다. 이럴 경우엔 대개 와인 생산자의 최종 평에 '25% 유산 발효' 같은 문구가 들어가는 것이 보통이다.

3. 앙금 접촉

효모가 모든 당분과 영양분을 먹어치운 후 생명이 다하면 일명 '앙금lees'이라는 효모 찌꺼기가 남게 되는데, 이 앙금을 거르지 않고 그대로 두어 와인에 또 다른 차원의 풍미와 질감을 더해주는 과정을 말한다. 샤르도네를 비롯한 다수의 화이트 와인에서 흔히 활용되는 과정으로, 이 과정을 거치면 질감과 여운이 끌어올려져 효모, 크림, 빵, 마마이트 잼(맥주를 발효하고 남은 효모를 이용해 만든 잼) 등의 풍미가 우러난다. 앙금 접촉을 2개월 정도 한 화이트 와인은 신선하고 향긋한 풍미를, 18개월 이상 된 화이트 와인은 풍부한 풍미를 가진다.

4. 오크

오크는 화이트 와인의 양조 과정에서 중요한 역할을 하는데, 주로 샤르도네, 비오니에viognier, 루산느roussanne, 마르산느marsanne, 일부 소비뇽 블랑sauvignon blanc 등을 비롯해 질감이 잘 살아 있는 풀바디(와인을 마실 때 입안에서 느껴지는 무게감을 말하며, 무게감이 가벼운 정도에서 묵직한 느낌의 순서에 따

라 라이트바디, 미디엄바디, 풀바디로 묘사됨)의 화이트 와인일수록 그런 편이다. 화이트 와인에서 오크 과정의 핵심은 과일의 풍미를 압도하지 않는 동시에 새로운 복합적 특징을 더해준다는 데 있다. 이렇게 오크에서 더해지는 새로운 풍미는 대개 바닐라, 삼나무, 계피, 정향, 향신료, 코코넛, 견과류, 훈연, 토스트(구운 빵)나 건포도와 같은 풍미로 묘사된다. 오크는 화이트 와인의 무게감을 보강해주며 (새 오크를 사용할 경우) 타닌 성분을 보충해준다(오크에 대해 좀 더 알고 싶다면 267쪽을 보라).

5. 포도껍질과 고형물

화이트 와인의 양조 과정에서는 대체로 이물질이 섞이지 않은 맑은 즙으로 발효시키는 것이 이상적이기 때문에, 포도에서 즙을 압착해낸 후 포도껍질을 비롯해 과육 등의 고형물은 일반적으로 제거한다. 하지만 껍질과 고형물 일부를 그대로 함께 담가놓은 채 발효를 시키면 질감이나 타닌이 탄탄히 잡히고 풍미가 깊어진다. 빛깔에도 깊이가 더해져 짙은 황금색이나 청동색이 감도는 오렌지 빛깔이 우러나기도 한다. 한편 쓴맛이 추출되기도 하는데, 이런 경우는 대개 바람직하지 않은 상태로 받아들여지므로 세심한 주의가 필요하다.

별별 상식

화이트 와인과 레드 와인은 양조 방식이 크게 다르지만 그 차이란 우리가 보통 생각하는 것과는 달리 미묘한 차이에 불과할지도 모른다. 2001년 프랑스 보르도 대학에서 와인 양조법 및 시음 강의를 수강 중이던 54명의 학생을 대상으로 한 가지 실험이 진행됐다. 이 실험에서는 (학생들 모르게) 색깔만 레드 와인처럼 보이게 해놓은 화이트 와인을 학생들에게 시음하게 했다. 그랬더니 단 한 명도 빠짐없이 참가 학생 전원이 자신이 마신 와인을 레드 와인으로 알았다. 이 사례가 주는 교훈은 뭘까? 겉모습은 가짜일 수 있으니 당신의 미각을 최우선적으로 신뢰하라는 것이다.

레드 와인 양조법

와인 양조법에서 화이트 와인과 레드 와인의 중요한 차이는 발효 방식에서 나타난다. 즉 고형물과 포도껍질을 사용하지 않는 화이트 와인과 달리 레드 와인은 고형물과 포도껍질을 포도즙에 같이 담근 채로 발효시킨다. 레드 와인은 그 발효 결과가 화이트 와인과 크게 달라서 완전히 다른 방식으로 풍미를 조절해야 한다.

1 손 수확이나 기계 수확으로 포도를 딴다.

2 수확한 포도는 껍질을 으깨고 줄기는 제거한다(참고로, 줄기의 경우 대개 제거하는 편이지만 경우에 따라 그대로 놔두기도 함).

3 포도즙과 껍질, 씨 등의 고형물을 발효조에 함께 넣는다.

4 효모가 발효를 개시하는데, 이때 온도에 따라 풍미가 달라지기도 한다.

껍질과 씨에서 풍미와 빛깔이 우러난다.

발효된 즙을 여러 번 압착해 고형물을 걸러낸다. 첫 번째 걸러낸 즙, 일명 '프리 런 주스 free run juice'가 가장 질이 좋은 즙이다(이후에 압착된 즙은 최종 와인의 블렌딩 용도로 사용하기도 함).

- '프리 런 주스'는 포도 자체의 무게 때문에 프레스로 눌러주지 않아도 자연적으로 흘러나오는 포도즙을 말한다. 프리 런 주스가 다 빠져나온 후에도 껍질에는 상당한 양의 포도즙이 남아 있기 때문에 프레스로 눌러 남아 있는 즙을 마저 빼내는데, 이때 세게 눌러서 즙을 짜낼수록 여러 가지 불순물이 섞이기 때문에 와인의 질도 떨어진다.

오크통이나 스테인리스스틸 탱크에서 숙성을 거치면서 사과산이 유산으로 바뀐다.

'여과'한 와인을 오크통이나 스테인리스스틸 탱크에서 조금 더 숙성시킨 후 적정기에 이르면 병에 담는다.

레드 와인의 3대 주역

양조 과정에서 레드 와인의 풍미를 좌우하는 주된 요소는 다음의 세 가지다.

1. 추출

추출이란 빛깔과 풍미를 뽑아내는 것을 의미한다. 추출은 침용 과정에 따라, 또 발효 중인 포도즙에 포도껍질을 함께 담그는 방법에 따라 영향을 받는다. 발효가 끝난 후 포도껍질과 포도즙의 혼합액을 압착할 때 압착 강도도 추출에 영향을 미친다. 즉 세게 압착할수록 더 많이 추출돼 빛깔과 풍미가 진해진다. 말하자면 침용과 더불어 압착도 레드 와인의 무게감, 마우스필, 빛깔, 숙성의 잠재성, 타닌 풍미 등을 좌우하는 데 중요한 역할을 한다.

2. 포도송이 전체 사용

대체로 레드 와인은 발효에 들어갈 때 포도는 으깨고(즉, 껍질을 터뜨려 포도즙을 흘러나오게 하고) 줄기는 떼어낸다. 하지만 '포도송이 전체를 사용하는' 방법에는 두 가지 방식이 있다.

- 포도알만 사용

포도알은 껍질을 그대로 놔둔 상태(즉, 으깨지 않은 상태)에서도 발효가 가능하다. '탄산가스 침용 carbonic maceration'(통째로 발효조에 넣고 탄산가스를 주입해 내용물을 뒤덮으면 산소 없이도 발효가 일어남)이라는 방법을 이용하면 된다. 이 방법으로 빚어진 와인은 밝은 적색에 과일 맛이 살아 있고 설탕 절임과 사향의 풍미를 띠는데, (가메 gamay 포도를 원료로 쓰는) 보졸레에서 생산된 와인이 특히 유명하다. 항간에 떠도는 경험담에 따르면, 이런 풍미는 병입 후 대략 2년 정도밖에 유지되지 않는다.

• 줄기도 사용

발효 과정에서 줄기를 함께 넣으면 타닌이 더 우러나면서 매력적이고 스파이시spicy(아니스, 계피, 정향, 육두구, 후추 등의 향이 나는 와인을 묘사하는 테이스팅 용어)한 풍미가 더해지기도 하고, 풋내가 생기기도 한다. 이 방식은 프랑스의 부르고뉴 레드 와인(피노 누아르pinot noir)과 론 밸리 일부 지역의 와인(시라syrah와 그르나슈grenache)에 흔히 사용되지만 호주에서도 차츰 흥미를 끌고 있다. 줄기를 집어넣으면 와인에 복합성과 흥미로운 풍미, 여기에 섬세한 질감이 더해져 과일 맛이 강한 단순한 와인에 특색을 부여해주는 데 유용하다. 하지만 지나치게 강한 풀냄새가 나거나 떫은맛이 배어날 위험도 있다.

3. 오크

오크는 레드 와인의 풍미에 가장 큰 영향을 미치는 요소며, 오크에 관한 와인 생산자에게는 거의 셀 수 없이 많은 선택권이 있다. 와인 생산자는 오크통을 새것으로 바꾸거나, 다양한 용량의 통을 사용하거나, 오크통 내부를 불로 그을리거나(그을림의 정도에 따라 바닐라, 토스트, 버터, 초콜릿, 후추 등과 같은 와인의 다양한 아로마가 결정됨), 오크통 숙성 기간을 조절하는 등 다양한 선택을 해야 한다. 오크통은 값이 아주 비싸다. 평균적으로 225리터가 최대 1,400달러 선이지만 와인병으로 치면 300병 정도에 지나지 않는 용량이며 몇 년만 쓰면 금세 풍미가 다 빠져나간다. 오크통은 새것이 풍미와 타닌을 가장 많이 우려내며 4년쯤 쓰고 나면 새 통으로 교체해줘야 한다. 저가의 레드 와인을 양조할 때는 보통 오크통 '대체품'을 사용한다. 오크 조각, 막대, 톱밥, 가루 등의 대체품을 사용하면 저렴한 비용으로 오크의 풍미와 타닌을 우려낼 수 있다.

레드 와인, 건강에 좋은 술?

요즘 우리가 즐기는 이런저런 것들이 우리를 죽음으로 몰고 가거나, 아니면 배우 기네스 펠트로처럼 늙지 않고 젊게 살게 해준다는 식의 정보가 연일 새롭게 쏟아져 나온다. 하지만 레드 와인에 관한 한 둘 중 어느 쪽일지 신경 쓸 필요가 없다. 지금부터 반가운 소식을 전해줄 테니 맘 놓고 마셔도 된다. 레드 와인은 와인 양조 중 침용을 거치는 동안 포도에서 건강에 유익한 성분들이 추출된다. 그 덕에 레드 와인을 (정말로 그냥 저렴한 레드 와인조차) 마시면 체중이 줄고, 암이 예방되고, 기억력이 좋아지고, 세균 감염을 예방하는 데 도움이 되어 전반적으로 장수에 보탬이 된다.

스파클링 와인 양조법

모든 와인은 발효 중에 탄산가스가 생성된다. 따라서 스파클링(발포성) 와인을 만들려면 압력을 가해 탄산가스가 빠져나오지 못하게 막아야 한다.

먼저 포도를 스테인리스스틸 탱크나 오크통에서 발효시켜 베이스 와인base wine을 만든다. 베이스 와인의 품종으로는 프로세코prosecco(포도 품종명이자 와인명이기도 함) 외에 피노 누아르(무게감, 풍부함, 진한 향, 여운을 부여함), 피노 뫼니에pinot meuniere(과일의 풍성함과 원만함을 부여함), 샤르도네(섬세함, 산뜻함, 신맛을 끌어내기에 좋음)가 주로 쓰인다.

여러 품종을 섞지 않고 100% 샤르도네로 빚는 샴페인(청포도로 만든 화이트 와인이라는 의미로, 일명 '블랑 드 블랑blanc de blanc'이라고 함)과 100% 피노 누아르로 빚는 샴페인(적포도로 만든 화이트 와인이라는 의미로, 일명 '블랑 드 누아blanc de noir'라고 함)도 있다.

1차 발효를 거쳐 만들어진 베이스 와인은 드라이한 플랫 와인이며(여기에서 드라이dry는 '당분이 없다'는 뜻이고 플랫flat은 '기포가 없다'는 의미임), 이러한 베이스 와인은 기포를 생성시키기 위해 2차 발효를 거치는데 2차 발효는 두 가지 방식으로 나뉜다. 탱크 속에서 발효시키는 샤르마 방식과 병 속에서 발효시키는 샹프누아즈 방식에 따라 다양한 스파클링 와인이 만들어진다.

| 스테인리스스틸 탱크 발효 | 샤르마 방식 Charmat method (프로세코) |

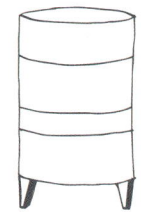

비교적 비용이 저렴하고 작업 시간도 빠른 편이다. 이 방식을 활용하면 깔끔하고 상쾌한 느낌을 주는 기분 좋은 와인이 빚어진다. 대다수의 프로세코 prosecco 가 이 방식으로 만들어진다.

- 백포도주 종류로 맛이 건조한 스파클링 와인

1

베이스 와인을 압력 탱크에 옮겨 담는다. 효모와 양분을 넣어주고 발효를 시작한다. 이때 발효 중에 발생하는 탄산가스가 와인 속으로 녹아들면서 기포가 생성된다.

적절히 발효가 되면 압력을 가한 상태에서 여과를 거쳐 병에 넣는다. 이제 마시기만 하면 된다!

2

| 병 속 발효 | 샹프누아즈 방식 Methode champenoise (샴페인) |

전통적인 방식으로, 베이스 와인을 병 속에서 2차 발효를 시킨다. 샴페인을 비롯해 비교적 복합적인 풍미를 가진 스파클링 와인이 이 방식으로 만들어진다.

1

1차 발효시킨 베이스 와인을 스테인리스스틸 탱크에서 블렌딩한다. 이때 효모와 양분을 첨가한다. 발효되면서 기포가 생긴다.

2

블렌딩한 와인을 병에 담아 압력 상태에서 재발효를 시킨다. 효모가 사멸되어도 복합적 풍미를 더해주기 위해 18~60개월가량 거르지 않고 그대로 놔둔다. 이것을 '자가분해autolysis'*라고 한다.

* 죽은 효모 세포가 함유한 효소에 의해 자체적으로 분해되는 것을 말한다.

3

적절한 때가 되면 병을 거꾸로 뒤집어서 효모가 병목으로 모이게 한다. 병목 부분을 냉각시킨 후 마개를 열면 효모가 압력에 의해 밖으로 튕겨져 나오면서 병 안에는 맑은 와인만 남는다. 이 과정을 '데고르주망degorgement'이라고 한다.

4

이때 데고르주망 과정에서 손실된 분량을 소량의 와인으로 채워주는데, 그 양은 와인의 균형에 맞게 적절히 조절한다. 이제 코르크 마개로 병을 막으면 출시 준비 끝!

절대채식주의자에게 들려주고픈 한마디!

대다수 와인은 완전무결한 절대채식주의라고는 할 수 없다. 발효 후에 와인 속에는 미량의 단백질 잔여물이 떠다니면서 빛깔을 탁하게 흐려놓거나 때때로 화학적 안정성을 깨뜨리기까지 한다. 사람들 심리가 맑은 빛깔의 와인을 마시고 싶어 하기 마련이므로 통상적으로 와인 양조 과정에서 단백질을 제거하는데, 이것을 '정제fining'라고 한다. 단백질은 대부분 바닥에 가라앉기 때문에 와인 생산자는 가라앉은 단백질을 걸러낸다.

와인 정제 과정에서 이용하는 재료는 달걀 알부민(달걀 단백질), 카세인(우유 단백질), 젤라틴(호주산 소고기 조직), 부레풀(물고기 부레로 만든 풀) 등으로 하나같이 동물성 성분이다. 그래서 절대채식주의 와인을 만들기 위한 대안으로서 인공 정제 재료나 '벤토나이트'라는 일종의 진흙을 사용하기도 한다. 정제 재료의 효과가 아주 좋은 편이어서 대체로 잔여물이 말끔히 제거된다.

호주에서는 라벨 표기 규정에 따라 물고기나 달걀 소재 재료의 사용 여부를 표기해야 하지만, 그 외의 정제 재료는 라벨 표기 의무 없이 자유롭게 사용할 수 있다.

자연주의 와인

요즘 들어 '자연주의 와인natural wine'이 각광받고 있다. 이미 굳어져버려 어쩔 수 없다 해도 굳이 따지자면 자연주의 와인이란 말은 정확한 표현이 아니다. 처음부터 끝까지 '자연적으로' 만들어진 와인은 세상에 존재하지 않으니까. (포도가 저절로 가지에서 떨어져 스스로 압착되는 일은 없으니) 와인을 만들려면 어느 정도 인간의 개입이 필요하다. 따라서 더 정확히 표현해 자연주의 와인은 '인위적 개입을 최소화한' 와인이라고 하는 것이 맞다.

아무튼 이런 자연주의 와인의 기본 원칙은 최소한의 개입만으로 포도를 와인으로 빚어내는 것이다. 즉 와인 생산자의 인위적 개입이 아닌 포도, 즉 '장소성place'을 주역으로 삼는다. 다시 말해 화학 성분을 사용하지 않고 우수 품질의 포도를 재배해야 한다는 얘기로, 유기농 포도나 바이오다이내믹biodynamic(유기농보다 한 걸음 더 나아가 자연적·우주적 질서에 따라 포도를 재배하는 자연친화적 농법으로 유기농 비료나 살충제마저도 쓰지 않음) 포도가 이상적이다. 또한 와인 양조 과정에서도 인위적 개입을 삼가고 자연적인 과정을 거쳐야 한다. 야생 효모만으로 발효시키며 뭔가를 더하거나 빼지 않고, 슬그머니 인위적 조절을 가하지도 않으며, 여과도 최소한으로 한정한다(병입 과정에서 유통 기간을 늘리기 위해 미량의 황이 첨가되기는 한다). 따라서 세균이나 효모나 곰팡이와 관련된 문제가 생길 경우 와인 생산자로서는 손쓸 도리가 없다. 유기농 첨가물이든 인공 첨가물이든 간에 첨가물을 사용하거나 강력한 여과 작업을 시행하지 않는 한 해결책이 없기 때문이다.

한편 새 오크통을 사용하지 않아서 풍미는 주로 포도와 효모에서 추출되며, 그런 만큼 싱싱하고 상큼한 과일 맛이 강하고 쌉싸래한 흙이나 효모의 풍미가 살아 있다. 자연주의 와인은 정제와 여과를 최소화하므로 조금은 탁한 편이다. 또 첨가물을 넣지 않기 때문에 산도와 타닌이 비교적 부드럽게 느껴진다. 최상품의 자연주의 와인은 전통 방식의 와인에 비해 장소성이 더 잘 담겨서 투명함과 우아함, 그리고 경쾌한 야생의 느낌이 잘 배어 있다. 최상의 자연주의 와인은 이론과 경험적 틀을 벗어나는 느낌을 선사하며 짜릿함마저 안겨준다.

반면 잘못 빚어진 와인은 방부제를 첨가하지 않고 오래된 오크통을 사용하며 야생 효모를 선호하는 자연주의 와인의 특성 탓에 뭐랄까…… 거북한 풍미와 냄새가 추출되기도 한다. (식초나 매니큐어 리무버 같은) 휘발성 물질의 느낌이 들거나 (반창고나 플라스틱류에서 느껴지는) 브렛brett[와인을 부패하게 만드는 야생 효모] 풍미, (고무, 양배추, 불붙인 성냥 등에서 감지되는) 황 특유의 냄새가 나기도 한다. 이런 특징은 흥미를 유발하거나 정말 이상하거나 둘 중 하나다.

선택을 잘하는 가장 좋은 방법은 자신에게 다음과 같이 물어보고 그 와인의 진가를 따져본다.

돈이 아깝다는 생각이 들지 않는가?

맛이 좋은가?

한 잔 더 마시고 싶어지는가?

인증 와인

유기농이나 바이오다이내믹 와인을 생산하는 일과 유기농이나 바이오다이내믹으로 인증 받는 와인을 생산하는 일은 아주 별개의 문제다. 이런 인증을 받으려면 소비자와 신뢰를 지키는 것은 기본이고 표준을 엄격히 유지하기 위해 마련된 수준 높은 보고 체계와 투명성을 따라야 한다. 호주에서는 정부 공인 기관에서 인증 과정을 감독한다.

인증은 막대한 비용과 시간적 노력을 감내해야 해서 많은 생산자가 유기농이나 바이오다이내믹의 지침을 따르며 자체적으로 많은 노력을 기울이긴 하지만 굳이 인증 절차를 밟지는 않고 있다. 인증 받지 않은 유기농이나 바이오다이내믹 와인 생산자들은 실제적으로 신뢰성과 진정성이 대체로 높은 편이니, 우리로서는 그들을 믿을 수밖에는 없다.

유기농 인증 와인

유기농 인증 와인은 유기농 포도를 사용해야 한다. 이산화황과 황산구리 살충제는 인위적으로 제조되는 상품이지만 그 성분이 자연 발생적 성분이기 때문에 유기농 포도 재배에서 사용이 허용된다. 그 외의 합성 첨가물, 살충제, 비료, 화학물질은 사용이 금지돼 있다. 말하자면 유기농 와인은 환경을 생각해 지속 가능성을 지향하는 농법에 따라 이산화황과 황산구리 살충제로만 포도 질병을 관리한다.

유기농 와인의 이산화황 사용 허용 양은 비유기농 와인의 50% 정도지만 그 비율은 인증 감독기관에 따라 달라질 수 있다. 판매되는 와인에 '방부제 무첨가'라는 문구가 적혀 있지 않다면 이산화황이 포함돼 있지만 비교적 낮은 정도라고 보면 된다. 한편 황이 첨가된 와인은 반드시 '방부제 220 첨가'라는 문구를 라벨에 표기해야 한다.

바이오다이내믹 인증 와인

　바이오다이내믹 인증 와인은 바이오다이내믹 인증 포도를 원료로 써야만 한다. 바이오다이내믹 포도 재배는 포도밭을 혹사시키지 않고 잘 관리하는 농법의 최고봉으로 널리 인정받고 있다. 바이오다이내믹 농법에서는 달의 주기를 기준으로 경작이 이뤄지며, 포도원의 균형을 최대화하기 위해 일련의 자연주의 방식을 따른다. 일체의 합성 첨가물이 금지돼 황산구리나 이산화황 살충제도 사용할 수 없다.

　인증 단체에 따라 약간씩 차이는 있지만 바이오다이내믹 와인은 대체로 양조 과정 중에 황 첨가물을 조금도 섞지 않는데(또는 아주 미량만 섞는데), 병입 전에는 유통기한과 화학적 안정성을 위해 최대 20ppm까지 첨가가 허용된다.

방부제 220

　방부제 220은 곧잘 심한 숙취의 주범으로 지목되지만, 전통적인 와인 양조 과정에서 산화를 막기 위해 첨가되는 황 성분일 뿐이다. 와인 양조 중에 황이 첨가될 경우엔 반드시 라벨에 표기해야 한다(단, 포도 재배 시에 사용되는 황에 대해서는 표기 의무가 없다).

　황에 노출되면 안구 염증, 호흡 곤란, 피부 발진을 일으킬 수 있으므로 혹시 모를 사고에 만전을 기하기 위해 와인에 첨가 가능한 황의 허용 사용량 규정이 마련돼 있다. 레드 와인은 다른 와인에 비해 황 첨가 양이 적은 편인데, 레드 와인 속의 타닌이 방부제 역할을 해주고 있기 때문이다.

　유기농 와인과 바이오다이내믹 와인 생산자는 와인에 첨가할 수 있는 황의 양에 제약을 두지만 발효의 부산물로서 10ppm 정도의 이산화황이 자연적으로 생성되기도 한다. 따라서 황에 알레르기가 있다면 와인은 체질적으로 맞지 않는다(그런 경우는 와인 대신 사케를 권한다. 사케는 방부제가 들어 있지 않은 술이라 괜찮을 것이다). 황이 식품에도 두루두루 쓰이는 첨가물이라는 사실 또한 주목해야 한다. 실제로 시중에 판매되는 말린 살구에도 대개 1,600~2,000ppm 정도의 황이 첨가된다.

호주의 황 첨가 최대 허용량 지침

	전통적 방식의 와인	유기농 인증 와인	바이오다이내믹 인증 와인
드라이 화이트 와인	250ppm	120ppm	20ppm
드라이 레드 와인	200ppm	100ppm	20ppm
디저트 와인	400ppm	200ppm	20ppm

이산화황은 억울하다 — 이산화황의 오명 벗겨주기

지금 당신이 이 책을 읽었다는 사실 자체만으로 미루어, 단언컨대 당신은 아마도 애주가가 맞을 것이다. 그저 애주가만이 아니라 주당일 수도 있겠지만. 아무튼 혹시라도 지독한 숙취를 덮어놓고 방부제 탓으로 돌리고 있다면 다른 원인 때문일지도 모른다는 생각을 해보길 권한다. 특히 레드 와인은 히스타민 반응을 유발하는 페놀 등의 여러 화학물질로 가득하다. 화이트 와인은 레드 와인에 비해 이런 화학물질은 적은 반면 대체로 산성 성분이 많은 편인데, 이 또한 숙취의 원인이 되기도 한다.

하지만 숙취의 결정적 원인은 따로 있다. 바로 알코올이다. 우리 몸은 알코올을 독으로 인식한다. 우리 위장과 간으로서는 저질의 싸구려 와인인지 고가의 고급 샴페인인지 따위는 중요하지 않다. 오직 그 독을 제거하는 일만 중요할 뿐이다. 따라서 물을 많이 마시고 적당한 음식을 안주로 먹고 양보다는 질을 우선시할 필요가 있다.

그렇다고 해서 황에게 숙취에 대한 면죄부를 주자는 얘기는 아니다. 사람들 경험담을 들어보면 분명 황이 숙취를 악화시킨 면도 있으니 말이다. 뛰어난 바이오다이내믹 와인 생산지를 찾아서 황 함유량이 낮은 와인을 시험 삼아 마셔본 후 숙취 반응이 줄어드는지 확인해볼 것을 권한다. 숙취가 덜하다면 반가워할 일이다. 그 덕에 앞으로 기대할 거리가 풍성한 멋진 바이오다이내믹 와인의 세계를 평생 탐험해볼 수 있는 좋은 계기가 됐으니 말이다. 숙취 반응에 별 차이가 없더라도 또 다른 의미에서 반가워할 만하다. 황이 문제가 아닌 것을 알았으니 이제 바이오다이내믹 와인만이 아니라 어떤 와인이든 마음 놓고 마시게 되지 않았는가!(어쩌면 와인을 마시는 횟수를 줄여야 할지도 모르겠다).

평가하기
와인 제대로 평가하기

와인을 시음할 때 (그리고 와인을 묘사할 때도) 괜히 주눅 들어 자세히 배워보고 싶다면, 우선 와인에 대해 낱낱이 해부해보는 것도 유용한 방법이다.

와인에는 구조와 질감이라는 '뼈대'를 이루는 두 가지 요소가 있다. 와인은 이런 뼈대 외에 '근육'도 갖추고 있다. 와인에서 근육이란 멋지고 균형 잡힌 탄탄한 와인으로 거듭나게 해주는 요소로, 오묘하면서도 때로는 사람에 따라 다르게 느끼기도 하는 복합적 풍미를 이른다.

알쏭달쏭 용어

와인에는 '다리'도 있다?

"이 샤르도네의 다리 좀 봐요? 죽여주지 않아요!" 이런 말을 듣고 섬뜩했던 적이 있는가? 그렇다면 안심해도 된다. 여기서 다리란 그냥 잔 안쪽을 타고 흘러내리는 와인 방울을 말하는 것뿐이니까. 와인 다리는 그 와인이 당도와 알코올 도수 둘 다, 또는 둘 중 하나가 높은 편임을 알려주는 암시다. 당도와 알코올 도수 모두 와인의 점성을 높여주므로 알코올 도수가 높은 드라이 레드 와인이나, 머스캣muscat과 같이 당도와 알코올 도수 둘 다 높은 디저트 와인은 다리가 멋들어지게 떨어진다. 다리에 따라 와인의 품질이 좌우되는 것은 아니지만 잔을 타고 떨어져 내리는 다리 모습은 정말 근사하다!

와인의 구조

신맛

와인의 신맛을 결정하는 대표적인 유기산 두 가지는 사과산과 주석산이다. 사과산과 주석산은 포도의 껍질, 즙, 과육에 함유되어 있다. 신맛은 대체로 상쾌함과 상큼함, 구조감을 부여해주고 숙성 잠재성을 높여준다. 신맛이 부족한 와인을 묘사할 때는 '활기 없는tired', '맥없는, 축 늘어진flabby', '쉽게 물리는cloying', '부드러운round' 등의 표현을 쓰며, 신맛이 강한 와인을 묘사할 때는 '싱싱한zingy', '생기 있는racy', '상큼한fresh', '팽팽한tight', '직선적인linear' 등의 표현으로 묘사된다.

단맛

당분이 전부 알코올로 바뀐 와인은 전문 용어로 '드라이'한 와인이라고 한다(여기에서 드라이하다는 말은 주로 신맛과 타닌이 일으키는 입 안이 마르는dry 느낌을 지칭하는 의미가 아니라 단맛이 없다는 의미다). 와인 생산자의 선택에 따라 와인에 당분을 어느 정도 남길 수도 있는데 이렇게 남겨진 당을 잔당RS, residual sugar이라고 한다. 리슬링 와인에는 대체로 잔당이 남아 있는 편이며, 게뷔르츠트라미너gewurztraminer, 슈냉 블랑chenin blanc, 소비뇽 블랑, 스파클링 와인의 경우도 일부 잔당이 느껴진다.

타닌

타닌은 포도의 껍질과 씨, 그리고 오크통에서 추출되는 성분이다. 타닌 함량이 높은 와인은 '입 안을 마르게 하는' 느낌을 유발하는데, 이는 말 그대로 입 표면에서 침을 마르게 하기 때문이다. 우리 몸은 입이 마르는 느낌

와인의 당도를 나타내는 네 가지 표현

드라이dry : 잔당이 1리터당 5그램 미만. 이 정도의 잔당은 사실상 그 맛이 느껴지지 않을 만한 양이지만 신맛과 마우스필을 부드럽게 잡아준다.

오프드라이off-dry : 잔당이 1리터당 5~12그램. '오프드라이'는 잘 감지되지 않는 정도부터 살짝 단맛이 느껴지는 정도까지 아우르는데, 기준이 좀 모호하긴 하다. 단맛 정도는 대체로 와인의 산도에 영향을 받는다(와인의 산도가 높으면 당도를 실제보다 낮게 느끼게 됨). 기준상으론 잔당이 '미디엄(중간)' 정도인 와인이 '오프드라이'로 분류된다.

미디엄medium : 잔당이 1리터당 12~45그램. 단맛이 비교적 확실하게 느껴짐. 디저트 와인류 가운데 아주 라이트한 와인의 일부와, 오프드라이 리슬링 와인의 대다수가 이 정도의 잔당을 띤다.

스위트sweet : 잔당이 1리터당 45그램 이상. 대다수의 디저트 와인이 해당됨. 일부 주정강화 와인은 잔당이 최대 리터당 300그램까지 된다.

이 들면 더 많은 침이 분비되고, 이는 입맛이 돌게 식욕을 자극한다. 타닌에 대해 묘사할 때는 농도와 타닌이 유발하는 마우스필을 얘기한다. 농도가 '약하다/중간쯤이다/진하다'라거나 마우스필이 '좋다/실크 같다/과즙이 많다/질감이 살아 있다/분필 같다/입 안을 마르게 한다/거칠다' 식이다. 높은 함량의 타닌이 당분을 만나면 강도가 누그러지며, 높은 산도는 타닌을 더 쓰게 느껴지게 한다. 따라서 이런 성분 간의 균형을 잘 맞추는 것이 관건이다.

타닌은 대체로 포도껍질과 씨에서 추출되기 때문에 화이트 와인보다는 레드 와인에 훨씬 많이 함유되어 있다. 하지만 레드 와인이든 화이트 와인이든 타닌은 다른 성분들과 적절히 어우러지면서 와인의 전반적 특징을 압도하지 않아야 한다.

Tip. 타닌이 입 안에서 어떤 반응을 일으키는지
확인해보고 싶다면 이렇게 해봐라.

먼저 홍차를 진하게 우려서(최소한 티백 두 개) 냉장고에 넣어둔다. 적당히 차가워지면 한 모금 들이켜고 나서 입 안에서 휙 굴린 후 삼키면서 입 안이 마르는 느낌에 집중해보라. 내친김에 지방이 타닌에 어떤 영향을 미치는지 느껴보고 싶다면 살라미 햄 같은 기름진 음식을 (유화乳化 지방이 입 안에 남아 있도록) 꼭꼭 잘 씹어 먹은 후 홍차를 마시고 다시 맛을 음미해보라. 홍차만 마셨을 때보다 약간 부드러워진 느낌이 느껴질 것이다. 고기나 고단백의 맛 좋고 기름진 음식이 타닌이 강한 레드 와인과 잘 맞는 이유가 바로 여기에 있다.

알코올

라벨에 작게 적힌 알코올 함량ABV, alcohol by volume은 주의 깊게 눈여겨볼 만한 정보다. 알코올 함량은 와인의 무게감과 풍미를 가늠할 수 있는 힌트가 돼주기 때문이다. 대체로 와인은 알코올 도수가 높을수록 묵직하고 진한 편이다.

숙성이 잘된 포도로 만든 와인일수록 알코올 함량이 높고 풍미도 진하다. 따라서 (조기 수확하는 저당도 포도를 재료로 쓰는) 호주 태즈메이니아Tasmania산의 11%짜리 샤르도네를 샀다면 풍미가 약한 편일 것이다. 즉 시트러스citrus(감귤류)와 녹색 과일 계열의 맛이 느껴지고 무게감은 아주 라이트바디일 가능성이 높다. 반면 (늦게 수확한 고당도 포도로 만든) 마가렛 리버Margaret River산의 14.5%짜리 와인은 풀바디에 핵과核果(크고 단단한 씨가 안에 들어 있는 복숭아, 자두, 살구, 체리 등을 말함)와 열대과실의 풍미를 띠는 것이 보통이다.

  알코올 함량이 높아도 와인 속에서 잘 어우러지면 약간 따스한 기운이 퍼지는 정도일 뿐 알코올이 뚜렷이 감지되지는 않는다. 하지만 균형이 무너진 알코올은 더 보고 말 것도 없이 이류급이며, 그런 와인은 '약 같다, 얼얼하다, 에탄올 같다, 떫다'는 식으로 묘사된다.

 **단순하게 생각하자**

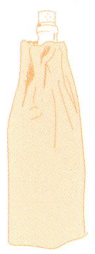

- 고당도 포도=고알코올=농익은 풍미(열대과실과 졸인 과일의 풍미)
- 저당도 포도=저알코올=덜 여문 풋풋한 풍미(채소, 시트러스, 녹색 과일의 풍미)
- 와인에 따라 각기 다른 풍미에 관련해서 알고 싶다면 63~87쪽 참조하라.

와인의 풍미

와인 시음을 제대로 하려면 수백 가지 풍미를 줄줄이 꿰고 있어야 할 것 같아서 주눅 드는가? 그렇다면 더 쉬운 방법을 알려주겠다. 풍미를 그룹별로 나누면 된다. 리슬링 와인에서 라임 맛이 나는 것도 같고 레몬 맛이 나는 것도 같아 쩔쩔맬 것이 아니라(또 혹시 아는가? 그 둘의 맛이 모두 나는 건지?) 그냥 이 두 가지 맛이 속한 그룹인 시트러스 풍미라고 말하면 된다는

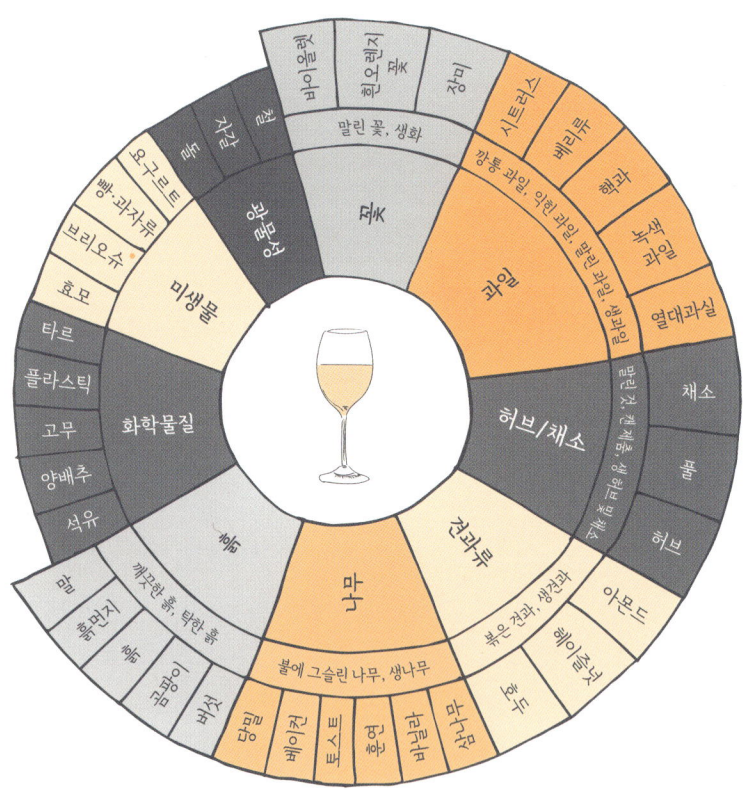

• 버터, 달걀, 효모로 만든 카스텔라 일종.

얘기다. 단순해지는 것, 그것이 이 방법의 포인트다. 머릿속에 생각나는 온갖 풍미를 20분 동안 열심히 늘어놓는다고 해서 와인을 맛보는 안목이 높아지는 것은 아니다.

50쪽에 있는 초간단 플레이버 휠flavour wheel을 참고하면 구체적 풍미 그룹을 익히는 데 도움이 될 것이다('초간단'이란 말은 어디까지나 우리 생각이다).

와인의 특징을 묘사할 때는 풍미 외에도 아래와 같은 여러 가지 용어를 활용한다.

강도 및 바디 : 와인에서 느껴지는 '묵직한' 정도와 풍미의 강도.
여운 : 삼키고 난 뒤에도 풍미가 지속되는 정도.
맵시shape : 좀 모호한 개념으로 와인이 혀에 감길 때의 느낌.
마우스필 : 역시 모호한 개념으로 와인의 질감을 나타냄.
균형 : 와인의 전반적인 시너지와 조화로움의 느낌.
특징 : 한마디로 개성을 말한다. 엄밀히 따지면 흠잡을 곳은 없는데 어쩐지 끌리지 않는 와인이 있는가 하면, 튀는 감이 있거나 균형이 맞지 않는데도 정말 흥미로운 와인이 있다.
음용 적정성 : 음용하기에 얼마 되지 않은 와인인지 너무 숙성된 와인인지의 여부로, 그 판단은 주관적인 요소여서 사람에 따라 크게 다르다.
음식 : 대다수 와인은 음식과 곁들일 때 맛이 더욱 살아난다. 그러나 음식과 곁들여 마셔야만 빛을 발하는 와인이 있는가 하면, 그 자체만으로도 맛 좋은 와인이 있다.
가격 : 돈이 아깝지는 않은지, 다시 마시고 싶은지의 기준이 되는 중요한 문제다.

알쏭달쏭 용어

광물성 minerality

와인과 단짝인 또 하나의 요소는 '광물성'이다. 광물성은 그 자체로 책 한 권을 쓸 수 있을 만큼 이야깃거리가 풍성한 요소다. 와인 업계에서는 와인에서 돌과 철 계열의 맛 좋은 풍미가 감돌 때 이 단어를 즐겨 쓴다. 얼핏 이상한 생각이 드는가? 그렇게 이상한 풍미가 아니다. 사실 이런 풍미를 즐겨 찾는 애호가도 많다. 광물성 풍미는 돌이 많은 토양이나 백악질 토양에서 재배된 포도로 빚은 산도가 높은 와인에서 자주 느껴진다. 광물성 풍미를 유발하는 요소에 대해서는 아직 의견이 분분하다. 광물질이 풍부한 토양에서 추출되는 것은 확실하지만, 토양과 포도 사이의 이런 상호작용이 어떤 식으로 작동되는지는 여전히 수수께끼로 남아 있다. 과학이 그 수수께끼를 풀기 전까지는 '광물성'이란 말을 일반적 묘사어로 알 수밖에 별 도리가 없다.

시음 요령

이제 본격적으로 시음에 나서보자. 시음의 즐거움은 어느 정도 시음 방법을 통해 더 커진다. 단숨에 벌컥벌컥 마시지 말고 와인을 입 안에서 제대로 음미할 만큼 여유를 가져보라.

후각 nose

와인을 즐기는 사람은 와인의 '노즈'(와인의 향을 가리키는 용어)가 어쩌니 하는 말을 곧잘 한다. 와인 열혈 애호가들의 한 가지 공통점은 와인 향 맡기에 관한 한 다들 인내심이 대단하다는 것이다. 큼지막하고 근사한 와인잔에 60밀리리터(시음은 보통 잔에 6분의 1) 정도 따르고 빙글빙글 한 번씩 돌릴 때마다 향을 맡아보자. 이렇게 잔을 돌리면 표면적이 넓어지고, 표면적이 넓어지면 와인이 공기와 더 많이 접촉되면서 휘발성의 아로마 성분이 증발된다. 운이 좋다면 아로마 성분이 코로 스르륵 올라온다. 그때의 황홀함이란 이루 말할 수가 없다! 1, 2분 정도 여유를 두고 잔을 돌리면서 아로마 향내를 한껏 느껴보자.

미감 palate

와인 시음에 대해 말할 때 곧잘 등장하는 또 하나의 용어로 '미감'(입 속에서 느껴지는 와인의 풍미와 느낌을 의미함)이라는 것도 있다. 미감을 느끼려면 다음과 같이 해보면 된다. 와인을 한 모금 마시고 입 안에서 천천히 굴려 잇몸과 혀 아래 등 입 안 구석구석으로 퍼뜨린다. 그런 후 와인을 삼킨다. 이 과정을 몇 차례 반복한다. 입 안에서 와인을 굴려주면 와인의 맛과 풍미는 말할 것도 없고 느낌까지도 한결 더 잘 감지된다. 이때는 와인의 구조적인 요소에 집중해야 한다. 맛이나 풍미 외의 요소, 즉 무게감, 강도, 농도, 여운, 맵시, 마우스필에 주의를 모아라. 이러한 요소들은 주로 와인의 '뼈대', 와인 상태, 서빙 온도, 음식, 공기와 접촉하는 정도에 따라 달라진다.

와인 평가는 예외 없이 당신의 인식에 좌우된다. 당신의 추억, 와인 상식, 자신감, 심신의 상태가 평가에 영향을 미친다는 얘기다. 친구들과 함께 화기애애하게 어울려 맛있는 음식과 함께 기분 좋게 마실 때는 어떤 와인이든 웬만하면 다 맛도 품질도 좋게 느껴지기 마련이다. 그러므로 당신 자신의 인식은 무시 못할 요소다!

와인 평가 요령

전문가처럼 와인을 평가해보고 싶다면 지금까지 배운 모든 것을 동원해야 한다. 그럼, 와인을 잔에 따른 후 아래 방법을 활용해 평가해보자. 이때 비슷한 와인 두 가지를 놓고 비교 평가해보면 더 재미있을 것이다. 이 평가 방법은 꽤 전문적인 방법인 만큼 제대로 익히려면 몇 번의 시도를 거쳐야 할지도 모른다.

겉모습

투명도: 투명함 / 탁함
화이트 와인: 무색 / 레몬색 / 초록색 / 볏짚색 / 황색 / 황금색 / 호박색 / 오렌지색
레드 와인: 보라색 / 심홍색 / 진홍색 / 황갈색 / 갈색
로제 와인: 핑크색 / 연어 빛깔 / 오렌지색

노즈(향)

상태: 흠이 없음 / 결함이 있음
강도: 닫힘(와인의 향기가 닫혀 있는 듯 드러나지 않는 경우를 일컬음) / 향이 은은함 / 향이 진함 / 향이 그윽함 / 향이 강렬함
신선도: 어린 / 숙성 중인 / 숙성된 / 시기를 지난tired(와인 용어로는 가장 맛있을 때가 지난 와인을 묘사할 때 사용됨) / 수명이 다한expired
풍미: 과일 / 꽃 / 향신료 / 채소 / 나무 계열 등등

미감(맛)

산도: 낮음 / 중간 / 높음
달콤함: 드라이 / 오프드라이 / 미디엄 스위트 / 아주 달콤함
타닌: 낮음 / 중간 / 높음
알코올: 감지되지 않을 정도 / 적절히 균형 잡힘 / 훈훈한 온기를 돌게 하는 정도 / 얼얼함

바디(무게감): 가벼움 / 중간 / 묵직함
강도: 가벼움 / 중간 / 강렬함
여운: 짧음 / 중간 / 긺
마우스필: 섬세함 / 부드러움 / 주스 같은 느낌 / 질감이 잘 살아 있음 / 부드럽거나 직선적인 느낌 / 분필 같음 / 입 안을 마르게 함 / 떫음
맵시: 직선적 / 둥글둥글 부드러움 / 날카로움
풍미: 과일 / 꽃 / 향신료 / 채소 / 나무 계열 등등

최종 평가
- 음용하기에 적절히 숙성됐는가?
- 균형이 잘 잡혀 있는가?
- 맛이 좋은가?
- 돈이 아깝지 않은가?
- 음식과 곁들여야 더 맛이 좋은가?
- 그 상황에 잘 맞는가?
- 또 사고 싶다는 마음이 드는가?

구매 요령

저렴한 와인을 살 것인가,
아니면 명품 와인을 살 것인가?

당신이 지금 주류 매장에 들어가 뭔 소린지 모를 숫자와 용어와 지명이 잔뜩 적힌 라벨들을 쭉 훑어보면서 뭘 골라야 할지 난감한 상황이라고 치자. '어쩌지? 라벨이 제일 멋진 와인을 집어야 하나? 아니면 수상 경력이 화려한 와인을 고를까?'

이번엔 레스토랑에서 데이트하는 상황을 가정해보자. 웨이터가 주문을 받기 위해 당신에게 바짝 허리를 숙인 채 기다리고 섰다. 와인 목록을 들여다보는 당신은 '미치겠네. 이 마르산느라는 게 레드 와인이야, 화이트 와인이야?' 어떻게 해야 할지 몰라 진땀이 나고 심장이 마구 뛴다. 그러나 이제는 이런 상황에 처하더라도 걱정하지 마라. 우리가 도와줄 테니까.

지금부터 와인 구매의 기본 원칙을 알려주겠다. 다만 그 전에 명심해야 할 점이 있다. 와인 판매자를, 웨이터를 잘 활용하라! 평판 좋은 주류 매장이나 와인 바에 가면 와인 지식이 해박할 뿐만 아니라 와인 이야기라면 신이 나서 얼마든지 해줄 만한 직원이 있기 마련이다. 이런 사람들의 전문 지식을 활용하라. 주눅 들 필요 하나 없다. 궁금한 것에 대해 당당히 물어보라.

명심하라. 생산자에게 포도 품종 표기는 의무 사항이 아니다. 'Dry Red No 6'라는 식으로 표기해도 된다. 단, 여러 품종이 블렌딩된 와인 라벨에 포도 품종이 표기됐다면 그것은 블렌딩에 가장 많이 사용한 포도 품종 순서대로 표기한 것이라고 보면 된다.

라벨 해독하기

라벨은 마케팅 수단으로서는 그다지 유용하지 않지만, 병 안에 담긴 와인 맛을 가늠케 해줄 만한 여러 가지 힌트가 담겨 있다. 그런 의미에서 라벨에 가장 흔히 찍혀 나오는 문구 몇 가지를 살펴보도록 하자.

라벨 표기 규칙

법적으로 라벨에 포도 품종을 표기할 경우에는 와인을 빚는 데 표기한 품종을 85% 이상 사용해야 한다. 따라서 나머지 15%는 어떤 품종이든 쓸 수 있다(그렇다고 해서 의심의 눈초리를 가질 필요는 없다. 호주의 와인 생산자들은 대체로 단일 품종 와인을 만들거나 블렌딩에 쓰인 품종을 명확히 표기한다).

호주산 와인
(Wine of Australia)
사용된 포도의 85%가 호주산이어야 함.

야라 밸리
(Yarra Valley)
사용된 포도의 85%가 야라 밸리산이어야 함.

2013
사용된 포도의 85%가 2013년에 수확한 포도여야 함.

표준 음주량 7.4*
(7.4 standard drinks)
해당 병의 와인을 마셨을 경우 그 병에 포함된 순수 알코올의 양.

750ml
병의 용량
(병 안에 담긴 와인의 양과 반드시 일치하지는 않음)

방부제 첨가
(Preservative added)
보통 이산화황의 첨가를 뜻하며, 첨가 용량 표기는 의무 사항이 아니어서 반드시 일치하지 않음(43쪽 참조).

피노 누아르
(Pinot Noir)
사용한 포도의 85%가 피노 누아르 품종이어야 함.

우유, 달걀 / 생선류
정제용 재료를 함유함(38쪽 참조).

13%
알코올 함량으로, 0.8% 오차 범위 내에서 정확히 표기해야 함.

* 1표준 음주량은 10mg의 알코올을 뜻하며, 이 경우처럼 7.4라면 74mg의 알코올이 포함돼 있다는 의미임.

라벨에 자주 표기되지만 규정 사항이 아닌 문구들도 있다. 이런 문구들이 전부 다 허울뿐인 마케팅 전략인 건 아니지만, 그렇더라도 소비자인 우리로선 그 정확한 의미를 알 방법이 없으므로 주의해야 한다.

리저브 reserve : 생산자가 와인을 프리미엄 제품 또는 독보적이거나 특별한 제품으로 홍보할 때 사용함.

저소출 low yield : 소량 수확되는 포도나무(한 나무당 열리는 포도송이 수를 줄인 포도나무)에서 딴 포도로 빚은 와인을 가리킴. 저소출 재배는 고품질 포도를 생산할 때 많이 활용되는 방법이다.

무방부제 preservative free : 와인 양조 과정에서 이산화황을 첨가하지 않았다는 의미이므로, 황 함유량이 10ppm 미만이어야 함(43쪽 참조).

최소량 황 첨가 minimal sulphur : 와인 생산자는 와인에 황을 첨가한 경우 외에는 황 첨가량을 표기할 의무가 없다. 따라서 이 문구는 황 첨가를 최소량으로 제한했음을 의미한다(43쪽 참조).

바이오다이내믹 biodynamic / **유기농** organic : 정부 공인 인증기관에서 바이오다이내믹이나 유기농으로 인증 받은 와인이라는 의미이다. 이런 인증을 받기 위해서는 아주 엄격한 지침을 따라야만 한다(41~42쪽 참조).

지속 가능형 재배 sustainably farmed / **화학 성분 사용 제한** limited chemical use : 유기농이나 바이오다이내믹으로 인증 받는 일은 상당히 어렵고 비용도 많이 들기 때문에 친환경적인 지속 가능형 와인을 양조하는 사람들은 어려운 인증을 받는 대신 라벨에 이런 식의 문구를 표기하는 경우가 많다. 대체로 신뢰할 만하지만 어쨌든 소비자로선 믿을 수밖에는 없지 않은가.

올드 바인 old vines : 수령이 오래된 포도나무의 포도로 와인을 만들었다는 것을 의미한다. 수령이 오래된 포도나무에는 대개 뿌리가 하층토까지 길게 뻗어 내려가 와인에 깊고 진한 풍미를 부여해주는 포도를 생성한다.

 별별 상식

호주의 유명한 와인 생산 지역인 바로사 밸리Barossa Valley에서 'old vines'이라는 문구는 사실상 규제 대상이다. 이 지역은 독특한 포도나무 수령 규칙에 따라 이름을 달리 붙인다. '올드Old'는 35년 이상, '서바이버Survivor'는 70년 이상, '센터네리언Centenarian'은 100년 이상, '앤세스터Ancestor'는 125년 이상의 포도나무에만 붙일 수 있다.

와인의 점수 제도

많은 와인 잡지에서는 점수 매기기가 하나의 관행으로 굳어졌다. 대체로 100점제 점수가 체계적이고 객관적인 시스템으로 자리 잡았다. 발표되는 평점은 대다수가 75점에서 98점 사이에서 매겨진다(그러면 0~75점은 어떤 와인이 해당되는지 궁금해할까 봐 덧붙이자면…… 아마도 당신 삼촌이 가족 행사 때마다 지겹게 들고 오는, 집에서 담근 달짝지근한 식초 같은 가정표 와인 정도를 떠올리면 될 것이다). 이런 점수 매기기는 와인 선택에 유용할 수도 있다. 단, 점수 채점자가 일관성을 지키면서 믿을 만한 근거를 제시하고, 특정 와인을 팔려는 의도에서가 아니라 블라인드 테이스팅blind tasting을 통한 객관적 발표를 하는 경우에 한해서 그렇다는 얘기다(블라인드 테이스팅은 인사불성이 되도록 마시는 것이 아니라 병의 라벨을 가린 상태에서 시음하는 것을 의미한다). 여기에서 유의할 점이 있다. 신뢰성이 불분명한 점수도 많다는 것. 소매업자들이 판매 전략의 일환으로 자사 취급 와인에 점수를 매기기도 한다. 그러니 점수를 보고 와인을 사고 싶다면 소매상 발표 점수보다는 잡지에서 매긴 점수를 기준으로 삼기 바란다.

반짝반짝 빛나는 메달

호주 와인 품평회는 독특한 포도 품종, 스타일 또는 숙성 부문에서 서로서로 벤치마킹하는 데 초점을 맞춘다. 즉 와인 산업을 발전시키는 것이 목표다. 그러나 이 제도는 최대한 객관성을 유지하고 엄격한 규칙을 잘 따라서 대체로 아주 신뢰할 만하다. 그렇다면 그 점수의 실제적 의미가 궁금하지 않은가?

	100-포인트 시스템(100점제)	20-포인트 시스템(20점제)
트로피	부문별 최고 와인	부문별 최고 와인
금메달	93점 이상의 모든 와인	18.5점 이상의 모든 와인
은메달	85~92점의 모든 와인	17~18.4점의 모든 와인
동메달	78~84점의 모든 와인	15.5~16.9점의 모든 와인

메달을 수상했다는 것은 그 와인이 독특한 스타일과 균형을 갖췄고 잘 빚어졌음을 암시한다. 이 말을 듣고 메달 수상 여부를 기준으로 삼고 싶다면 이름 있는 와인 품평회에서 은메달이나 금메달 또는 트로피를 수상한

와인을 고르길 권한다. 그렇다고 동메달 와인을 놓고 살까 말까 너무 주저할 필요는 없다. 제아무리 뛰어난 전문적 평가를 받은 트로피 수상 와인이라 하더라도 당신 입맛에 맞지 않을 수도 있는 일이니까.

가격대

사람들은 대부분 주류 매장으로 걸어 들어가는 순간 구매 가능한 가격대가 한정된다. 하지만 과연 가격이 비쌀수록 더 좋은 와인일까? 다음을 한 번 생각해보자.

대략적 수치로도 차이가 있긴 하지만, 대체로 이렇다.
- 한 병에 소매가가 30달러인 와인은
- 소매상이 도매상에게 구매하는 가격이 19달러 정도며
- 도매상은 생산자에게 10달러에 매입하고
- 생산자가 와인을 만드는 데 들어간 비용은 아마 4~6달러 선이며
- 그 와인이 레스토랑에서는 업소의 격에 따라 55~80달러 사이의 가격대로 팔린다.

호주에서 만들어지는 와인의 95퍼센트는 병당 생산비용이 10달러 이하다. 다시 말해 한 병에 40달러 이상을 지불하게 되면 브랜드, 희소성, 명성, 대출금 등에 대한 비용을 치르는 셈이다. 물론 이런 비용은 치를 만한 가치가 있을 수도 있고, 또 실제로 그럴 만한 가치가 있는 와인이 많다. 하지만 그렇다 해도 곰곰이 따져볼 만한 문제다.

알쏭달쏭 용어

'구세계'와 '신세계'

'신세계'는 대체로 호주, 아르헨티나, 미국, 칠레, 뉴질랜드, 남아프리카공화국을 지칭한다. 그리고 그 외의 모든 지역이 바로 '구세계'로서, 와인 양조의 역사가 수십 년이 아닌 수백 년에 이르는 곳들이다. 어떤 것을 구세계나 신세계로 나누는 것에는 각각 전통 대 현대, 절제 대 자유분방함을 대비시키는 의미가 들어 있다. 물론 구세계와 신세계라는 말은 많은 사람이 알쏭달쏭해하는 용어이긴 하지만, 디너파티 때 써먹으면 뭘 좀 아는 사람처럼 보이기에는 효과 그만이다.

호주 와인 가이드

　다시 와인 매장에 와 있다고 가정해보자. '피노 그리지오, 그래 그거로 하자.' 당신은 속으로 이렇게 정하고 매장에 들어왔다. 그런데 막상 들어와서 보니 눈앞이 캄캄하다. 피노 그리지오도 열다섯 가지나 돼서 무엇으로 골라야 할지 난감하다. 바로 그런 스트레스를 날려주려 한다. 특정 브랜드는 품질이 매년 바뀔 수 있으므로 브랜드보다는 포도 품종을 기준으로 와인을 고르는 편이 더 유용하다. 그래서 이번에는 호주의 최상급 포도 품종들에 대한 요점을 알려주고(좀 생소한 품종도 몇 가지 있을 테지만) 와인을 빠르게 척척 고를 수 있게 이끌어줄 두어 가지 지름길도 가르쳐주려 한다.

　사실 이 지구상에 있는 와인을 하나하나 다 알려주고 싶은 마음이야 굴뚝같지만 그랬다간 책이 너무 두꺼워져서 들고 다니지도 못할 지경이 될 테니, 아쉬움을 접고 호주의 최상급 포도 품종 몇 가지를 중심으로 설명해주겠다. 먼저 이 품종들이 여물면서 나타나는 가장 보편적인 풍미를 알아보자. 포도가 여문 정도에 따라 어떤 풍미를 보이는지 알아보자. 각 품종별로 호주에서 많이 팔리는 와인을 기준으로 세 가지 보편적 스타일을 선별해놓았지만, 이런 풍미가 '통상적' 스타일임을 명심하길 바란다. 즉 어떤 품종이든 예외가 많다는 얘기다.

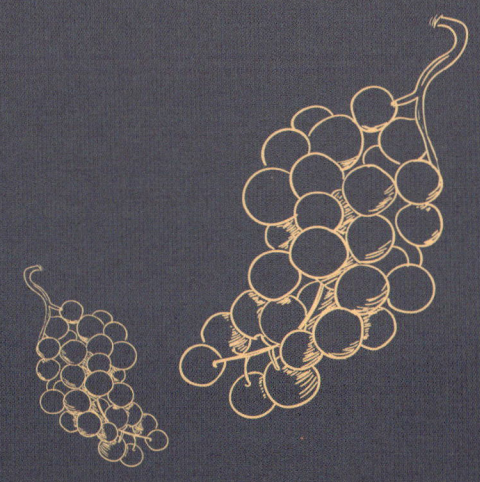

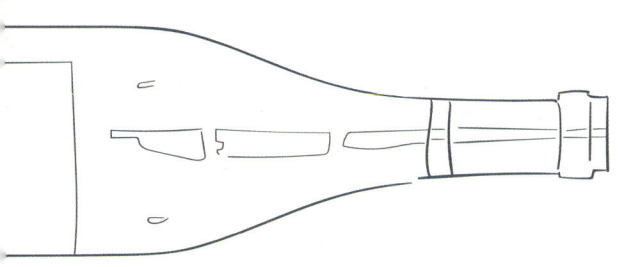

피노 그리지오 & 피노 그리

Pinot Grigio & Pinot Gris

늘씬한 다리의 금발 미녀 쌍둥이 같은 포도들

사실 두 품종은 같은 품종이며 양조 방법만 다르다. 피노 그리지오와 피노 그리의 유럽 고향인 알토 아디제Alto Adige(이탈리아)와 알자스Alsace(프랑스)에서는 양조 방법이 서로 확연한 차이를 보여서 두 와인의 스타일을 가늠하는 데 별 어려움이 없다. 하지만 짓궂은 기질이 다분한 호주에서는 사람을 헷갈리게 하는데, '피노 그리'라는 라벨을 달고 나온 와인이 실제로는 이탈리아 피노 그리지오에 더 가깝게 빚어지기도 한다는 것이다. 그래서 라벨만 보고는 어떤 스타일인지 가늠하기가 힘들다! 때론 알코올 함량을 살펴보면 도움이 되기도 하지만, 그마저도 별 도움이 안 되는 경우도 있다. 그럴 땐 그냥 맛을 보는 방법밖에는 없다. 아무튼 피노 그리와 피노 그리지오 중 어느 쪽에 가깝든 간에 둘 다 맛은 좋을 테니 마음 졸일 필요 없다.

맛
레몬 / 사과 / 배 / 익은 배 / 아몬드 / 살짝 톡 쏘는 향신료 / 과일 샐러드

피노 그리지오(이탈리아 스타일)
이탈리아의 피노 그리지오는 전형적으로 조기에 수확한 포도로 빚기 때문에 바디와 알코올이 가벼운 편이며 풍미도 비교적 연하다. 대개 스테인리스스틸 탱크만을 사용해서 포도의 상큼함이 살아 있다. 이탈리아 스타일의 피노 그리지오는 전통적으로 드라이하며 잘 숙성되지 않는다.

중간 스타일
호주에서 보편적인 중간 스타일은 피노 그리지오의 상큼함과 생기를 띠면서도 피노 그리의 질감과 풍부함이 느껴진다. 여기에 해당되는 와인은 대체로 드라이하며 스테인리스스틸 탱크에 담겨 양조되는데, 더러는 부분적으로 오크통 발효나 앙금 접촉을 활용하기도 한다.

피노 그리(프랑스 스타일)
프랑스의 알자스산 피노 그리는 전통적으로 보통보다 더 여문 상태의 포도를 따서 빚기 때문에 대체로 풀바디에 복합적인 특성을 띤다. 알코올 함량이 높은 편이며 농익은 풍미가 느껴진다. 양조 과정에서는 앙금 접촉과 오크통 발효가 보편적이다. 당도는 드라이하거나 오프드라이한 정도다.

음식 궁합
담백하고 가볍고 상큼한 음식이 잘 맞는다. 염소젖 치즈, 허브, 토마토, 해산물, 연한 카레나 흰 살코기 소테(버터를 발라 살짝 튀긴 요리)

기억해둘 만한 호주 생산지
모닝턴 페닌슐라, 야라 밸리, 애들레이드 힐스, 스트라스보기 레인지, 킹 밸리

보관해둘 만한 가치는?
굳이 보관해둘 필요는 없지만 원한다면 2~5년 정도가 좋다.

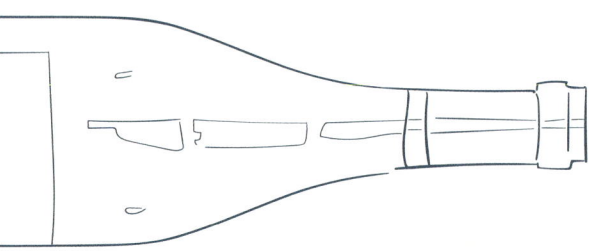

리슬링

Riesling

보기보다 달콤하지 않다

호주산 리슬링은 대부분이 드라이하다. 설마 싶겠지만 엄연한 사실이다. 하지만 잘못 알고 있었다 해도 그것은 당신보다는 당신 부모님 탓일지 모른다. 부모님 세대가 젊었을 때만 해도 리슬링은 대체로 달콤했으니까. 리슬링은 품종 특유의 특징상 산도가 높은 편이라 (특히 독일에서) 전통적으로 와인에 어느 정도의 당분을 남겨놓는 식으로 산도 균형을 맞춘다. 이렇게 남겨진 잔당은 산도를 부드럽게 잡아주며, 잔당의 양에 따라 달콤함이 살짝 느껴지기도 하고 또렷이 느껴지기도 한다. 이와 같은 중간쯤의 달콤함을 이르는 정식 명칭은 '오프드라이'다.

요즘에는 리슬링이 대체로 스테인리스스틸 탱크에서 발효돼 포도 자체의 느낌이 기가 막히게 살아 있다. 따라서 리슬링 와인을 살 때는 포도 자체의 풍미를 기대하면 된다. 하지만 잔당에 대한 표기에도 주의를 기울이길 권한다. 잔당 표기는 문구나 수치로 표시되는데, 따로 표시가 없을 때는 알코올 함량이 일반적인 리슬링보다 낮으면 비교적 달콤할 것이라고 미루어 짐작하면 된다.

맛
광물성 / 꽃 / 향료 / 시트러스 라임 / 사과 / 배 / 패션프루트 / 열대성

드라이하고 어린 스타일
산도가 높고 라이트에서 미디엄바디를 띠며 꽃, 시트러스, 광물성 계열의 풍미를 지닌다. 스테인리스스틸 탱크에서 양조되어 포도 특유의 특징이 그대로 보존되며, 웬만해선 오크의 풍미가 가미되지 않는다. 이런 리슬링은 포도 자체와 장소성의 느낌이 그대로 담기는 것이 보통이다. 잔당은 1리터당 5그램 미만이다.

오프드라이 스타일
이 스타일 역시 산도가 높지만 잔당의 영향으로 드라이 스타일보다 더 상큼하고 묵직하면서 마시기에도 무난하고 부드러운 편이다. 풍미는 드라이 스타일과 비슷하며 잔당은 1리터당 5~40그램 정도다.

스위트 스타일
늦게 수확한 포도나 보트리티스에 감염된 포도(91쪽 참조)로 만들어져서 강렬한 풍미를 띠고 숙성 잠재력을 지니며 풍부한 살구, 마멀레이드, 꿀, 무화과, 토피 toffee (설탕과 버터로 만든 사탕), 캐러멜 향을 지닌다. 잔당은 1리터당 40그램 이상이다.

음식 궁합
드라이 스타일은 짭짤하고 산도가 높은 음식과 궁합이 잘 맞아서 레몬을 뿌린 생선, 케이퍼, 굴, 톡 쏘는 드레싱, 피시앤칩스와 잘 어울린다. 오프드라이 스타일은 매콤한 음식, 특히 기름으로 조리한 칠리소스 요리와 찰떡궁합이다. 스위트 스타일은 햄과나 커스터드 디저트가 제격이다.

기억해둘 만한 호주 생산지
클레어 밸리, 에덴 밸리, 캔버라, 헨티, 스트라스보기 레인지, 그램피언스, 덴마크

보관해둘 만한 가치는?
드라이 스타일은 최대 20년까지도 숙성이 가능하며, 그 외의 스타일은 2~5년이 적절하다.

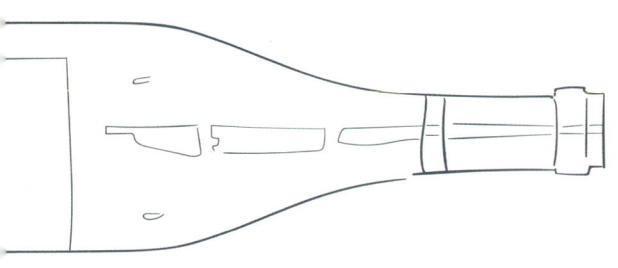

샤르도네

Chardonnay

사랑스러운 매력의 소유자

샤르도네는 과거의 모습에서 완전히 환골탈태했다! 노리끼리한 색에 오크 향만 진동하고 볼 것도 별로 없었던 1990년대의 초라한 모습은 이제 찾아볼 수 없다. 요즘에는 질감, 섬세함, 여운, 균형이 뭔가를 제대로 보여준다. 샤르도네는 전통적으로 프랑스의 부르고뉴와 그 인접 지역인 샤블리에서 재배되다가 현재는 다재다능함에 힘입어 세계 곳곳에 뿌리를 내렸다. 샤르도네 포도는 풍미 자체가 그다지 흥미롭지 않아서 어떤 와인 생산자의 손을 거치느냐가 중요하다. 즉 오크 풍미 추출, 앙금 및 고형물 접촉, 유산발효, 야생 효모, 오크통 발효 등등 다 열거할 수 없을 만큼 많은 양조 방식을 어떻게 결정하느냐에 따라 달라지기 때문이다. 요즘의 샤르도네는 진하고 오크 풍미가 강한 스타일조차 어느 정도는 절제와 균형이 잡혀 있다.

맛

오이 / 시트러스 / 사과 / 멜론 / 복숭아 / 과일 샐러드 / 무화과 / 열대성

광물성 풍미가 돌고 과일 향이 약간 부족한 스타일

순수하고 직선적이며 신맛이 두드러진다. 대체로 오크 숙성을 거치지 않거나 살짝만 거치며, 유산 발효는 생략되거나 제한적으로 실시되어 보통 라이트에서 미디엄바디를 띤다. 풍미 강도는 중간 정도이고, 대개 광물성의 특징을 지닌다. 이 스타일의 최상품 샤르도네는 힘과 활력과 질감이 살아 있다.

중간 스타일

호주의 보편적 스타일로서 상큼함과 복합성을 두루두루 지닌다. 대개 질감이 잘 살아 있고, 멜론과 복숭아 같은 흰색 과일 계열의 풍미를 띤다. 오크, 앙금, 유산 발효의 풍미가 부드럽게 감돈다. 대체로 미디엄바디며 산도와 활력이 느껴진다.

풀바디에 진한 스타일

비교적 전통적 스타일로, 오크의 자취가 느껴지며 풍부하고 농익은 풍미가 깃든 스타일이다. 복숭아와 과일 샐러드의 풍미가 보편적이다. 대체로 풀바디에 중간 정도의 산도를 띤다. 보통 유산 발효MLF의 자취가 남아 있으며 버터와 파이·타르트류의 풍미도 느껴진다.

음식 궁합

버터, 크림, 흰콩, 폴렌타polenta(옥수수 가루로 끓인 죽), 버섯, 줄기가 질긴 허브류, 크로켓, 뇨키gnocchi(이탈리아식 수제비), 파스타

기억해둘 만한 호주 생산지

모닝턴 페닌슐라, 야라 밸리, 애들레이드 힐스, 질롱, 태즈메이니아

보관해둘 만한 가치는?

뛰어난 구조와 산도를 지닌 샤르도네라면 5~15년까지 숙성이 가능하다.

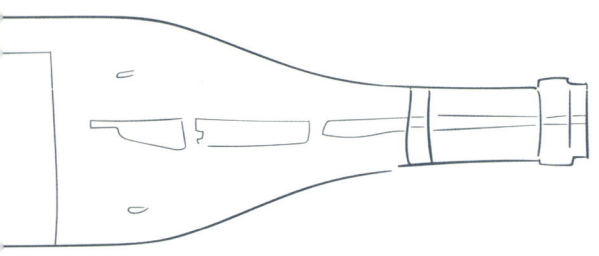

소비뇽 블랑

Sauvignon Blanc

하나의 포도, 두 개의 스타일

소비뇽 블랑은 프랑스에서 아주 귀한 대접을 받는 편이다. 보통 아주 맛 좋고 질감이 살아 있으며, 절제미까지 갖춘 데다 우아하게 숙성된, 음식과 기가 막히게 어울리는 와인으로 빚어진다. 한편 신세계, 특히 뉴질랜드에서는 소비뇽 블랑이 조금 늦게 수확되어 향기 그윽하고 과일 맛이 느껴지는 스타일로 만들어지기 때문에, 잘 빚어지면 맛이 뛰어나지만 잘못 빚어지면 맛이나 풍미가 형편없다. 두 세계는 이처럼 대조적이다. 신세계 생산자들 중 상당수가 프랑스 스타일로 와인을 만들어서 라벨에 '퓌메fumé'라는 문구를 넣기도 한다. 이 퓌메는 소비뇽 블랑 품종으로 안개 피어오르는 지역으로 유명한 푸이 퓌메Pouilly-Fumé(fumé는 '연기'라는 뜻임)에서 따온 명칭으로 푸이 퓌메는 프랑스 루아르 밸리 지역에 있다. 소비뇽 블랑은 대체로 오크통에서 발효와 숙성이 이루어진다.

맛
아스파라거스 / 피망 / 풀 / 구스베리 / 열대과실

퓌메 스타일
보통 오크 발효와 오크 숙성을 거치면서 견과류와 크림, 그리고 때로는 훈연 풍미까지 더해진다. 대체로 앙금 접촉을 통해 질감과 깊이가 부여되기도 한다. 광물성 풍미 또한 보편적이어서 숙성의 잠재력을 갖는다.

중간 스타일
소비뇽 블랑의 트레이드마크 격인 풀과 열대과실 계열의 특징이 두드러지면서도 뉴질랜드 스타일에 비해 절제미가 높다. 더러는 부분적 오크 발효나 앙금 접촉을 거치면서 질감과 복합성이 더해지기도 한다.

신세계 스타일
풍미, 특히 열대과실 계열의 풍미를 극대화하기 위해 스테인리스스틸 탱크에서 발효되며 농익은 포도로 빚는다. 풍미가 풍성한 데다 산도와 질감도 뛰어난, 맛 좋고 매력적인 와인이다.

음식 궁합
염소젖 치즈, 그릴에 구운 치킨이나 생선, 허브, 완두콩, 페코리노(양젖 치즈), 크림, 버터, 견과류

기억해둘 만한 호주 생산지
애들레이드 힐스, 마가렛 리버, 오렌지, 야라 밸리, 머지

보관해둘 만한 가치는?
보관해둘 만하진 않지만 꼭 보관해야 한다면 2~5년이 적당하다.

아직 못다 한 이야기……

마르산느 MARSANNE

묘하고 다차원적 매력을 갖춘 품종으로 온화한 기후에서 잘 자란다. 어떻게 빚느냐에 따라 생생한 풍미의 라이트바디 와인이 되기도 하고 아몬드, 회향풀, 향신료 계열의 특성을 띠는 미디엄에서 풀바디의 와인으로 빚어지기도 한다. 살짝 씁싸래한 맛이 감도는 와인도 종종 있다. 주요 생산지는 호주 빅토리아 중부.

루산느 ROUSSANNE

전통적으로 마르산느의 블렌딩 짝꿍으로 이용되는데, 루산느를 블렌딩하면 아로마와 섬세함이 더해진다. 루산느 단독으로 와인을 빚으면 풍부한 다육질 과일의 풍미와 은은한 허브 향을 풍긴다. 좌측으로 치우친 중간 스타일이지만 미디엄에서 풀바디의 화이트 와인에 입문하려는 사람에게 추천할 만하다. 주요 생산지는 비치워스.

비오니에 VIOGNIER

콩드리외라는 프랑스의 작은 마을이 유명 산지인 비오니에는 아주 흥미로운 품종이다. 이 품종의 와인은 대개 풀바디에 알코올 함량이 높은 편으로 잘 빚어지면 이런 특징이 매력으로 작용하는데, 관건은 균형이다. 풍미는 오렌지 꽃, 사향, 인동, 복숭아, 시트러스 계열을 띠며 그중에서도 살구 풍미가 특히 매혹적이다. 오크 숙성을 거치는 것이 일반적이며, 주요 생산지는 바로사.

베르멘티노 VERMENTINO

이탈리아 사르디니아의 토착 품종으로 아로마가 그윽한 베르멘티노는 대체로 오크 숙성이 생략되기 때문에 배, 핵과, 시트러스의 특징이 두드러지고 적절한 산도와 뛰어난 질감을 지닌다. 기름진 생선과 환상적인 궁합을 이루며 피노 그리 대신 마시기에도 좋다. 주요 생산지는 리버랜드.

베르데호 VERDELHO

아로마가 그윽하고 멜론, 구아바, 인동을 비롯해 때때로 열대과실의 풍미까지 띤다. 복합적이지 않고 단순하지만 맛이 좋은 편이다. 대체로 스테인리스스틸 탱크에서 양조돼 과일 특유의 특징이 그대로 살아 있다. 주요 생산지는 그래니트 벨트.

아르네이스 ARNEIS

이탈리아 북부의 토착 품종으로서 대개 오크 숙성을 거치지 않아 라이트바디한 와인이다. 배, 아몬드, 시트러스의 풍미가 두드러지고 때때로 풀 계열의 풍미가 느껴지기도 한다. 아주 향긋해서 가벼운 요리, 특히 전채와 아주 잘 어울린다. 주요 생산지는 킹 밸리.

세미용 SEMILLON

세미용은 섬세하고 상쾌하며 기분 좋은 화이트 와인에서부터 매혹적이고 복합적이며 숙성 잠재력을 갖춘 세계적 명성의 와인에 이르기까지 다양하게 빚어진다. 이 품종은 콩, 사과, 모과, 시트러스, 풀에 이르는 다양한 풍미를 지니며, 숙성되는 과정에서 인동, 비스킷, 버터의 특징이 두드러지기도 한다. 주요 생산지는 헌터 밸리.

게뷔르츠트라미너 GEWÜRZTRAMINER

라벤더, 향신료, 터키시 딜라이트(터키 젤리), 장미 등의 아로마가 그윽하기로 유명한 품종이며 오크 숙성을 거치지 않은 라이트바디의 와인으로 거듭난다. 더러 드라이하게 만들어지기도 하지만 대체로 특유의 풍미를 살리기 위해 잔당이 약간 남겨지는 편이라 향신료로 맛을 낸 샐러드나 연한 카레와는 궁합이 맞지 않는다. 주요 생산지는 태즈메이니아.

슈냉 블랑 CHENIN BLANC

다채롭고 맛 좋고 적응성이 좋은 품종인데, 의외로 호주에서는 큰 인기를 끌지 못했다. 슈냉 블랑은 산도가 높아서 상쾌한 맛을 지니는 라이트바디와 미디엄바디의 와인으로 빚어지며 사과, 꽃, 허브, 마지팬marzipan(아몬드를 으깨어 설탕과 버무린 과자), 밀랍, 꿀의 특징이 두드러진다. 주요 생산지는 마가렛 리버.

와인 구매 팁

마음이 급한가? 그렇다면 지금부터 화이트 와인을 후딱 고를 수 있는 유용한 팁을 알려주겠다. 아래 표를 봐두면 무게감을 기준으로 삼고 어떤 포도 품종의 와인을 고르면 좋을지 참고가 될 것이다. 특히 저녁 만찬에 어울릴 만한 와인을 찾고 싶다면 쏠쏠한 팁이 돼줄 것이다(108쪽 참조). 풍미를 기준으로 와인을 고르고 싶을 때는 아래의 도표를 참고하라. 자, 그러면 출발해보자!

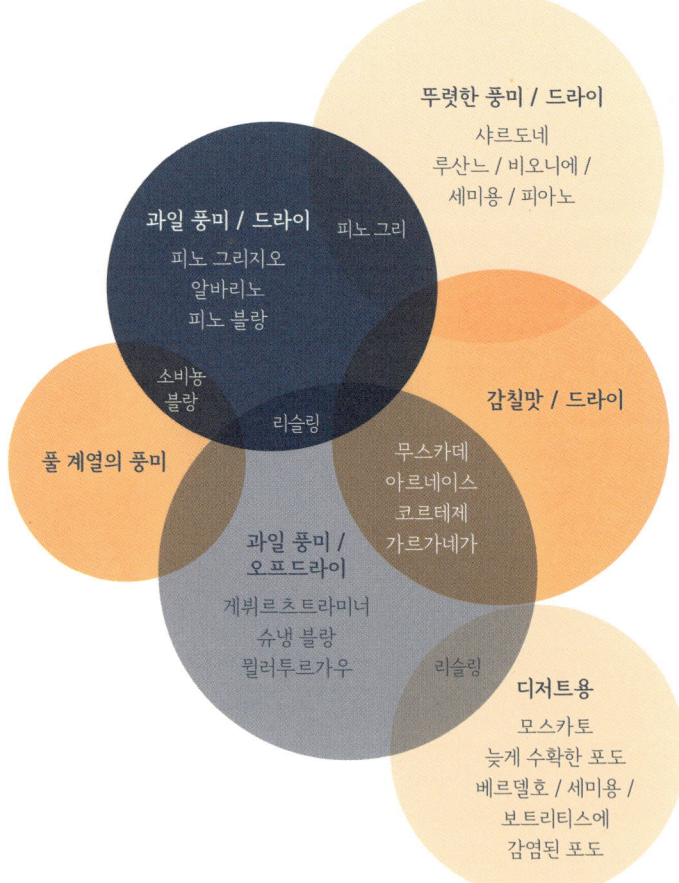

	라벨에 따로 명시돼 있지 않을 경우 대체로 드라이하게 빚어지는 화이트 와인 포도 품종	일반적인 와인 양조 방식	대략적 알코올 함량
라이트바디	피노 그리지오 드라이한 리슬링 소비뇽 블랑 세미용 아르네이스 베르멘티노 베르델호 일부 피노 블랑 트레비아노	(오크통이 아닌) 스테인리스스틸 탱크에서 양조 과정을 거친다. 산뜻한 산도를 띠는 드라이한 맛을 내며 풍미는 대부분 포도에서 우러난다.	10.5~12%
라이트바디 ~ 미디엄바디	세미용 아르네이스 드라이한 리슬링 베르멘티노 게뷔르츠트라미너 알바리뇨 마르산느 소비뇽 블랑 피노 그리 피아노 일부 피노 블랑 슈냉 블랑 일부 샤르도네	스테인리스스틸 탱크와 오크통에서 발효 및 숙성을 거친다(대개 오크통은 오래된 것을 사용함). 보편적으로 양조 과정 중 부분적인 앙금 접촉, 포도껍질이나 고형물을 함께 담고 유산 발효 방식을 이용한다. 풍미는 주로 포도에서 우러나오지만 양조 방식에 따라 더 보강되거나 그 틀이 잡힌다.	12.1~13.5%
미디엄바디 ~ 헤비바디	샤르도네 비오니에 마르산느 루산느 일부 세미용 일부 피아노	일반적으로 오크통을 활용한 발효와 숙성(또는 발효나 숙성), 유산 발효, 앙금 접촉, 포도껍질이나 고형물을 함께 담그는 과정을 거친다. 풍미는 주로 포도에서 우러나지만 양조 방식에 따라 좌우되고 결정된다.	13.6~14.5% 이상

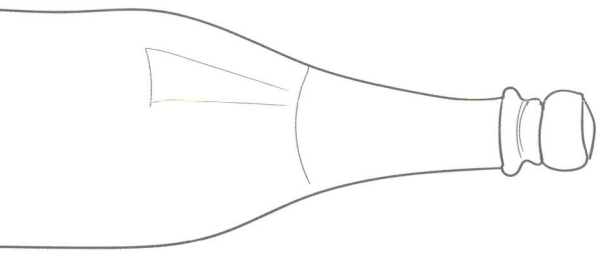

스파클링 와인

Sparkling Wine

기분 좋은 기포가 뽀글뽀글 올라와 톡톡 터지는 매력

스파클링 와인은 즐거움을 불러일으키는 마력이 있다. 오래전부터 특별한 순간에 우리는 스파클링 와인을 따서 축배를 들곤 한다. 그러면 파티의 분위기 메이커인 스파클링 와인을 어떻게 해야 잘 구매할 수 있는지 그 비법을 알아보자.

먼저 시판되는 스파클링 와인은 크게 두 가지로 나뉜다. 빈티지vintage 스파클링 와인과 논빈티지non-vintage 스파클링 와인이다. 빈티지 스파클링 와인은 특정한 해에 수확한 포도로 빚은 것으로 라벨에 그 해를 눈에 띄게 표기하며 최상의 해에만 만들어지는 만큼 매우 비싼 고급 와인에 속한다. 논빈티지 스파클링 와인은 일관된 스타일을 유지하기 위해 여러 해의 포도를 블렌딩하여 빚은 와인이다. 논빈티지는 대체로 저렴하지만 가치 면에서는 결코 뒤떨어지지 않는다. 스파클링 와인을 고를 때 알아두면 좋은 용어 두 가지만 더 익혀두자. '브뤼brut'는 드라이하다(즉 단맛이 거의 없거나 전혀 없다)는 뜻이고, '퀴베cuvee'는 블렌딩(여러 포도원의 포도나 여러 품종 또는 여러 해의 포도를 섞는 것)한 것을 뜻한다.

맛
샤르도네 : 시트러스 / 사과 / 흰색 핵과 / 꽃 / 광물성
피노 누아르 : 라즈베리 / 딸기 / 제비꽃

샤르마와 프로세코 스타일

생기 있고 상쾌하며 때론 달콤하기도 하다. 이런 스타일은 복합성이 그다지 나타나지 않지만 돈을 쓴 만큼의 보람은 크다. 프로세코가 딱 이런 스타일이다. 대체로 사과, 시트러스, 꽃 계열의 풍미를 띤다.

병 속 발효 방식의 논빈티지 스타일

샤르도네, 피노 누아르, 피노 뫼니에로 만들어져 18~50개월 동안 앙금과 함께 숙성되는 과정에서 과일 풍미만으로 부족한 부분을 보강해줄 만한 브리오슈, 빵, 효모 특유의 특징이 우러난다. 최상급 와인은 크림처럼 부드러운 마우스필을 선사하며 풍미의 여운이 뛰어나다.

병 속 발효 방식의 빈티지 스타일

이 스타일은 최상의 해에만 생산되기 때문에 대체로 고가다. 앙금 숙성이나 병 속 숙성을 거치는 기간이 긴 편인데, 다른 스타일보다 4년쯤 더 길다고 보면 된다. 대개 꿀, 생강, 호두 같은 특징을 띤다.

음식 궁합

짭짤하고 기름진 음식, 파이·타르트류, 연성치즈, 생선, 굴, 담백한 흰 살코기, 크림, 버터, 허브

기억해둘 만한 호주 생산지

태즈메이니아, 툼바룸바, 알파인 밸리, 야라 밸리

보관해둘 만한 가치는?

프로세코나 논빈티지 스타일은 별로 추천하고 싶지 않다.
빈티지 스타일은 5~10년이 적당하다.

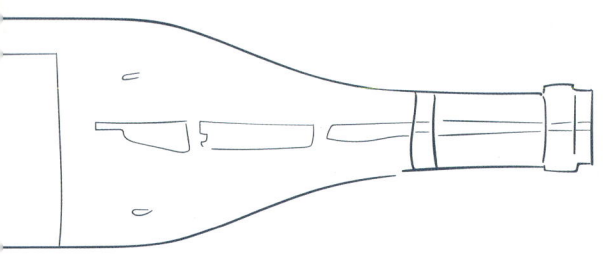

피노 누아르

Pinot Noir

피노 누아르를 맛보지 않고는 와인 폐인이라 할 수 없다

지금껏 피노 누아르만큼 와인 애호가를 매혹하는 동시에 혼란스러움을 안겨준 포도는 없었다. 특히 부르고뉴산 명성이 높은 피노 누아르는 서늘한 기후에서 잘 자라며 재배하기가 까탈스런 품종으로 세계적 명품 와인으로 빚어진다. 피노 누아르는 성격이 워낙 투명한 편이라 (다른 포도들에 비해) 재배지와 양조 방식에 배인 미묘함을 더 투명하게 드러낸다. 그것이 바로 피노 누아르만의 매력이다. 피노 누아르는 그냥 피노 누아르의 맛이 난다고밖에는 달리 표현하기 힘들 수도 있다. 물론 몇 가지 피노 누아르를 비교해 마셔보며 그 차이를 느끼기 전의 얘기겠지만. 단 미리 당부해둘 말이 있다. 피노 누아르에 푹 빠지게 된다는 것은 호기심 가득한 채 토끼 굴 아래로 뛰어드는 것과 같다. 다시 말해 다시 돌아 나올 수도 있지만 그러고 싶은 마음이 들지 않을지도 모른다.

맛

석류 / 체리 / 딸기 / 제비꽃 / 라즈베리 / 자두 / 졸인 자두

실크처럼 부드러운 스타일

신선하고 상쾌하고 팔팔하며 부드럽고 과즙이 느껴지는 풍미와 실크 같은 마우스필을 선사하는 편이다. 이 스타일의 와인은 별로 복합성을 띠지 않지만 돈이 아깝지 않을 만큼 뛰어나다. 대체로 오크 숙성을 할 경우 살짝만 거친다. 3년 내에 마시길 권한다.

중간 스타일

실크처럼 부드러운 스타일보다 풍부한 풍미를 띠면서 진하고 구조감도 더 살아 있다. 더러는 흙 내음과 감칠맛을 지닌다. 대개 미디엄바디이며 라즈베리, 체리 같은 선홍색 과일 계열의 풍미를 띤다. 오크 숙성과 마찬가지로 줄기의 작용이 와인별로 다양하게 나타난다. 대체로 8년 이내에 마시는 것이 좋다.

구조감이 견고해서 오래가는 스타일

이런 스타일의 와인은 단일 포도원에서 최고의 해에 수확한 포도만으로 만들어진다. 오크, 추출물, 그리고 줄기의 작용이 느껴지고, 힘차고 농축된 풍미를 띠며 대체로 그 느낌이 오래간다.

음식 궁합

돼지고기, 오리고기, 렌틸콩, 육수 수프, 토마토 베이스 소스, 구운 고기

기억해둘 만한 호주 생산지

야라 밸리, 모닝톤 페닌슐라, 질롱, 태즈메이니아, 마케돈 산맥, 애들레이드 힐스

보관해둘 만한 가치는?

실크처럼 부드러운 스타일은 추천하고 싶지 않고, 구조감이 탄탄하고 복합적인 스타일은 최대 8년, 더러는 그 이상도 보관 가능하다.

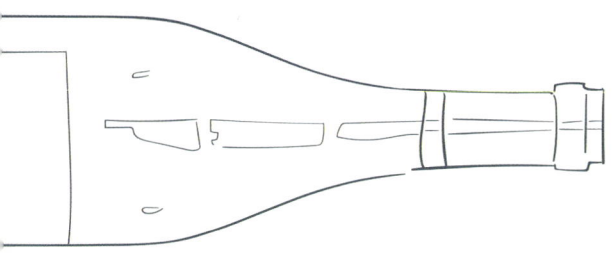

쉬라즈 / 시라

Shiraz / Syrah

이름이 두 개

피노 그리와 피노 그리지오처럼 이름 때문에 헷갈리는 또 하나의 품종이다. 쉬라즈는 본고장인 프랑스에서 (특히 론 밸리에서) '시라'라고 불리며, 대체로 미디엄바디(더러는 예외적으로 풀바디도 있음)에 농후하고 우아하며 향기로운 와인으로 빚어진다. 한편 호주에서는 강렬하고 농익은 와인으로 만들어지며 '쉬라즈'로 불린다. 이 둘은 스타일은 서로 달라도 모두 뛰어나다! 하지만 호주 생산자들 사이에서는 프랑스 스타일로 와인을 만들면서 호주의 전통적인 강렬한 스타일과 구분 짓기 위해 '시라'로 명명하는 것이 하나의 풍조처럼 퍼져 있다. 사람에 따라 부드러움과 향신료 풍미는 더하고 농후함은 덜하다는 느낌에 당혹감이 들겠지만, 이는 라벨 명칭 때문에 일어난 혼돈일 수 있다. 아무튼 어떻게 불리든 간에 쉬라즈는 매력을 아낌없이 선사하는 포도다. 거의 호주 전역에서 재배되는 쉬라즈는 풍미가 가득 차 있고 프랑스산이나 미국산 오크 모두와 환상적으로 잘 맞아 아주 기가 막히게 숙성된다.

맛

건초 / 향신료 / 라즈베리 / 자두 / 후추 / 블랙베리 / 감초 / 블랙 올리브 / 잼

실크처럼 부드러운 대중적 스타일

미디엄바디에 선홍색 과일 계열의 풍미와 부드러운 타닌이 특징이다. 풍미가 아주 풍부하지만 대체로 오크 숙성을 거치지 않는다. 복합적인 풍미는 별로 느껴지지 않지만 돈을 쓸 만한 가치가 있는 좋은 와인이다.

서늘한 기후에서 생산되는 스파이시한 스타일

미디엄바디에서 풀바디까지 다양하며 향신료 풍미가 뛰어나고 타닌은 중간 정도로 적절하다. 과일 맛이 응축되었지만 지나치게 농후하지는 않다. 줄기의 자취는 오크와 마찬가지로 다양한데 대체로 은은하게 깔려 있는 편이다. 보통 8년 내에 마시는 것이 좋다.

온화한 기후에서 생산되는 강렬한 스타일

알코올 함량이 높을뿐더러 풍부하고 농후한 과일 풍미를 지닌다. 강도 높은 추출과 오크 숙성을 거치면서 오크의 자취가 두드러지고 타닌 구조가 단단하게 잡힌다. 대체로 어릴 때는 풀바디에 농후한 풍미가 두드러지며 떫은맛이 느껴지기도 한다. 몇 십 년 숙성이 가능하다.

음식 궁합

그릴 구이 고기, 걸쭉한 스튜, 미트볼, 소시지, 코테치노(돼지로 만든 소시지에 렌즈콩을 곁들인 요리)

기억해둘 만한 호주 생산지

서늘한 기후대 스타일: 야라 밸리, 피레네, 캔버라
온화한 기후대 스타일: 바로사, 맥라렌 베일, 루터글렌

보관해둘 만한 가치는?

최대 15년까지 보관할 만하다.

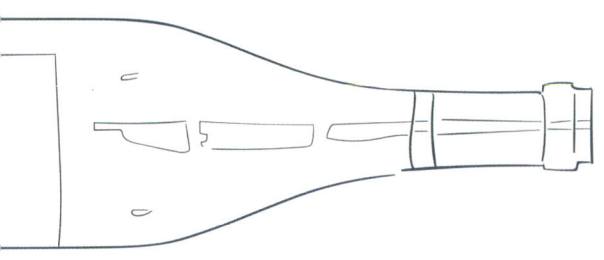

카베르네 소비뇽
Cabernet Sauvignon

프랑스에서 '맛 좋은' 와인의 대명사

카베르네 소비뇽은 좀 보수적인 스타일이다. 입 안을 마르게 할 정도의 타닌, 강렬한 풍미, 숙성 잠재력을 지닌 까닭에 당신에게 선뜻 다가오지 않을지도 모른다. 오히려 당신이 다가가야 한다. 카베르네 소비뇽은 원래 보르도가 고향이며(이곳 보르도에서는 보통 메를로, 프티 베르도와 카베르네 소비뇽 또는 프티 베르도나 카베르네 소비뇽을 블렌딩하여 와인을 빚음), 현재는 전 세계에서 재배한다. (청피망을 좋아하지 않는다면) 풍미가 때때로 거북할 수도 있으며 포도껍질이 두꺼운 편이라 타닌 성분이 강하다. 또 오크 숙성에 잘 어울리며, 그런 만큼 병입 후 몇 십 년을 거뜬히 지탱하면서 그 사이에 거친 타닌을 기가 막히도록 부드럽게 변모시킨다. 고맙게도 카베르네 소비뇽이라고 해서 무조건 보관해두어야 하는 것은 아니다. 최근에 들어 비교적 부드러운 스타일도 출시되고 있는데 이런 와인은 풍부한 풍미와 섬세한 질감을 즐기기 위해 당장 마시기에 무난하다.

맛

풀 / 피망 / 토마토 덩굴 / 이파리 / 민트 / 더스티dusty(드라이하면서 흙냄새가 약간 날 때 쓰는 표현) / 블랙 올리브 / 블랙커런트(카시스베리)

부드러운 대중적 스타일

과일 풍미가 강하고 풀 계열의 풍미가 약한, 싱싱하고 산뜻한 스타일이다. 대체로 타닌이 낮고 가벼운 오크 숙성만을 거치는 편이다.

우아하고 절제미를 갖춘 스타일

미디엄에서 풀바디를 아우르며 비교적 구조감이 잡혀 있고 때때로 민트향과 더스티함을 띤다. 타닌은 입 안을 마르게 할 정도지만 뛰어난 여운으로 뼈대가 잘 잡혀 있다. 풍미가 다양하게 조화를 이루면서 풀의 풍미에 압도당하지 않는다. 5~15년까지 숙성이 가능하다.

강렬하고 더스티하며 타닌이 강한 스타일

풀바디의 깊고 풍부한 스타일로 포도껍질과 오크에서 추출된 타닌이 입 안을 마르게 할 정도로 강하게 느껴진다. 양조 과정에서 오크통에 담겨 있는 기간이 12~24개월에 이르러서 병 안에서 몇 십 년간 숙성이 가능하다. 풍미가 다양하지만 특히 블랙커런트의 특징이 두드러진다.

음식 궁합

그릴에 구운 붉은색 고기, 후추, 라디치오(치커리의 일종), 쌉싸래한 이파리류, 버터, 가지

기억해둘 만한 호주 생산지

마가렛 리버, 쿠나와라, 맥라렌 베일, 야라 밸리, 클레어 밸리, 에덴 밸리

보관해둘 만한 가치는?

최대 15년까지 보관 가능하다.

아직 못다 한 이야기……

산지오베제 SANGIOVESE

이탈리아 토스카나의 키안티산의 유명한 명품 와인이 바로 이 포도로 빚어진다. 건과류와 감칠맛의 풍미와 더불어 체리, 향신료, 제비꽃의 특징을 지니고 있다. 하지만 가장 대표적인 특징은 견고하고 더스티한 타닌의 구조인데, 이것이 입맛을 돋워주는 독특한 마우스필을 선사한다. 주요 생산지는 킹 밸리.

그르나슈 GRENACHE

붉은 딸기, 향신료, 막대사탕의 풍미를 지닌 그르나슈는 로제 와인용으로 적격이다. 하지만 포도원에서 적절히 재배된다면 미디엄에서 풀바디의 풍미 그윽한 매력적이고 독특한 레드 와인을 만들어내기에 좋다. 이런 레드 와인은 대체로 밝은색 과일의 풍미를 띠며, 알코올 함량은 높고 타닌은 낮은 편이다. 주요 생산지는 바로사.

템프라니요 TEMPRANILLO

템프라니요여, 영원하라! 체리, 자두, 향신료의 특징이 물씬한 템프라니요는 기후대, 스타일, 오크의 영향에 따라 미디엄바디부터 풀바디까지 다양한 풍미를 만들어낼 수 있다. 템프라니요로 빚어진 와인은 사랑스러울 정도로 부드럽고 주스 같은 마우스필을 지니며, 짙은 색의 딸기류, 콜라 열매, 감초의 풍미가 특징이다. 대체로 마시기 편하고 뛰어난 미디엄바디의 템프라니요 레드 와인은 다양한 요리에 사용돼 음식 맛을 돋워준다. 주요 생산지는 애들레이드 힐스.

네비올로 NEBBIOLO

이탈리아에서 유명한 또 하나의 품종으로, 바롤로 지역에서 생산되는 유서 깊은 와인이 바로 이 네비올로로 빚어진다. 무게감은 미디엄에서 풀바디까지 아우르며 제비꽃, 장미, 자두, 회향풀, 초콜릿, 타르 등을 연상시키는 풍미가 특징이다. 잔에 따르면 얼핏 라이트바디로 보일 수도 있지만 마셔보면 입 안을 마르게 할 만큼 텁텁한 타닌이 느껴지는데, 이는 네비올로 특유의 특성이자 숙성 잠재력을 부여해주는 요소이다. 호주에서 생산되는 네비올로 와인은 더 주스 같고 타닌이 약한 편이다. 주요 생산지는 야라 밸리.

블렌딩

와인 생산자는 블렌딩을 통해 유연성을 발휘할 여지도 생기고, '완벽한' 와인을 만들어낼 수 있는 기회도 누린다. 블렌딩에는 포도 품종 자체에 초점을 두지 않는다. 즉 와인 생산자는 각 품종이 블렌딩에 어떤 영향을 줄지 헤아리면서 최종 효과가 부분의 합보다 더 뛰어나리라는 확신에 이르는 일이 더 중요하다.

그르나슈, 쉬라즈, 마타로 – (세 품종의 머릿글자를 딴) 일명 GSM 블렌딩

프랑스 남부 론과 샤토네프 뒤 파프의 전형적인 블렌딩. 그르나슈는 풍성한 과일의 풍미와 실크 같은 마우스필을 부여해주는 동시에 아로마를 끌어올려준다. 마타로mataro('무르베드르mourvedre'나 '모나스트렐monastrell'이라고도 함)는 견고한 타닌, 흙냄새, 붉은색 과일 고유의 특성을 나타낸다. 두 품종이 쉬라즈의 농후함과 힘을 보강해주면서 숙성 가치를 띠는 풀바디의 다층적 복합미를 갖춘 와인이 탄생된다.

쉬라즈와 카베르네 소비뇽의 블렌딩

쉬라즈는 구조감과 타닌이 탄탄하고 때로는 풀냄새를 띠거나 더스티한 카베르네 소비뇽에 풍성한 과일 풍미, 우아함, 묵직한 목 넘김을 보태준다. 그 결과 다양한 풍미와 풍성하고 균형 잡힌 마우스필이 생성된다. 확실히 호주 스타일의 블렌딩이다.

쉬라즈와 비오니에의 블렌딩

프랑스 론 지방이 원산지인 비오니에는 청포도 품종으로, 쉬라즈에 함께 섞어 발효시키면 타닌 추출물을 부드럽게 누그러뜨려 실크같이 부드러운 마우스필을 띤다. 그뿐만 아니라 비오니에는 멋진 꽃의 향기를 부여해주기도 하는데, 대체로 최종 블렌딩에서 비오니에의 함량은 1~5% 사이에 불과하다.

보르도 블렌딩

보르도 와인은 대체적으로 블렌딩에 카베르네 소비뇽, 메를로, 카베르네 프랑, 프티 베르도의 사용을 허용한다. 메를로는 세련미와 아로마를 부여해주며, 프티 베르도는 잉크빛 색깔과 구조감을, 카베르네 프랑은 섬세함과 복합적 향을 선사해준다. 호주에서는 카베르네 프랑과 메를로의 블렌딩이 흔한데, 이 둘은 그야말로 환상적인 조합이다. 목 넘김이 좋은 구조감과 균형 잡히고 풍미가 좋은 세련된 와인이 탄생된다.

와인 구매의 지름길

이번엔 헤매지 않고 레드 와인을 좀 더 척척 고를 수 있을 만한 유용한 팁을 알려주겠다. 아래의 표를 참고해서 무게감에 따라 레드 와인을 골라볼 것을 권한다. 아마도 저녁 만찬에 어울릴 만한 와인을 찾을 때 유용할 것이다(110쪽 참조). 하지만 그조차도 너무 어렵다면 87쪽을 참고하길!!

	라이트바디	라이트에서 미디엄바디	미디엄에서 헤비바디
포도 품종	(대부분의) 피노 누아르 가메이 바르베라 Barbera 그르나슈 네비올로	메를로 / 그르나슈 카베르네 프랑 네비올로 / 바르베라 산지오베제(비교적 라이트한 스타일) 돌체토 Dolcetto 템프라니요 / 쉬라즈 네로다볼라 Nero d'avola	쉬라즈 카베르네 소비뇽 산지오베제 뒤리프 Durif 타낫 Tannat 진판델 말벡 마타로
일반적 와인 양조 방식	대체로 중간 정도에서 강한 정도의 산도를 띠는 어리고 옅은 색의 와인. 부분적으로 새 오크통 숙성을 거치는 결과로서, 비교적 타닌과 알코올이 낮은 편이다. 풍미는 대부분이 포도에서 추출된다.	농후한 정도가 중간쯤인 와인으로 오크의 자취가 다양하게 느껴진다. 왼쪽 스타일에 비해 빛깔이 보다 짙고 산도는 낮으며, 타닌과 추출물과 알코올의 강도가 중간쯤이다. 풍미는 포도에서 우려지며, 여기에 오크 풍미가 어우러지면서 떠받쳐준다.	짙은 빛깔에 풍미가 풍성한 와인으로 대체로 복합성이 높다. 대개 오크의 자취가 두드러지고 타닌, 추출물, 알코올의 강도가 높은 편이다. 풍미는 와인 양조 방식과 포도에서 두루두루 우려진다.
알코올 함량	12~13.4%	13.5~13.9%	14% 이상

상황별 대처법!

상사의 집에 저녁 초대를 받았을 때

마가렛 리버산의 카베르네 소비뇽. 우아하고 두고두고 보관해둘 만한 가치가 있지만 어릴 때 마시기에도 무난한 와인이다.

데이트 자리에서 와인을 주문할 때

피노 누아르. 대다수 요리와 두루두루 어울리며, 호불호 없이 웬만하면 누구나 좋아할 만한 와인이다.

주류 지참이 허용되는 태국식 요리 전문점에 갈 때

오프드라이 리슬링. 향신료가 들어가고 기름지고 달달한 태국 요리에 두루두루 잘 맞는 와인이다.

엄마한테 미안한 마음을 전할 때

야라 밸리산 샤르도네. 구식 스타일이 아니라 신식 스타일의 와인으로, 섬세하고 우아한 데다 끝내주게 맛있다.

유럽식 레스토랑의 와인 리스트를 보면서 뭘 좀 아는 사람처럼 주문하고 싶을 때

산지오베제. 음식과 잘 어울리며, 발음도 어렵지 않고 가격도 별로 비싸지 않은 편이다.

더 넓은 세계의 탐험

레드 와인과 화이트 와인
너머의 세계로

지금까지 내가 들려준 와인 이야기를 다 들었는데도 그 경우에 딱히 해당되지 않는 와인도 있는 것 같다고?

그럴 줄 알고, 와인 세계의 탐험 범위를 더 넓혀볼 생각이다. 분위기 좀 잡으면서 기분 전환을 하고 싶다면 지금부터 소개할 테이블 와인table wine〔싸고 가볍게 즐길 수 있는 와인〕의 멋쟁이 사촌들이 제격이다.

잠깐 하던 일을 멈추고 로제 와인의 향을 맡아봐라

로제Rosé 와인은 누구나 좋아할 만한 와인이다. 상쾌하고 깔끔하고 맛도 좋은 데다 빛깔마저 예쁜 핑크빛인데 어떻게 좋아하지 않을 수 있겠는가? 집 앞 베란다에 나가 기분 좋은 이야기를 나누며 느긋하게 즐기기에 정말 좋다.

로제 와인은 대체로 으깬 적포도 즙과 섞여 약간의 빛깔을 수혈 받은 뒤, 그 핑크빛 즙을 화이트 와인과 같은 방식으로 발효시켜서 만든다. 이때 즙과 포도껍질의 접촉 시간이 길수록 빛깔이 더 짙고 풍미가 진해진다. 적포도 품종이면 거의 어떤 품종이든 섞어도 괜찮지만 그르나슈, 피노 누아르, 카베르네 소비뇽, 쉬라즈, 템프라니요, 네비올로, 산지오베제가 특히 잘 맞는다. 로제 와인은 이처럼 약간의 붉은 빛깔을 더해주기 위해 적포도 품종이 섞이는 과정에서 그 품종 특유의 풍미가 어느 정도 부여되기는 하지만 딸기, 체리, 라즈베리 같은 붉은색이나 자주색 과일의 향이 중심적인 톱 노트top note(가장 먼저 맡게 되는 향기를 톱 노트, 중간 향기를 미들 노트, 잔향으로 남는 마지막 향기를 베이스 노트라고 함)를 이룬다. 꽃과 풀의 향 또한 로제 와인의 보편적 풍미다.

로제 와인은 대체로 스테인리스스틸 탱크에서 드라이하게 빚어져서 상쾌하고 싱싱한 풍미가 지켜지지만, 보관했다 마시기에는 적절치 않다. 즐겨 마시는 레드 와인 품종이 있다면 그 품종으로 만들어진 로제 와인을 골라 마셔보길 권한다. 단, 로제 와인은 스타일이 다양하니 소매점이나 레스토랑 측에 문의해서 스타일을 확인해보는 것도 좋다.

오렌지빛이 나는 오렌지 와인, 유행을 타다

요즘 전 세계적으로 오렌지 와인이 붐을 이루면서 온갖 다양한 품종으로 생산된다. 오렌지 와인은 (전부 다는 아니지만) 대부분이 인위적 개입의 최소화나 '자연주의' 방식으로 만들어진다.

보통의 화이트 와인 양조 방식과는 달리, 발효 중에 껍질을 그대로 함께 담가두면 멋들어진 질감, 무게감, 깊이가 부여된다. 이런 껍질 접촉은 와인의 빛깔을 짙게 우려주기도 하는데, 이때 (껍질을 함께 담근 채 발효조를 열어놓는 방식으로) 산소와 접촉하면 빛깔이 더 짙게 우러난다.

오렌지 와인의 빛깔은 엷은 청동빛에서부터 황금색, 호박색, 연한 갈색에 이르기까지 다양하다. 스타일이 독특하기도 해서 대체로 흙의 특징이 느껴지고 냄새가 톡 쏘고 감칠맛이 있으며, 풍부한 질감의 마우스필을 선사한다. 그런 만큼 맛이 진한 요리에 딱 맞는 제짝이어서 크림이나 버터나 치즈가 듬뿍 들어간 요리라면 뭐든 잘 어울린다. 그윽한 향의 껍질을 닦은 연질 치즈washed rind cheese(숙성 과정 중에 표면을 소금물로 닦아주어 껍질을 부드럽게 해줌과 동시에 표면에 자라는 유해 곰팡이를 제거해주는 치즈)와 환상의 짝이다.

디저트 와인

디저트 와인 얘기를 하려니 '달콤한 캐롤라인…… 이렇게 좋을 수가 없어요.' 닐 다이아몬드의 〈Sweet Caroline(사랑스러운 캐롤라인)〉 가사가 절로 생각난다. 닐 다이아몬드나 인기 아이돌 밴드와 마찬가지로 달콤한 와인에 대해서도 근접하기 어려운 대상이라는 편견이 존재한다. 이 달달한 와인이 선사하는 경이로움에 이제는 마음을 열자.

모스카토 Moscato

이탈리아의 북서부 지역 아스티Asti가 원조인 모스카토는 머스캣이라는 포도로 빚어지며, 꽃과 사향의 아로마가 아주 독특한 와인이다. 모스카토는 굉장히 라이트한 바디에 알코올 함량도 낮고, 남은 잔당의 함량이 중간 정도부터 높은 정도까지 다양하며 아로마가 매력적이다. 대체로 '프리잔테frizzante' 스타일, 즉 약하게 기포가 올라오는 스파클링 스타일로 만들어지며, 머랭으로 만든 디저트나 베리류와 환상의 짝꿍이다. 칵테일 베이스로도 아주 좋다.

늦수확 와인

포도의 숙성도에 따라 분류된 와인이다. 즉 늦게 수확한 아주 농익은 포도로 만든 와인을 통칭하며 대체로 세미용이나 리슬링으로 빚어진다. 빛깔은 노르스름한 색에서부터 옅은 오렌지색까지 다양하며 단맛이 확실히 느껴지지만 입 안이 끈적거릴 만큼 달지는 않고, 알코올 함량은 대체로 14% 미만이다. 핵과류 디저트는 말할 것도 없고 치즈와도 아주 잘 어울린다.

보트리티스 감염 스타일

보트리티스는 포도에 피는 곰팡이의 일종으로 일명 '귀한 부패noble rot'라로도 불린다(이따금씩 포도밭을 황폐화시키는, 귀하기는커녕 패씸한 그런 부패와는 격이 아주 다른 부패). 귀한 부패(귀부병)에 걸린 포도는 안의 수분이 빠져나가 풍미가 응축되는 동시에 마멀레이드, 생강, 꿀, 마지팬, 버터스카치 캔디 등의 독특한 풍미가 생성되기도 한다. '보트리티스에 감염된 포도로 빚은' 이런 와인은 아주 귀한 몸이다. 특정 포도원에서 특정 시즌에만 빚어지기 때문에 매우 비싸다. 또 매혹적인 풍미 프로필을 갖추고 있으며, 우아하게 숙성되어 디너파티를 마무리하기에 그만이다. 맛이 진한 과일 디저트(시트러스나 꿀이 듬뿍 들어간 모든 디저트)나 블루치즈와 잘 어울린다.

주정강화 와인

호주의 와인 산업은 주정강화 와인을 발판으로 삼아 도약했다. 말이 나

와서 말이지만 1960년대만 해도 호주 와인의 70%가 주정강화 와인이었다. 호주의 주정강화 와인 주요 생산지는 바로사, 리버랜드, (특히) 루터글렌이 꼽히는데 세 곳 모두 온화한 기후여서 포도가 충분히 농익을 때까지 재배하기에 이상적인 지역이다. 호주의 주정강화 와인은 다음의 세 가지로 분류된다.

- **주정강화 토니 포트, 머스캣, 토파크**: 병입 되면 진전이 멈추며 개봉해도 변질되지 않는다.
- **주정강화 빈티지 포트**: 병입 후에도 진전이 되며 일단 개봉하면 변질이 진행된다.
- **셰리**: 첫 번째 범주와 비슷하지만 숙성 중의 특정 효모 활용에 따라 종류가 나뉜다. 병입 후에는 진전이 멈추며 개봉 후에도 변질되지 않는다.

주정강화 와인 양조법

농익고 건포도화된 포도를 으깬 후 효모를 넣는다. 발효를 시키다 적절한 당도에 이르면 주정을 첨가해 효모를 죽여 발효를 중단시킨다. 그러면 알코올 도수와 잔당 함량이 높아지고, 이때의 당도는 발효의 중단 시점과 포도의 농익은 정도에 따라 결정된다.

이렇게 주정강화된 와인은 커다란 오크통(대체로 몇십 년 된 오크통이 사용됨)으로 옮겨 담아 숙성시킨다. 숙성 기간은 더러 몇십 년에 이르는 경우도 있지만 대개는 5~10년이다. 숙성 과정 중에 통제적 산화를 거치면서 랑시오라는 독특한 풍미가 생겨난다. 대체로 오크통에서는 타닌이 전혀 추출되지 않지만, 발효 원액에 함유돼 있던 산도와 타닌이 그대로 남아 단맛의 균형을 잡아준다. 와인이 적절히 숙성되면 블렌딩을 거쳐 병에 담는다.

 별별상식

주정강화 와인이 담긴 커다란 통에서는 매년 최대 5%의 와인이 증발하면서 통 안에 남아 있는 와인의 농도가 진해진다. 이렇게 증발되는 와인을 일명 '천사의 몫'이라고 부르는데, 정말 시적이지 않은가?

맛

주정강화 와인은 대체로 옅은 갈색이나 황금빛 도는 갈색을 띠며 알코올과 높은 당분의 결합으로 '다리'가 묵직하게 떨어져 내린다. 맛은 다음과 같은 차이를 보인다.

토니 포트: 헤이즐넛, 바닐라, 토피, 말린 과일, 캐러멜, 랑시오의 특징
토파크: 꿀, 토피, 버터스카치 캔디, 견과류, 말린 과일, 차가운 차, 랑시오의 특징
머스캣: 당밀, 건포도, 캐러멜, 장미 꽃잎, 터키시 딜라이트, 토피, 말린 과일의 풍미

어린 와인일수록 더 상큼하고 깔끔하며 생기가 넘치는 반면, 오래된 와인일수록 복합미, 점성, 풍미가 강한 편이다. 다음의 등급 제도를 알아두면 이런 풍미의 차이를 구분하는 데 도움이 될 것이다. 그리고 당연한 얘기겠지만 오래되고 희귀한 와인일수록 가격이 고가이다!

루터글렌Rutherglen : 평균 2~5년. 잔당은 리터당 180~240g
클래식Classic : 평균 5~10년. 잔당은 리터당 200~280g
그랜드Grand : 평균 11~19년. 잔당은 리터당 270~400g
레어Rare : 최소 20년 이상. 잔당은 리터당 270~400g

알쏭달쏭 용어

랑시오 RANCIO

'랑시오'는 주정강화 와인이 서서히 (그리고 긍정적인 방식으로) 산화되면서 진전되는 특성을 묘사하는 단어다. 이런 산화 과정을 거치면 볶은 아몬드나 호두, 바닐라, 향신료, 캐러멜, 토피, 파나포르테panaforte(다크 초콜릿에 볶은 견과, 다진 과일과 향신료를 섞어 만든 케이크) 같은 복합적 풍미 특성과 입 안을 따뜻하게 데워주는 영묘하고 농축된 마우스필을 띤다. 이런 랑시오 특성은 나무통에서 오랜 기간 숙성을 거쳐야만 생성되기 때문에 대개 프리미엄 주정강화 와인의 표식이 되기도 한다.

빈티지 포트

빈티지 포트VP는 토니 포트TP와는 완전히 다른 특급 와인이다. 라벨에 생산된 해가 확실하게 표시되며, 토니 포트보다 더 오랜 기간의 발효가 가능해서 그만큼 당분은 더 낮아지고 알코올 도수는 더 높아진다. 또 오크통 숙성은 2년가량으로 그치고 수십 년에 걸친 병 속 숙성 후에 마셔도 되도록 설계돼 포도 풍미, 주정강화, 오크통, 병 속 숙성의 특징이 복합적으로 우러난다. 어린 빈티지 포트에서는 토니 포트 스타일보다 단맛은 훨씬 적지만, 짙은 색 과일, 아니스, 초콜릿의 풍미를, 또 오래된 빈티지 포트에서는 호두, 말린 자두, 올리브, 커피의 풍미를 기대해볼 수 있다. 그야말로 특급 와인인 빈티지 포트는 뛰어난 품질의 체더치즈와 환상적으로 잘 어울린다. 한 번 개봉하면 일주일 정도 변질되지 않는다.

> ### 또 다른 이름의 포트 와인
>
> 알고 있는지 모르겠지만 토파크는 한때 '토카이tokay'라는 이름으로 불렸다. 현재는 더 이상 '토카이'라는 명칭을 사용해선 안 되는데, 헝가리 스펠링으로는 'Tokaji'인 '토카이'가 헝가리의 와인 생산지와 그곳에서 생산되는 와인을 상징하는 고유 명칭으로 보호되고 있기 때문이다. '포트port'도 이 경우처럼 포르투갈의 도시 오포르토Oporto에서 따온 보호 명칭이다. 따라서 현재 호주에서 생산되는 토니 포트는 라벨에 '토니tawny'라는 명칭만을 표기한다. 호주에서 생산되는 셰리 스타일의 와인 역시 '셰리sherry'가 보호 명칭이기 때문에 ('apera' 등의) 다른 명칭으로 표기된다. 정말 머리 아프다, 안 그런가?

셰리

할머니를 정말 사랑하지만 왜 셰리를 좋아하시는지 도통 이해가 안 가고, 주류 매장의 맨 아래 선반에 놓인 크림 셰리를 보면 꺼려지는가? (하지만 그 큰 병을 보면 어떤가! 그 많은 양에 가격은 정말 싸지 않은가!) 알고 보면 셰리는 세계에서 가장 매혹적인 와인이다. 이번 기회에 셰리를 다시 생각해 보자. 고리타분하기보다 세련되며, 스페인만의 놀라운 비법이 담긴 그런 술로 재평가해보며 스페인에 감사한 마음을 가져보자!

피노 셰리 Fino sherry

피노 셰리는 정말 놀라운 와인이다. 마셔본 적이 없다면 지금 당장 위시

리스트wish list 맨 윗줄에 적어두길 권한다. 이 피노 셰리는 (화이트 와인처럼) 라이트바디이며 짠맛, 감칠맛, 사과, 견과류의 독특한 풍미를 지닌다. 이것은 오크통 숙성 중 위쪽에 형성되는 플로르flor라는 특이한 효모층에서 우러나오는 풍미 때문이다. 대체로 아주 드라이한 편으로 안초비, 토르티야, 아티초크, 해산물 조림·스튜, 만체고 같은 마일드 치즈와 기가 막히게 잘 어울린다.

아몬틸라도 Amontillado 와 올로로소 Oloroso

이 친구들은 농밀함과 풍부함 면에서 피노보다 한 단계 높은 셰리이다. 아몬틸라도는 큰 오크통에서 플로르 없이 숙성을 거치면서 피노 특유의 풍미 몇 가지에 더해 건포도, 무화과, 호두, 오렌지, 마멀레이드, 버터, 캐러멜, 랑시오 등의 특성이 두드러지게 나타난다. 어느 정도 단맛이 느껴지기도 할 테지만 피니시(끝맛)는 대체로 드라이하다. 올로로소는 아몬틸라도보다 더 진하고 오랜 숙성 과정을 거치면서 빛깔도 더 깊은데, 향기가 뛰어나고 스파이시 해서 사냥한 고기나 숙성 치즈와 아주 잘 맞는다.

페드로 히메네스 Pedro Ximenez

셰리의 최고봉이라 할 수 있다. 전형적인 페드로 히메네스PX 셰리는 페드로 히메네스라는 포도로 빚는데, 이 포도를 거의 건포도에 가까워질 때까지 여물도록 놔두었다가 수확해서 햇빛에 말린 후에 사용한다. 이렇게 말린 포도는 으깨서 부분적 발효와 주정강화를 거친 후에 커다란 오크통에서 수년 동안 숙성시킨다. 대체로 페드로 히메네스 셰리는 아주 달콤하다. 또 색이 짙고 끈적끈적하며 농익은 과일, 말린 과일, 초콜릿, 커피, 랑시오의 특성을 띤다. 맛이 강한 블루치즈와 환상적인 짝을 이룬다.

음미하기
최상의 음용법

지금까지 머릿속에 와인 양조법, 풍미, 포도 품종에 대한 새로운 상식들로 꾹꾹 채웠다면, 이제는 드디어 와인을 맛볼 차례다.

하지만 좋은 와인은 그 진가를 제대로 알아주어야 한다. 어느 정도는 애정과 경의를 품고 마셔야 한다. 그러면 지금부터 소믈리에가 된 것처럼, 하지만 젠체하는 허세 없이 마시기 위해 알아두면 좋을 요령들을 하나하나 살펴보자.

와인 잔 고르기

기왕 와인에 돈을 쓸 거라면 쓸 만한 와인 잔을 사는 호사 정도는 부려볼 만하다. 이것저것 따지는 성격이 아니라면 그냥 마음에 드는 잔으로 사면 된다.

손잡이가 긴 튤립 모양의 잔

단 하나의 잔만 구매해야 한다면…

손으로 직접 씻는 수고도 마다하지 않을 마음이 있다면 손잡이stem가 긴 튤립 모양의 섬세한 잔을 사라. 그냥 식기세척기에 집어넣어 간단하게 씻는 걸 원한다면 손잡이가 짧은 잔으로 고르는 편이 낫다.

개봉한 와인은 어떻게 해야 할까?

음, 마시면 되지 않을까? 어떤 와인이든 개봉한 지 3일이 지나면 산화되어 맛이 아주 밍밍해지기 마련이다. 하지만 3일 안에는 다음과 같은 방법을 써보는 것도 괜찮다.

옮겨 담기: 와인을 더 작은 병에 옮겨 담는다. 이렇게 하면 해로운 산소와 접촉하게 되는 표면적이 줄어든다.

진공펌프 마개: 와인병 속의 공간에 압력을 가해 이론적으로 산화를 줄여주는 작은 기구다. 진공펌프가 아로마 성분까지 줄인다는 반론이 있기도 하고 효과도 그다지 대단하지는 않지만 2일 정도는 제구실을 해준다. 소매점에 가면 10~50달러(국내 가격은 1만~2만 원) 정도에 쉽게 구할 수 있다.

아르곤 가스 주입: 아마도 가장 효과적인 방법이 아닐까 싶다. 와인병 안에 불활성 가스인 아르곤을 채워 산소를 밀어내면 와인이 변질되지 않게 보호할 수 있다. 와인세이브Winesave라는 스프레이 캔 제품을 찾아보라 (50회분 용량에 27달러(국내 기준은 6만 원대) 정도 한다).

스토퍼stoppe: 스파클링 와인에서 기포가 빠져나갈까 봐 걱정이 될 때는 어떻게 해야 할까? '병 입구에 수저를 툭 꽂아놓으면 된다고?' 안됐지만 잘못 알고 있다. 그것은 근거 없는 속설일 뿐이다. 어떻게 해도 기포는 빠져나가게 돼 있다. 하지만 괜찮은 스토퍼(마개)에 돈을 좀 쓴다면 빠져나가는 속도를 늦출 수는 있다.

요리에는 어떤 와인을 써야 할까?

요리용으로 어떤 와인을 골라야 할지는 그 와인을 어떤 용도로 쓰느냐에 따라 달라진다. 오랜 시간에 걸쳐 서서히 익히는 요리에 사용할 때는 저가의 와인을 써라. 조리하는 동안 와인의 미묘한 풍미는 어차피 다 사라지기 마련이니 좋은 와인을 쓸 필요가 없다. 그러나 요리에 와인을 사용할 때 열을 견디고 끝까지 남는 풍미가 있는지 알아보는 재미가 쏠쏠하다. 소스에 마무리로 뿌려주는 용도라면 당신이 선뜻 마시고 싶어 할 만한 와인을 써라.

따뜻하게, 아니면 차갑게?

어떤 와인이든 서빙 온도에 따라 음미할 때의 느낌이 크게 달라진다. 화이트와 로제 와인은 차가운 온도에서는 아로마의 특징과 단맛이 덜 느껴지고 상쾌한 느낌은 강하게 느껴진다. 온도에 따른 이런 영향은 잔 안에서 와인의 온도가 올라가면서 뚜렷해져서 시

간이 지날수록 풍미는 점점 풍부해지고 상쾌함은 떨어진다. 한편 레드 와인은 따뜻한 온도에서 더 부드럽게 느껴지고 떫은 느낌이 덜한 반면, 차가운 온도에서는 쓴맛, 타닌, 신맛의 느낌이 두드러진다.

오크 숙성을 거치지 않은 화이트 와인
또는 라이트바디의 화이트 와인 : 6~10℃

샤르도네를 비롯한 복합적 풍미를 가진 화이트 와인 : 12~16℃

스파클링 와인과 샴페인 : 6~10℃

로제 와인 : 8~12℃

기간이 짧거나 라이트바디한 레드 와인 : 15℃

오래되거나 풀바디한 레드 와인 : 18℃

디캔팅 decanting

디캔팅이란 간단히 말해서, 와인에 공기를 쐬어줘 아로마 성분을 풀어주면서 와인의 표현력을 높여주는 것이다.

숙성 기간이 짧은 레드 와인은 거의 예외 없이 디캔팅을 하는 것이 좋다. 와인이 부드럽게 누그러져서 마시기에 더 무난해지기 때문이다. 그렇다고 해서 굳이 멋진 디캔터를 장만할 필요는 없다! 기본형 유리 주전자 두 개로도 디캔팅을 할 수 있다. 한쪽 주전자에 와인을 따른 후 다른 주전자로 옮겨 담았다가 깔때기에 대고 다시 와인병에 부으면 된다. 디캔터를 사야겠다면 꼭 세척하기 쉬운 것으로 사고, 사용하지 않을 때는 먼지가 들어가지 못하게 입구를 막아두어야 한다.

12년을 넘은 오래된 와인의 경우 디캔팅의 목적은 병 속의 침전물을 제거해서 더 맑게 만드는 데 있다. 이때 절대 흔들어서는 안 된다. 오래된 와인은 정말로 아주 연약할 수도 있기 때문이다.

화이트 와인과 로제 와인, 심지어 스파클링 와인의 경우도 풍미를 더 드러나게 해주고 싶다면 디캔팅을 해도 된다. 다음번에 한 번 시도해봐라. 아마 의외의 즐거움을 느낄지도 모른다.

와인의 결함과 결점

결함과 결점에는 차이가 있다. 결점은 취향에 따라 어느 정도 묵과할 수 있는 반면, 결함은 대체로 절대 묵과할 수가 없는 것으로서, 가능한 경우 환불이나 교환을 요청해야 한다.

결함

코르크에 오염된 와인: 이런 와인을 일명 '코르키드corked' 와인이라고 하며, 이는 트리클로로아니솔trichloroanisole, TCA에 감염되어 나타나는 현상이다. (짐작했을 테지만) 이 TCA는 주로 코르크에서 발생하는 것이라 스크류 마개의 와인에서는 일어날 리가 없는 결함이다. 코르크에 오염된 와인에서는 젖고 먼지 범벅이 된 개의 냄새나 곰팡내가 나며, 싱싱하고 상쾌한 맛이 부족하다. 하지만 오염된 정도가 다양해서 결함으로 판단을 내리기가 힘들 수도 있다.

황화수소의 생성: 와인에서 썩은 달걀이나 상한 마늘 냄새가 난다.

지나친 산화: 익힌 과일이나 호두의 냄새로 감지할 수 있다. 와인의 때 이

른 갈변이나 황화黃化가 나타나기도 한다.

결점

휘발성 산volatile acidity, VA**의 생성** : 와인에서 네일 리무버나 식초의 특징이 발생한다.

브레타노미세스 brettanomyces **박테리아** : 효모의 일종으로 반창고나 헛간 앞마당 특유의 특징이 나타난다.

지나친 이산화황 : 불에 탄 성냥의 냄새가 나며, 코를 찌를 정도로 냄새가 심할 수도 있다. 이런 현상은 때때로 산화를 방지하기 위해 넣는 이산화황이 지나치게 많이 들어갔을 때 나타나며, 일명 '환원reduction'(이산화황이 과량으로 들어가면 반대로 산소의 부족 현상이 생기는 것)이라고 표현하기도 한다. 지나친 이산화황 때문에 생기는 냄새는 와인을 개봉한 후 30분만 지나면 없어지는 것이 보통이다.

시음 파티 주최 요령

1. 참석할 만한 사람들을 모은다.
2. 시음 주제를 정하고 와인을 고른다. 6~10가지의 와인이 이상적이다.
3. 시음지를 만들어서 와인들을 헷갈리지 않고 기억할 수 있도록 한다. 와인별로 한 장씩, 순서를 표시한 시음지를 만들면 참석자들이 와인을 순서대로 시음하는 데 유용하다.
4. 라벨을 가린 채 와인을 따르되, 한 번에 두세 가지 또는 네 가지를 같이 묶어서 따른다. 그래야 와인별로 온도의 차이가 크게 나지 않는다.
5. 농도, 오크 풍미, 여운 등 집중해서 살펴볼 부분을 두어 가지 정해놓으면 와인을 비교하거나 서로 대조하기 쉽다.
6. 필요한 경우 음식을 곁들인다(힌트로 덧붙이자면, 대체로 그럴 필요가 있다).

시도해볼 만한 주제 세 가지

한 가지 포도 품종 : 해당 품종의 구세계의 와인과 신세계의 와인 대조해보기
한 가지 스타일 : 미디엄바디의 레드 와인, 스파클링 와인, 디저트 와인 등
하나의 빈티지 : 호주 남부 지역의 2010년산 레드 와인 등

와인의 보관

참고 기다리는 자에게
복이 온다

"와인의 가치는 각각의 병 안에 담긴 와인마다 다르다."

어느 와인 애주가가 한 말인지는 모르겠지만 정말 맞는 말이다. 와인은 병 안에서 많은 변화가 일어나기 때문에 언제 개봉할지 결정하느냐에 따라 잔에 따랐을 때의 상태에 큰 차이가 나타날 수 있다.

몇 년 동안 와인을 컴컴한 곳에 뒹굴도록 놔둔다는 것이 영 내키지 않을 수도 있겠지만 와인에게 병 속에서의 시간은 발전 과정이기도 하다. 날카로운 구조감은 부드러워지고 여러 풍미가 서로 조화롭게 어우러지면서 매력이 끌어올려진다. 그러니 의지가 약해서 강단과 분별력이 있는 누군가에게 와인 보관장 열쇠를 맡기는 한이 있더라도, 오래 기다리며 심리적 고문을 견뎌보면 그만한 보답이 따를 것이다.

와인 보관의 조건

일정한 온도가 유지되고 자외선이 잘 들어오지 않는 서늘한 곳을 찾아라. 와인을 2년쯤만 보관해둘 생각이라면 계단 아래나 수납장 안에 보관해두어도 좋다. 이때 코르크 마개의 와인이라면 옆으로 뉘어서 놓는다. 스크류캡 마개의 와인은 어떻게 놓아도 상관없다. 와인의 숙성을 위해 큰맘 먹고 거금을 쓸 의지가 있다면 와인 냉장고를 사거나 와인 보관 대행업체에 의뢰를 해보길 권한다. 지하 저장실을 만드는 방법도 있는데, 정기적으로 관리를 해줘야 하는 번거로움도 생각해야 한다.

와인이 잘 숙성될 만한 조건은?

말 그대로 각 병마다 다르지만, 잘 숙성되기 위해 와인이 갖춰야 할 보편적 조건들은 있다.

레드 와인: 중간 정도에서 높은 정도의 타닌과 산도, 낮은 휘발성 산 함유량, 중간 정도의 알코올.
드라이 화이트 와인: 높은 산도, 중간 정도의 알코올, 어느 정도의 페놀 추출물.
스위트 와인: 당도·알코올·산도가 균형 잡혀야 하며, 그 외에 스타일별로 다양한 조건이 필요함.

전반적으로 유념해야 할 부분은 바로 균형이다. 숙성을 거친다고 해서 무조건 다 균형이 잡히는 것은 아니다. 질이 떨어지고 균형이 잡히지 않은 와인은 보관해봐야 숙성을 마쳤을 때 맛보게 되는 것은 오래되기만 한 질이 떨어지고 균형이 잡히지 않은 와인일 뿐이다. 항상 와인 생산자의 평과 권고 사항을 확인하는 습관을 들여라. 와인은 좋은 빈티지(따뜻한 지대의 빈티지는 예외)와 서늘한 지역에서 생산된 것이면 대체로 숙성이 잘될 가능성이 높다.

따라서 와인 보관을 시도해보고 싶다면 자신의 여윳돈을 따져보고 근처의 자영 와인 매장이나 와이너리에 조언을 구해라. 하지만 다음의 말도 명심해라. 지금 당장 마시고 싶다면 그냥 마실 것을 권한다. 보관을 해둔다고 더 좋아지지 않을지도 모르는 일이다.

숙성의 원리

	숙성 기간이 짧은 Young	숙성 기간이 긴 Old
화이트 와인 : 풍미과 질감	여기에 해당되는 와인들은 상쾌하고 산뜻한 풍미와 시트러스, 생과일의 아로마에 풀, 광물성, 꽃 계열의 풍미를 띠기도 한다. 섬세하고 산도가 높은 질감은 개운한 느낌을 주고 날카롭고 입 안을 살짝 마르게 한다.	꿀, 견과류, 파이·타르트류, 절임 과일(마멀레이드나 레몬 절임), 말린 허브의 향을 지닌다. 광물성 풍미가 진전돼 석유를 연상시키는 풍미를 띠기도 한다. 질감 면에서는 신맛이 부드럽게 누그러들면서 더 부드럽고 원만한 마우스필을 선사한다.
레드 와인 : 풍미	더러 상큼한 빨간색·자주색·파란색 과일, 막 간 향신료, 오크, 흙, 허브, 채소 특유의 특징을 띤다. 갓 우려낸 타닌과 높은 산도로 말미암아 싱싱하고 날카로운 질감이 느껴지기도 한다.	레드 와인은 오래 숙성되면 말린 허브, 말린 과일, 토마토, 가죽, 초콜릿, 볶은 향신료 같은 풍미가 풍부하게 진전된다. 질감 면에서는 타닌이 약해지면서 침전물이 생기고 와인은 부드러워진다. 신맛도 서서히 누그러진다.

침전물

기분 좋게 와인의 마지막 잔을 따라 마시고 보니 꺼끌꺼끌한 침전물이 잔뜩이라면…… 생각만 해도 싫다. 그래도 앞으로는 와인 안에 침전물이 가라앉아 있다는 사실은 알고 마실 테니, 그것으로 위안을 삼을 수 있지 않을까? 레드 와인의 침전물은 숙성의 부산물이다. 시간이 지나면서 타닌이 서로 결합돼 너무 무거워지면 병 바닥으로 가라앉는데, 그것이 바로 침전물의 정체다. 이렇게 침전물이 생기면 와인은 어릴 때보다 더 부드러워지는 동시에 풍미가 살짝 달라진다.

침전물은 화이트 와인에서도 생길 수 있는데, 대체로 수정 같은 모양의 주석산염의 형태이다. 주석산염은 무해한 성분이지만 미관상의 이유로 일명 '저온 안정화 cold stabilisation'(화이트 와인을 만들 때 불필요한 주석산염을 제거해 와인을 맑게 하는 과정으로, 주석산염이 침전될 수 있게 어는점까지 냉각시킨 뒤 남아 있는 와인을 짜내는 것)라는 방식으로 처리된다.

음식 궁합

먹고, 마시고, 즐겨라

다른 것도 마찬가지겠지만, 와인에서는 (이 점에서는 음식도 역시) 식사자리에 딱 들어맞는 것을 찾는 일은 과학이 아닌 예술이다.

본격적으로 이야기하기 전에…

음식과 와인을 곁들인 멋진 디너파티를 계획 중이라면 이것만은 알아두자. 되도록이면 음식이 아니라 와인을 먼저 정하라는 것! 음식이야 상황에 따라 조리법을 바꿔 만들 수 있지만 와인은 그 스타일이 고정돼 있기 때문이다. 다음의 세 가지를 기억해두면 와인과 음식을 짝짓는 데 유용하다.

- 와인의 무게감과 음식의 무게감 맞추기.
- 와인의 구조감(뼈대)을 고려해 음식과 어떻게 어울리는지 따져보기.
- '다리 역할을 하는 재료'의 효과를 과소평가하지 않기.

무게감 맞추기

와인 업계에서는 성향들이 천차만별임에도 불구하고, 무게감에 따라 음식과 와인의 짝을 맞추는 것이 가장 확실한 방법이라는 점에는 대체적으로 공감한다. 와인의 '무게감'이란 알코올, 추출 성분, 당분, 산도, 풍미, 질감이 조합되면서 '꽉 차는' 느낌이 어느 정도 일어나는지를 의미한다. 이런 느낌은 일명 '바디body'라고 지칭되며, 그 정도에 따라 '라이트바디', '미디엄바디', '헤비바디'로 구분해서 표현한다. 음식의 경우엔 무게감을 따질 때 주재료와 조리법을 고려하는데, 특히 조리법이 중시된다.

연어를 예로 들자면 데쳐서 조리할 경우엔 담백하고 싱싱한 맛을 띠기 마련이므로 피노 그리지오나 리슬링이 잘 어울린다. 하지만 바비큐 구이로 조리하면 연어에 훈연향이나 쓴맛이 더해지거나, 심지어 캐러멜화(당류가 일으키는 산화 반응 등에 의해 생기는 현상으로, 요리에 고소함과 진한 색의 원인이 되는 중요한 현상) 풍미까지 보태지면서 연어의 풍미가 전반적으로 강해진다. 이럴 경우엔 화이트 와인보다는 피노 누아르나 가메 같은 라이트바디의 레드 와인을 고려해볼 만하다.

위의 설명이 좀 머리 아프게 들렸다면 간편하게 다음 도표(110쪽)를 참고해라. 도표의 왼쪽 항목은 조리법으로 아래로 내려갈수록 요리 재료에 풍미가 더 많이 부여된다. 오른쪽 항목은 단백질 음식 재료들로 아래로 내려갈수록 풍미가 더 강하다고 보면 된다. 자나 끈을 대고 이용하려는 단백질 음식 재료와 조리법을 이어봐라. 그 둘을 이었을 때 만나는 중간 지점의 원을 참고하면, 음식의 무게감과 그 무게감에 잘 어울릴 만한 와인의 스타일을 감잡아보는 데 유용할 것이다.

채식주의자를 위한 귀띔

채식주의자나 절대채식주의자를 위한 요리는 대체로 조리를 많이 할수록 풍미가 강해지게 마련이다. 따라서 그릴 구이(그중에서도 특히 후추를 많이 뿌리는 경우), 캐러멜화 조리, 음식에 시럽을 입히는 조리는 풍미를 강화시킨다. 이 점을 알아두면 레드 와인을 좋아하는 경우에 정말 유용하다. 생으로 먹는 간단한 요리에는 화이트 와인이 제격이며, 풍미와 신맛을 돋우기 위해 요리에 허브, 견과류, 오일을 버무려 먹어도 좋다.

와인과 음식 짝지어주기 간편 가이드

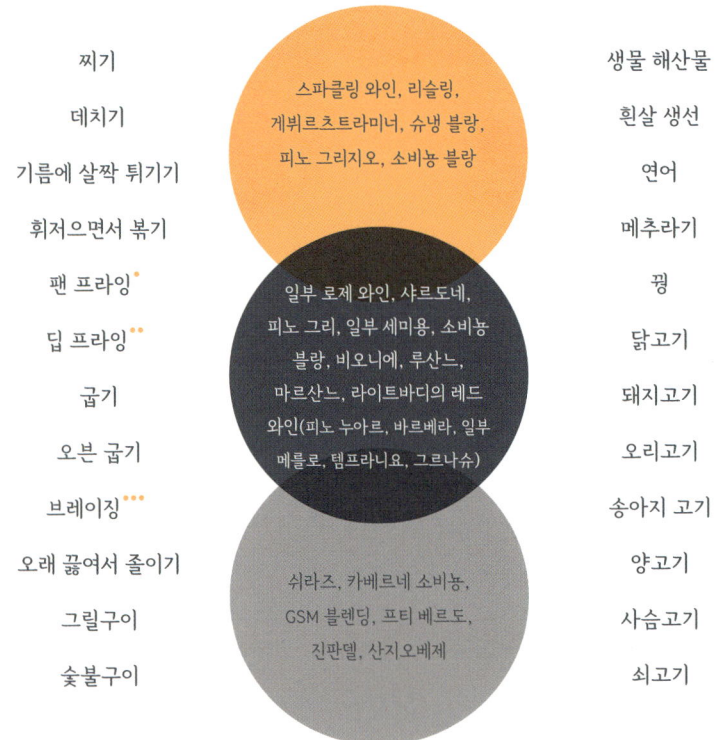

찌기
데치기
기름에 살짝 튀기기
휘저으면서 볶기
팬 프라잉*
딥 프라잉**
굽기
오븐 굽기
브레이징***
오래 끓여서 졸이기
그릴구이
숯불구이

스파클링 와인, 리슬링, 게뷔르츠트라미너, 슈냉 블랑, 피노 그리지오, 소비뇽 블랑

일부 로제 와인, 샤르도네, 피노 그리, 일부 세미용, 소비뇽 블랑, 비오니에, 루산느, 마르산느, 라이트바디의 레드 와인(피노 누아르, 바르베라, 일부 메를로, 템프라니요, 그르나슈)

쉬라즈, 카베르네 소비뇽, GSM 블렌딩, 프티 베르도, 진판델, 산지오베제

생물 해산물
흰살 생선
연어
메추라기
꿩
닭고기
돼지고기
오리고기
송아지 고기
양고기
사슴고기
쇠고기

- • **pan frying** : 300~320℃ 고온으로 달궈진 프라이팬에 고기를 얹고 오일을 부어가며 표면을 코팅하듯 익혀내는 조리법.
- •• **deep frying** : 기름에 음식을 푹 담가 튀겨내는 조리법.
- ••• **braising** : 고기나 야채를 기름에 살짝 볶은 후 약한 불에서 천천히 익히는 조리법.

와인의 구조감 살피기

와인과 음식의 짝지어주기에서 무게감 문제는 풀어야 할 첫 번째 방정식일 뿐이다. 와인의 구조적인 면, 즉 거의 누구든 감지할 수 있는 총체적 미감味感도 따져봐야 한다.

이번에 풀어야 할 방정식은 대체로 쉽다. 마시려는 와인의 신맛이 높은 편인가? 그렇다면 신맛이 높은 요리가 적절하다. 양쪽의 신맛이 서로를 상쇄시키면서 좋은 궁합을 이룬다. 그렇다면 스위트 와인은? 달콤한 음식이 좋다. 이 공식은 풍미에도 적용된다. 타닌이 높은 (그래서 약간 쓴맛이 느껴질 수도 있는) 와인에는 후추를 뿌린 요리나 숯불구이 요리로 쓴맛을 보태면 타닌을 부드럽게 만들 수 있다.

신맛

- 신맛이 강한 와인에는 신맛이 강한 음식이 어울린다. 음식에 신맛을 더해주는 조합으로는 올리브 오일, 시트러스, 식초, 토마토 등이 좋다.
- 신맛이 나는 와인은 오일, 버터, 천연지방을 '분해'해주는 능력이 있어

대조적으로 짝지어주기

좀 반발적으로 나가고 싶다면 조화 따위는 무시하고 정반대 구조로 맞춰볼 수도 있다. 이 방법으로 잘 맞는 짝을 찾기는 어려운 편이지만, 그 유효성을 느껴볼 만한 최상의 조합을 들자면 스위트 와인과 블루치즈다. 궁금하다면 한번 시도해보길 권한다.

서 다이어트에 효과적이다. 어떤 음식이든 레몬을 뿌리지 않고는 못 먹겠거든 산도가 높은 화이트 와인을 고르는 편이 낫다.
- 신맛은 원래 기분 좋고 상쾌한 풍미를 더욱더 살려주며, 특히 단순하고 신선한 와인일수록 더 그렇다. 이런 와인에는 커드치즈, 주키니(서양 호박) 꽃, 토마토, 굴이 좋다.
- 산도가 높은 포도 가운데 뛰어난 품종으로는 리슬링, 소비뇽 블랑, 슈냉 블랑, 무스카데, 산지오베제, 네비올로, 피노 누아르 등이 꼽힌다.

단맛

- 오프드라이 와인에는 매콤한 음식으로, 디저트 와인에는 디저트로 맞추면 대체로 잘 맞는다.
- 기름을 써서 조리한 매콤한 요리뿐만 아니라 약간 단맛이 도는 음식도 약간 단맛이 있는(오프드라이) 와인과 아주 잘 맞는다. 이런 음식으로는 처트니chutney(달콤하고 시큼한 인도의 조미료), 승도복숭아 그릴구이, 망고 살사 소스, 건포도류를 생각하면 된다. 코코넛밀크와 크림에는 주의하는 것이 좋다. 코코넛밀크와 크림은 입 안을 너무 덮어서 스위트 와인의 균형을 깨뜨릴 수 있다.
- 디저트 와인은 디저트보다 달아야 한다. 머랭 디저트에는 모스카토, 핵과류 디저트에는 늦수확 와인과 보트리티스 감염 와인, 초콜릿 디저트 종류에는 주정 강화 와인으로 맞추는 식이다.
- 상반되는 성격의 흥미로운 궁합을 꼽자면, 디저트 와인과 맛이 짜고 강한 블루치즈의 조합이 있다.

짠맛

- 음식의 짠맛은 와인의 풍미를 돋워주기 때문에 이런 음식은 어떤 와인과도 무난하게 어울린다.
- 짠맛이 있는 음식과 최상의 궁합을 꼽자면 상큼하고 라이트한 와인이 아닐까 싶다. 타닌이 들어 있는 레드 와인은 짜고 기름진 음식과 만나면 자칫 금속성의 맛이 느껴질 수도 있으니, 피시앤칩스에 카베르네 소비뇽을 마시는 일은 피하기 바란다. 차라리 라이트바디의 피노 누아르나 싱그러운 풍미의 피노 그리지오를 같이 마시는 편이 낫다.

타닌(또는 쓴맛)

- 타닌은 원래 쓴맛이 있어서 음식의 쓴맛과 균형이 잘 맞을 수도 있다. 숯불구이 고기와 쌉싸름한 잎 등을 떠올리면서 궁합을 맞추면 된다. 양념으로 후추를 더해주는 것도 좋은 방법이다.
- 입 안이 개운할 경우, 타닌은 침과 결합해서 입 안을 마르게 하는 느낌을 유발한다. 하지만 입 안에 어느 정도의 기름기와 단백질 성분이 남아 있으면 타닌이 침이 아닌 이 성분들과 결합하게 되면서 와인이 더 부드럽게 느껴지고 입 안이 마르는 느낌도 덜하다. 다음번에 저녁으로 스테이크를 먹게 되면 한번 시도해봐라. 단, 음식을 더 많이 씹을수록 이런 효과가 배가된다는 점을 잊지 말 것.
- 강한 타닌은 생선 기름, 대다수의 매운 향신료, 저지방 음식, 크림치즈와는 상극 관계이며, 음식에서 금속성 맛이 나게 할 수도 있다. 따라서 타닌이 강한 와인을 마실 때는 생선과 두부는 피하는 편이 좋다.
- 진하고 매콤한 카레를 먹을 때는 과일 풍미가 있고 타닌이 약한 레드 와인이 좋은데, 특히 그르나슈가 잘 맞는다. 태국식 그린커리green curry

에는 피노 그리가 좋다. 아니면 와인 대신 사과주도 괜찮다.

와인과 음식에 다리를 이어주는 재료

살집이 단단한 흰살 생선을 데쳐서 조리한다고 치자. 이때는 그냥 간단히 화이트 와인과 짝을 맞추고픈 본능이 앞설지 모르겠지만 소스, 양념 등 그 외의 재료에 따라서도 와인을 달리 선택해야 하는 경우가 있다. 가령 비네그레트vinaigrette(기름, 식초, 소금, 후추, 허브를 섞어 만든 샐러드 드레싱)나 시트러스 베이스의 소스는 음식에 톡 쏘는 맛을 내준다(이 경우엔 시트러스 풍미가 두드러지는 화이트 와인을 마셔라). 단맛의 양념이나 처트니를 쓰면 음식에 과일 풍미가 돌게 된다(오프드라이 와인을 곁들여 멋들어진 상쇄 효과를 내봐라). 버터가 들어간 소스는 마우스필을 풍성하게 해준다(샤르도네나 피노 그리같이 질감이 잘 살아 있는 화이트 와인으로 짝을 맞춰라). 또 간장 소스는 짠맛과 감칠맛을 내준다(감칠맛 나고 라이트한 레드 와인이나 오프드라이 화이트 와인으로 골라라). 베이컨, 노릇노릇하게 익힌 바나나와 함께 조리한 렌틸콩을 바닥에 깔아서 음식을 내간다면 라이트바디의 레드 와인 쪽으로 관심을 돌려라(피노 누아르나 가메를 추천한다).

이런 점들을 이해하고 나면 요리할 때 특정 재료를 사용해서 와인과 음식 사이에 '다리를 이어줄' 수도 있다.

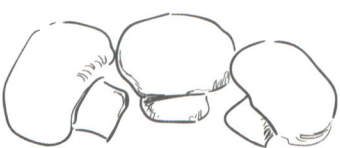

훌륭한 중매쟁이

다음은 '다리 이어주기' 역할을 뛰어나게 해내는 음식 재료 몇 가지다.

버섯: 버섯의 강한 풍미(특히 말린 버섯의 풍미)는 대체로 흙 특유의 풍미를 부여해주고 맛을 강하게 해주어 레드 와인에 잘 맞는다. 비교적 순한 맛의 흰색 버섯은 크림 같은 풍미와 질감을 더해주기도 하지만 강한 풍미는 없다. 따라서 화이트 와인과 잘 어울린다.

견과류: 볶은 견과류는 오크 숙성된 와인의 견과류 향을 배가시켜준다.

허브: 바질과 파슬리같이 줄기가 연한 허브는 와인에서 그와 유사한 특징을 부각시켜주며, 로즈마리와 타임같이 질긴 허브류는 농후함과 풍미를 더해주기도 한다. 대체로 허브는 레드 와인으로 보강이 잘된다.

콩과 꼬투리: 흰색 콩은 질감이 살아 있는 화이트 와인과 잘 어울리고, 꼬투리는 풍미를 흡수하는 속성이 있어서 무엇을 넣고 조리하느냐에 따라 화이트 와인에서 레드 와인까지 맞춤 음식을 연출할 수 있다.

치즈: 치즈를 넣으면 음식에 농후함과 질감이 더해진다. (구운 채소같이) 흙 특유의 풍미가 느껴질 만한 음식에 염소젖 치즈나 페타 치즈를 넣으면 톡 쏘는 싱그러운 면이 생겨나서 화이트 와인 쪽에 더 잘 맞게 된다.

(햄이나 베이컨 류의) 염장육: 질 좋은 살라미나 판체타pancetta(돼지 뱃살을 염장하고 향신료로 풍미를 더한 후 바람에 말려 숙성시킨 이탈리아식 염장육)처럼 응축된 육질과 기름이 만난 염장육이 들어가면 그 음식은 깊고 진한 풍미가 더해지므로 레드 와인은 말할 것도 없고 뛰어난 로제 와인과도 잘 맞는다.

올리브: 그린 올리브는 화이트 와인과 기가 막히게 어울리며 블랙 올리브는 레드 와인, 특히 카베르네 소비뇽에 제격이다.

만나서는 안 되는 짝

생각할수록 안타까운 노릇이지만 와인과 궁합을 맞추기가 정말 힘든 음식들도 있다. 다음은 입맛을 싹 가시게 할 소지가 있는 요주의 대상들이니 알아두었다가 조심하기 바란다.

간장: 염도와 감칠맛이 강해서 와인이 밍밍하게 느껴지기 쉽다. 모스카토나 오프드라이 리슬링을 마시거나…… 아니면 그냥 맥주를 마셔라.
날생선: 대체로 회는 와인과 곁들이기엔 너무 섬세한 음식이며 금속성 풍미를 끌어낼 소지가 있다. 단순하고 상쾌한 화이트 와인이라면 그래도 좀 맞을지 모르지만, 차라리 와인보다는 사케를 마시는 편이 훨씬 낫다!
초콜릿: 지방과 설탕 덩어리인 데다 때때로 쓴맛까지 나는 초콜릿은 드라이 와인과는 어지간해서는 어울리지 않는다. 차라리 머스캣을 마셔라.
방울양배추, 아티초크, 아스파라거스: 맛을 조금 이상하게 만들어 대체로 결함 있는 와인처럼 느껴지게 하는 황 성분이 많이 함유돼 있다. 맛이 이상하다 싶으면 베이컨을 섞어서 조리해봐라.

치즈와 와인

와인과 치즈: 이 둘은 식품계에 하사된 커다란 선물이며 서로 찰떡궁합을 자랑한다. 다음은 치즈와 와인의 제짝을 찾아주는 데 참고할 만한 간단 가이드다.

염소젖 치즈	→ 소비뇽 블랑이나 피노 그리
흰 곰팡이 치즈	→ 샤르도네, 슈냉 블랑, 피노 그리지오, 피노 그리
껍질을 닦은 연질치즈	→ 그르나슈, 피노 누아르, 메를로
유럽식 반경질 치즈 맛이 진한 체더치즈	→ 피노 누아르가 이상적이지만 라이트바디나 미디엄바디의 레드 와인도 잘 맞음.
맛이 진한 체더치즈	→ 과일 풍미가 있고 진한 쉬라즈, 스파클링 쉬라즈, 템프라니요
블루치즈	→ 스위트 와인이나 주정강화 와인, 과일 풍미를 띤 강렬한 쉬라즈

와인과 잘 어울리는 음식 궁합 초간단 가이드

피노 누아르… 오리 구이
피노 셰리… 안초비와 그린 올리브
리슬링… 굴
카베르네 소비뇽… 스테이크
산지오베제… 오소부코 osso bucco〔소 정강이 살로 만드는 이탈리아식 찜요리〕

사케는 여인으로 치자면 이국적이고 말소리가 조용조용하며 나이보다 지혜롭고 알면 알수록 재주가 놀라운 여인이라 할 만하다. 전통과 현대, 신식과 구식을 아우르는 경지 또한 빼어나다. 혹시 당신도 유혹당할지 모르니 미리 그 매력을 새겨두길 바란다. 오케이?

사케는 입문자를 매혹적인 세계로 이끈다. 일본의 역사, 문화, 지리를 들여다보는 창이 되며 양조가들의 정성과 열정을 느낄 수 있게 해준다. 세계 곳곳의 사람들이 일본 특유의 것들(만화, 회, 헬로키티, J-팝)에 열광하는 것처럼, 사케도 점점 세계적인 주목을 받으면서 복잡 미묘하고 다양하며 매혹적인 술이자 음식과 궁합이 좋은 술로 명성을 쌓아가고 있다.

여기서 잠깐 숙취로 고생하는 사람들에게 들려줄 반가운 소식 하나가 있다. 사케는 히스타민과 황이 없는 술이라는 것. 이 반가운 소식에 건배!

Chapter 2

사케

SAKE

사케의 배경지식

'쌀 와인 rice wine'이란 잘못된 이름

서양 사람들은 대체로 사케를 '쌀 와인'의 일종으로 여기지만 사케는 와인과 전혀 다르다. 엄밀히 따지면 사케는 맥주에 더 가깝지만 그렇다고 해서 '쌀 맥주 rice beer'도 딱 들어맞는 호칭이 아니다.

따라서 사케를 와인이나 맥주를 생각하듯 해서는 안 된다. 사케는 그 자체만으로도 경이로움의 대상이며 나름의 독자적 용어도 있어서 별개로 공부할 만한 술이다. 하지만 와인과의 공통점이 전혀 없는 것은 아니다. 쌀의 재배, 양조법, 풍미 등에서 끝없는 다양성을 보여준다는 면에서는 와인과 닮아 있으니 말이다.

사케는 전통이 깊은 술이기 때문에 사케를 이해하려면 먼저 일본어 용어 몇 가지는 알아야 한다. 어느 날 최고급 사케인 준마이 다이긴조를 마시면서 무심한 듯 그 용어들을 툭 내뱉으며 뿌듯한 기분을 느껴보는 것도 괜찮지 않을까?

역사 한 토막

쌀은 7,000년도 더 전에 중국에서 처음 재배됐으며 쌀을 알코올로 변신시키는 마법 같은 쌀술米酒의 양조도 중국이 시초로 추정된다. 시간의 흐름에 따라 양조 기술이 끊임없이 다듬어지긴 했지만 최근 들어서는 과학적 진보에 힘입어 품질과 일관성이 비약적으로 향상됐다.

아시아의 대다수 쌀 재배국에는 그 지역 고유의 쌀술이 있다. 중국 사오싱소紹興의 사오싱주, 한국의 소주 등이 대표적이다. 사케는 일본판 쌀술이며, 쌀술 중에서도 특히 우아하고 일관적이며 섬세하고 맛 좋은 술로 평가받고 있다. 사케를 한마디로 묘사하면 '고귀하다'는 표현이 가장 적절하다. 사케는 양조 역사가 2,000년이 넘고 농경사회에서 신에게 공물을 바치던 의식은 말할 것도 없고 일본의 선물, 축제, 결혼식과 같은 의식과도 밀접하게 엮여 있다. 지금 우리가 마시는 사케는 (명주가 대체로 그렇듯) 수도승들의 손을 통해 발전된 것으로 추정된다. 과거 일본의 절과 신사는 대체로 양조장을 뒀는데 바로 여기서 12세기와 15세기 사이에 사케 양조술이 점진적으로 개량됐다. 현재 일본의 사케 양조장은 대략 1,200개에 이르지만 이 중에서 해외로 수출하는 곳은 약 5%에 불과하다.

별별 상식

사케는 일본 문화에서 아주 중요한 자리를 차지해 신사에서 전통 혼례를 올릴 때 대개 사케를 마시는 것이 의식에 속해 있다. 이름하여 '산산쿠도'('3, 3, 9번'이라는 뜻)라는 의식인데 신랑과 신부가, 때론 신랑 신부의 부모도 함께 세 개의 잔으로 세 번씩, 총 아홉 잔의 술을 나눠 마시는 것이다. 일본에서 3은 2로 나눠지지 않는다는 이유로 결혼식에서 행운을 기원하는 숫자다. 수학을 정말 낭만적으로 해석한 의식 아닌가.

풍미의 근원

최종적으로 사케의 풍미와 품질을 좌우하는 4대 원료에 대해 살펴보자.

쌀

사케를 빚는 쌀은 밥상에 오르는 쌀과 다르다. '신파쿠心白'라는 쌀로 전분이 중앙에 응축돼 있다. 이 쌀은 수분 흡수력이 뛰어나고 잘 용해되며 지방과 단백질의 함량이 낮다(지방과 단백질은 발효를 방해하기도 함). 또 사케 조주에 사용하기 전에 도정을 거치는데 그 도정률도 일반 가정용 쌀과 다르다(도정률은 일본어로 '세마이부아이'라고 함). 즉 표면층의 지방과 단백질을 제거하고 전분이 응축된 중앙 부분만 남길 정도로 도정을 한다. 바로 이 도정 단계에 따라 사케가 매장 선반의 어느 칸에 진열될지가 갈린다(126~128쪽 참조).

일본에서 재배되는 사케용 쌀의 품종은 90종이 넘으며 각 품종마다 고유의 풍미 프로필(약력)을 지니고 있다. 대다수의 양조가는 쌀을 협동조합에서 구매하지만 직접 쌀을 재배하는 양조가도 일부 있다. 사케 양조용 쌀은 공급량이 한정돼 수요가 많고 특히 명성 높은 품종일수록 더하다.

누룩 (코지 Koji)

누룩은 곰팡이 포자로, 긴 사슬 구조의 전분을 짧은 사슬 구조의 당분으로 전환하는 역할을 한다. 이런 당분 전환은 뜨거운 전용 방에서 약 48시간에 걸쳐 이뤄지며 그 과정이 굉장히 까다롭다. 찜기 안의 쌀을 두 시간마다 손으로 일일이 뒤집고 섞어줘야 한다. 이 과정을 거친 쌀알은 서리를 뒤집어쓴 듯 포슬포슬하다.

누룩 배양과 관리의 책임은 쿠라Kura(사케 양조장)에서도 최고참이 맡는다. 누룩은 사케 양조에서 가장 중요한 변수라 할 만하다. 사케 양조장들도 '이치 코지, 니 모토, 산 주쿠리'라는 좌우명을 외칠 정도다. 이는 '첫째가 누룩, 둘째가 효모 스타터, 셋째가 발효'라는 뜻으로, 사케 양조의 중요도 순서에서도 누룩을 첫 번째로 내세운다는 말이다.

효모

사케 양조에는 대체로 상업적 효모가 쓰이지만 일부 사케 장인은 야생 효모를 사용하기도 한다. 효모는 종류별로 업계의 공식 지정 번호가 있고 저마다 고유의 아로마와 풍미를 낸다. 발효는 매우 까다로운 과정이라 세심한 관리가 필요하며, 당분이 거의 또는 하나도 남지 않는 상태에 이를 때까지 3주가량 걸린다. 사케에서 효모는 대부분의 아로마 성분이 추출되는 근원이다. 과일 풍미는 '에스테르(산酸과 알코올의 화합물)'가 내는데 특히 멜론, 바나나, 열대과실류의 풍미를 갖게 한다.

물

들어봤을지 모르지만 물은 연수soft water와 경수hard water로 나뉘는데 이 둘의 차이는 간단하다. 경수는 미네랄 성분이 다량 함유된 물이고, 연수는 미네랄 성분이 적은 물이다(여기서 말하는 미네랄 성분은 칼륨, 칼슘, 마그네슘, 인산염 등을 가리킨다).

경수를 사용하면 연수보다 발효가 더 활발히 일어난다. 효모가 더 많은 미네랄, 양분과 접촉해 활발하게 활동하기 때문이다. 이런 경수 발효를 거치면 대체로 풀바디하고 드라이하며 향기로운 사케가 탄생한다. 일부 지역에서는 독특한 물을 쓰기도 한다. 따라서 어떤 의미에서는 물이 사케의 '테루아terroir'라고도 할 수 있다.

사케의 양조 과정

125쪽에서 사케 양조 과정을 간략한 도표로 설명하겠지만, 먼저 사케 특유의 흥미로운 양조 과정 한 가지를 밝히고 싶다. 바로 '병행복발효multiple parallel fermentation'(알코올발효+초산발효)라는 신비롭고 신기한 과정이다. 병행복발효란 사케를 빚는 데 꼭 필요한 당화(전분을 당분으로 전환)와 발효(당분을 알코올로 전환)가 한 통에서 동시 병행적으로 진행되는 것으로 사케만의 독특한 양조 방식이다. 이 대목에서 박수를 부탁한다.

전분의 당분 전환은 누룩곰팡이가 쌀을 당화시키면서 발동되고, 당분의 알코올 전환은 효모를 통해 일어난다. 이 과정이 순조롭게 이뤄지려면 비율을 잘 맞추는 일이 중요하다. 누룩과 효모가 동시에 전환 활동을 펼칠 만한 충분한 양분을 넣어줘야 하기 때문이다. 원료를 다 첨가하면 20~35일에 걸쳐 발효가 진행된다. 이 과정에서 수많은 변수가 발생하지만 가장 큰 변수는 온도이며, 스타일에 따라 어느 정도의 당분은 발효시키지 않고 남겨서 살짝 단맛이 도는 사케로 빚어지기도 한다.

발효가 완료되면 토우지(양조장 총괄 책임자)가 압착, 여과, 알코올 첨가, 살균, 물 희석 등 최종 사케의 특징을 좌우하는 여러 가지 사항을 결정한다.

쌀에서 고귀한 사케로 거듭나려면…

1\. 생 현미를 특정 비율로 도정하고 세척한 후 살짝 찐다.

2\. 쌀의 일부분을 습한 '누룩방'으로 옮겨 누룩 포자를 뿌려준다.

3\. 물과 효모를 첨가해 '모토'*, 즉 밑술을 만든다. 이 과정에서 효모가 아주 농축된다.

* 효모 스타터

4\. 밑술에 찐 쌀, 물, 효모를 더 넣어 희석한다. 이렇게 희석한 혼합물을 '모로미'**라고 부르며 최대 35일까지 발효시킨다. 이때 전분을 당분으로 바꾸는 당화와 당분을 알코올로 바꾸는 발효가 동시에 이뤄진다.

** 거르기 전의 술

5 사케를 압착한 후 여과한다. 이때 알코올 도수는 16~23도 정도가 되는데, (아루텐 사케를 만들 목적이라면) 더 많은 아로마와 풍미를 우려내기 위해 알코올을 더 첨가해야 한다.

6 최종 사케는 대체로 물로 희석해 (최대 15~17%까지) 알코올 함량을 낮추고 살균 처리를 한 후(경우에 따라 2차 살균까지 함) 6개월가량 숙성 과정을 거쳐 출시된다.

최고급 다이긴조냐, 대중적인 후추슈(보통 주)냐?

사케의 종류를 구분하는 데는 두 가지 방법이 있다. 하나는 도정 과정에서 제거된 쌀의 도정률에 따른 구분으로 이 비율에 따라 등급이 정해진다. 이론상으로는 도정률이 높을수록 품질이 좋고 그만큼 가격도 더 높다.

또 다른 방법은 알코올 첨가 여부에 따른 구분이다.

몰래몰래 이뤄지는 알코올 첨가 관행

제2차 세계대전이 발발하기 전에 사케는 알코올을 첨가(일명 '아루텐')해 빚기도 하고 알코올 무첨가(일명 '준마이')로 빚기도 했다. 그러다 전시 중에

쌀이 부족해지자 사케 양조가들은 생산량을 늘리기 위해 어쩔 수 없이 상당량의 알코올(총 알코올 함량의 95%)을 첨가할 수밖에 없었다. 이렇게 만들어진 사케는 상당히 거친 편이었는데, 오늘날까지도 일부 업자는 당시의 알코올 첨가 관행을 답습하며 불법을 자행하고 있다.

현대의 아루텐 사케에는 훨씬 적은 양의 알코올이 첨가된다(대체로 총 알코올 함량의 25%. 즉 사케의 알코올 함량이 16%라면 그중 4%만 알코올이 첨가됐다는 말이다). 그런데 이렇게 첨가된 알코올은 아로마와 풍미 성분을 용해시켜 사실상 쌀에서 풍미가 최대한 추출되도록 해준다. 알코올 첨가 과정을 거친 최종 사케는 이후에 물로 희석돼 알코올 함량이 도로 낮아진다. '아루텐'이라는 말은 라벨에 표기되지 않는다. 따라서 사케를 구입할 때 '준마이'라는 말이 없으면 아루텐이라고 미뤄 짐작하면 된다.

반면 준마이는 대략 '순수하다'는 뜻으로서 고급 사케로 통하며, 라벨의 '준마이'라는 말이 등급의 대명사로 쓰이고 있지만 실제적으로는 준마이 사케만이 아니라 아루텐 사케 중에도 명품 사케가 있다. 같은 등급의 아루텐 사케와 준마이 사케를 나란히 놓고 시음해보는 것도 흥미로울 것이다.

도정률

도정 과정에서 쌀의 40%가 제거돼 세마이부아이가 60%면 그 양조 방식에 따라 '긴조'나 '준마이 긴조'로 분류된다. 128쪽에 있는 표에 표시된 가격은 지역별로 차이가 있음을 밝혀둔다.

도정률 (세마이부아이)	알코올 첨가(아루텐)	알코올 무첨가(준마이)	의미
50% 이하	**다이긴조**: 최상급 사케. 도정률이 최소한 50%이며 40%가 주를 이룬다. 대체로 향기롭고 세련미와 우아함이 있으며, 기품이 느껴지고 균형과 여운이 뛰어나다. 호주 기준 가격대는 60달러부터 최대 150달러 이상에 이른다.	**준마이 다이긴조**: 도정률이 최소한 50%이며 대체로 40% 정도다. 이 '순수한' 사케는 최고 중 최고로 인정받으면서 고가의 가격대를 형성하며 산도, 감칠맛, 개성의 균형을 잘 갖추고 있다. 호주 기준 가격대는 60달러부터 최대 150달러 이상에 이른다.	**최상의 특등급**
60% 이하	**긴조**: 도정률이 최소한 60%이며 대개 과일 향이나 꽃 향을 풍긴다(이러한 향을 가리켜 '긴고카'라고 칭함). 대체로 부드러운 질감을 선사하며 산뜻하고 적절한 산도를 띤다. 호주 기준 최저 가격대는 30달러 선이다.	**준마이 긴조**: 도정률이 최소한 60%이며, 알코올 무첨가라는 것은 향이 비교적 적을 수도 있음을 의미한다. 준마이 긴조는 스타일상 중간에 속하므로 감칠맛, 당도, 산도가 중간 정도다. 호주 기준 최저 가격대는 30달러 선이다.	**특등급**
위의 네 개를 통틀어 '긴조'라고 함.			
70% 이하	**혼죠조**: 도정률이 최소 70%이며, 뚜렷한 긴고카 아로마보다 풍미에 중점을 맞추지만 더러 산뜻하고 향기로운 혼죠조도 나온다. 대체로 산도가 높고 개중에는 단맛이 살짝 더 나는 것도 있다. 호주 기준 최저 가격대는 25달러 선이다.	**준마이**: 도정률의 의무 비율이 없다. 대체로 묵직한 풍미를 지니며, 탄탄하고 깔끔하고 구조감이 있고 산도가 적절하다. 준마이의 한 종류인 도쿠베츠 준마이는 여러 면에서 '특별한' 사케로, 때때로 도정률 비율이 더 높기도 하다. 호주 기준 최저 가격대는 30달러 선이다.	**고급**
70% 미만	**후추슈**: 양조 방식에 구애가 없어서 알코올, 산도, 풍미를 더하기 위해 첨가물을 자유롭게 넣을 수 있다. 후추슈는 저가 와인과 비슷한 사케로 웬만하면 마시지 않는 편이 낫다. 일본에서 생산되는 사케 가운데 약 80%를 차지하지만 호주에서는 거의 판매하지 않는다.		**보통 등급**

평가하기
고수처럼 능숙하게
이야기하기

미리 해두고픈 주의의 말이 있다. 와인에서 분류상 정반대에 해당되는 것들은 서로 큰 차이를 보인다. 풀바디에 타닌이 강한 카베르네 소비뇽과 부드럽고 섬세한 피노 누아가 한 예다. 그러나 사케의 경우엔 정반대로 분류되는 것들 사이에 비슷한 점이 많은 편이다. 말하자면 야라 밸리산 피노 누아와 질롱산 피노 누아가 그렇다. 따라서 사케를 구별할 줄 아는 재미를 느끼려면 인내심을 갖고 맛을 봐야 한다. 다른 종류의 사케 몇 가지를 나란히 놓고 시음해보는 것도 차이를 구별하는 데 유용한 방법이다.

시음 요령

사케를 시음하는 요령은 와인과 똑같다. 잔은 작은 튤립 모양의 와인 잔이 이상적이며, 잔에 담긴 사케를 빙 돌렸다가 향을 맡아보고 입 안에 머금어 굴린 다음 삼키면 된다. 와인과 사케는 풍미가 다르지만 개성, 여운, 구조감, 품질 등의 면에서는 비슷하다. 사케도 와인처럼 온도 변화에 따라 달라지기도 한다. 안목을 높이고 싶다면 한 번에 두 가지 사케를 맛보고 비교해보는 것이 이상적인 방법이다.

풍미

대체로 산뜻하고 섬세하며, 말로 표현하기 오묘한 쌀 특유의 풍미와 더불어 과일 풍미도 지니고 있다. 다음은 뛰어난 품질의 사케에서 느껴질 만한 풍미를 도표로 나타낸 플레이버 휠이다.

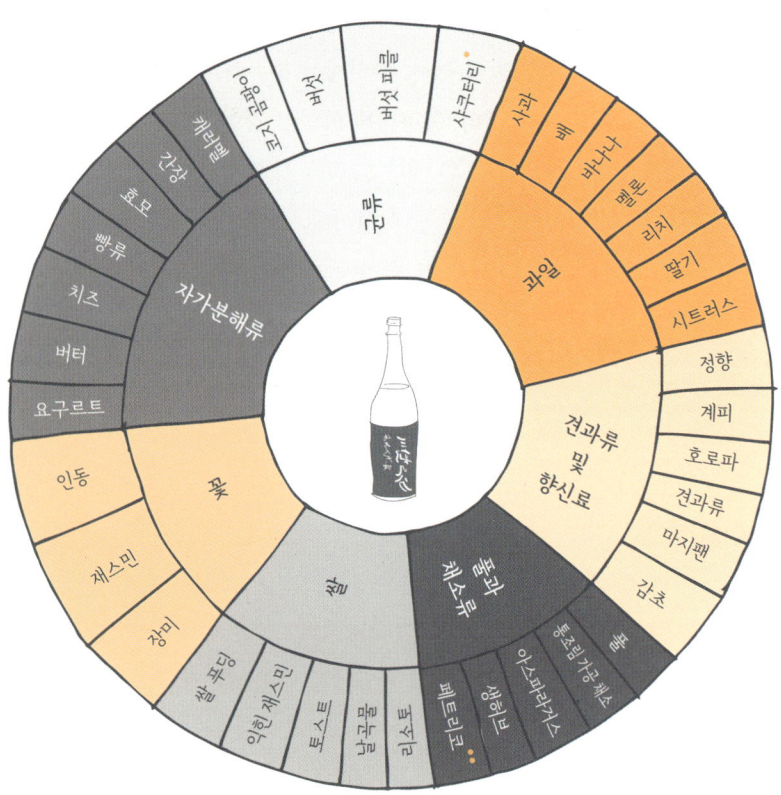

- charcuterie : 햄, 소시지 등 돼지고기를 가공해 만든 프랑스 전통 식품.
- petrichor : 건조한 흙에 비가 내릴 때 발생하는 흙내로 일명 '비 냄새'.

사케의 종류

사케는 여러 종류로 나뉘는데 그 구분은 그냥 글로 읽는 것만으론 이해하기 어렵다. 식당이나 사케 시음 행사 등에서 각 종류별 사케를 시음해봐야 훨씬 감 잡기가 쉬울 테지만, 참고 차원에서 라벨이나 수입업체 웹사이트상에 표기되는 다음 문구를 알아두는 것도 좋다.

스위트 ↔ 드라이

품질이 뛰어난 사케는 대부분 드라이한 편이므로 이 점을 기억해두면 사케의 품질을 짐작하는 데 유용하다. 단맛은 발효를 중간에 중단시키면서 남은 잔당에서 나오는 것이지만, 나중에 당분을 첨가해 단맛을 낸 사케도 더러 있다. 단맛은 풍미와 거친 맛을 누그러뜨리는 경향이 있어 낮은 품질의 사케는 대체로 단맛이 더 강한 편이다. 산도가 낮고 드라이한 사케는 산도가 높고 드라이한 사케보다 더 달게 느껴진다는 점도 잊지 말자.

사케는 와인에 비해 산도가 상당히 낮은 편이지만 산도의 역할은 와인과 비슷하다. 즉 물리지 않게 마우스필을 잡아주고 입 안 깊숙이 풍미를 퍼뜨리는 한편, 입 안을 개운하게 해주는 상큼함으로 음식의 맛을 돋운다.

사케의 당도 측정 단위는 일본 주도酒度, Sake Meter Value다. 라벨의 주도 수치가 높을수록 더 드라이한 맛이라고 생각하면 된다. 대부분의 사케는 주도가 −5~+5 정도다.

감칠맛 ↔ 과일 맛

감칠맛은 아미노산 함량에 따라 측정되며, 이 함량은 −5~+2.5 사이로 다양하다. 아미노산 함량이 높으면 감칠맛이 풍미 프로필을 지배해 버섯,

샤쿠터리, 간장 풍미 등을 강하게 띤다. 반대로 아미노산 함량이 낮으면 감칠맛이 과일 맛에 밀린다. 하지만 두 풍미를 구분하기란 만만치 않다. 더군다나 감칠맛과 과일 맛이 둘 다 강한 사케도 있어서 더더욱 까다롭다.

복잡 미묘함 ↔ 단순함

감칠맛과 과일 맛 풍미를 모두 지닌 사케를 복잡 미묘하다고 이야기하는데, 그만큼 다층적 구조를 이루며 본질적으로 여러 풍미를 내기 때문이다. 반면에 아주 섬세하고 가볍고 단순한 사케도 있다. 이런 사케에서는 몇 가지 풍미만이 느껴지는 편이다.

가벼움 ↔ 묵직함

사케의 '바디'나 '묵직한' 느낌을 말한다. 정도에 따라 '가벼움, 중간, 묵직함'으로 분류되지만 와인에서처럼 그 차이가 뚜렷이 느껴지지는 않는다. 사케의 바디를 좌우하는 변수는 높은 알코올이나 당분 또는 감칠맛, 낮은 도정률(가령 70% 정도), 경수 발효나 고온 발효 등이다. 대체로 사케는 바디가 가벼운 편이지만 예외도 있어서 알면 알수록 색다른 재미를 안겨준다.

겉모습

빛깔: 무색 투명 / 누르스름한 색 / 황금색 / 호박색 / 짙은 호박색
투명도: 맑음 / 흐릿함 / 탁함

미감

단맛: 드라이 / 오프드라이 / 중간쯤의 단맛
바디: 가벼움 / 중간 / 묵직함
마우스필/질감: 섬세함 / 부드러움 / 따뜻함 / 얼얼함 / 알싸함 / 질감이 잘 살아 있음
풍미의 강도: 뚜렷하지 않음 / 가벼움 / 중간 / 뚜렷이 두드러짐

풍미의 여운: 짧음 / 중간 / 깊
피니시(끝맛): 산뜻함 / 복합적임 / 얼얼함 / 알싸함 / 균형 잡힘 / 부드러움 / 자극적임
복잡 미묘함: 단순함 / 흥미로움 / 도발적임
특징: 과일 / 향신료 / 견과류 / 풀 / 곡물 / 균류 / 신맛 / 해양성 / 감칠맛 / 효모 / 쌀

후각

강도: 약함 / 중간쯤 / 강함 / 아주 강함
느낌/휘발성: 섬세함 / 얼얼함 / 따스함 / 황화물
특징: 과일 / 향신료 / 견과류 / 풀 / 곡물 / 균류 / 신맛 / 해양성 / 감칠맛 / 효모 / 쌀

최종 평가

- 균형감이 좋은가?
- 맛이 좋은가?
- 돈이 아깝지 않은가?
- 음식을 곁들여 마시면 맛이 더 좋은가?
- 그 상황에 잘 맞는가? 또 사고 싶다는 마음이 드는가?

구매 요령

긴조 제대로 알기

유명한 사케 강사 존 곤터John Gaunter의 말마따나 "사케에 대해 이것저것 외우기가 귀찮다면 '긴조' 하나만 기억해도 된다."

'긴조'는 사케의 특별한 등급일 뿐만 아니라 최상급에 해당하는 네 등급의 사케를 통틀어 이르는 말이기도 하다(128쪽 표 참조). 말하자면 긴조는 일반적으로 높은 품질을 의미하는 싱글몰트 스카치나 크뤼 부르고뉴에 상응하는 명칭이니 긴조를 알아두는 것은 사케를 고르는 가장 간단한 방법이다. 한마디 덧붙이자면, 사케는 형편에 맞는 한도 내에서 가급적이면 조언을 구한 후 구매하는 것이 좋다. 종류가 워낙 많아서 '이걸 살지 저걸 살지' 갈등하게 만들 만한 요소가 수두룩하지만 긴조만 알아둬도 고민할 필요가 없다. 긴조야말로 사케 구매의 확실한 지름길이다. 지름길을 놔두고 왜 먼 길로 빙빙 돌아가는가?

호주는 사케를 구입하기에 유리한 편이다. 사케 수입업자들이 좋은 상품을 잘 선별해서 들여오는 덕분에 호주에서 시판되는 사케는 대부분 신선하면서도 품질이 좋다(호주 사람이라면 이 대목에서 괜스레 뿌듯해하지 않을까 싶다). 사케는 1.8리터의 대용량, 720밀리리터의 표준 용량, 300~180밀리리터의 소용량으로 다양하게 출시되는데, 특히 소용량은 여러 가지 스타일을 탐구해보기에 좋다.

사케의 지평선 넓히기

약간 독특한 방법으로 빚어지면서도 128쪽 표의 분류 등급에 들기에 손색이 없는 사케도 많다. 이런 사케는 시장 점유율이 미미하지만 찾아서 맛볼 만한 매력이 충분하다.

무로카Muroka : 여과(즉 미생물학적 불안정 요소를 제거하는 과정)를 거치지 않는 사케. 더 개성 넘치는 풍미를 띤다.

겐슈Genshu : 발효 후 물을 섞어 희석하지 않는 사케. 그렇다고 해서 반드시 알코올 함량이 더 높은 것은 아니다. 16% 정도에서 발효가 자연적으로 중단되도록 빚어지는 경우가 더러 있기 때문이다. 하지만 겐슈의 알코올 함량은 보통 20% 정도다.

나마자케Namazake(**또는 나마**Nama) : 살균 처리를 거치지 않는 사케. 살균을 하면 풍미를 잃을 수도 있어서 일부 양조가들은 이 양조법을 선호한다. 나마자케는 반드시 냉장 보관해야 한다.

니고리Nigori : 효모 앙금이 일부 남아 빛깔이 탁한 사케. 이런 양조법은 크림처럼 부드러운 마우스필을 선사하지만 깨끗한 이미지가 손상될 수도 있다. 특히 태국 음식과 잘 맞는다.

겐마이Genmai : 현미로 만든 사케. 겐마이는 현미의 풍미로 더 묵직한 바디를 띤다. 음식, 특히 그릴로 구운 고기에 곁들여 마시면 매력적인 맛을 선사한다.

야마하이Yamahai/**기모토**Kimoto : 독특한 발효법으로 만드는 사케. 이 발효법을 거치면 대체로 고기 같은 풍미와 감칠맛이 우러난다.

맛볼 만한 일본의 또 다른 술

쇼추 Shochu : 고구마, 메밀, 쌀, 옥수수, 사탕수수 등의 다양한 원료로 만드는 증류주. 품질이 다양하며 알코올 함량은 대체로 25~35%다. 주로 얼음을 넣어 먹거나 칵테일로 마신다.

우메슈 Umeshu : 대개는 쇼추를, 또 더러는 사케를 베이스로 사용하고 여기에 덜 익은 매실(우메)과 설탕을 첨가한 후 최대 1년까지 침용시켜 만드는 술. 이렇게 만들면 설탕이 시큼한 매실 맛의 균형을 잡아주면서 알코올 함량 20% 이하의 새콤달콤한 매실주가 탄생한다.

사케 선물하기

일본에서 사케 선물은 큰 의미가 담긴 각별한 선물이다. 물론 호주에서는 일본만큼 의식을 갖추지 않지만, 그래도 사케가 좋은 선물인 것은 일본과 마찬가지다. 사케를 선물할 때는 다이긴조 등급의 매그넘 용량 사케를 고르는 것이 최상의 선택이다(128쪽 참조). 다이긴조는 대부분 병목에 보기 좋은 끈을 두르고 나무 상자에 멋스럽게 포장돼 있다.

다양한 사케의 맛을 느껴보고 싶어 하는 사람에게는 여러 가지 사케를 시음해볼 수 있도록 작은 병 여러 개로 구성된 세트 상품을 선물하면 좋다. 또한 가격이 품질을 반영한다고 하더라도 너무 무리하지 말고 적당한 선에서 형편에 맞는 제품을 구매하기 바란다.

사케를 구매하기에 좋은 한국 매장

좋은 사케를 구하기 위해 굳이 일본까지 날아가지 않아도 된다. 한국에도 다양한 종류의 사케를 구비해 판매하는 곳이 늘고 있다.

니혼슈코리아
02-545-3251

사케코리아
02-2201-4991

음미하기

사케 제대로 알고 마시기

흔히 사케는 잔에 담긴 일본 같다고 말한다. 그렇다면 한 나라를 입 안으로 삼켜 넘기는 데 적어도 예의는 갖춰야 하지 않을까.

사케를 제대로 음미하려면 일본 전통문화에서 매우 중시하는 배려, 경의, 예의를 갖추고 마셔야 한다. 다시 말해 '감사한' 마음을 갖고 함께 마시는 동석자들을 배려하면서 마셔야 하며, 단숨에 들이켜는 결례는 절대 삼가야 한다. (가라오케 바에 가서 〈토털 이클립스 오브 더 하트 Total Eclipse of the Heart〉를 부르려고 하는데 친구가 작은 잔에 따른 사케를 맥주에 넣어 폭탄주로 원샷을 하라고 부추기더라도…… 안 된다. 제발 참아주기 바란다.)

사케 잔 고르기

일본 문화에서는 상대방에게 술을 따라주는 것을 중요한 풍습으로 여긴다. 술을 따라주는 것으로 상대방에게 호의를 보여주는, 흥미롭고도 아름다운 전통이다. 전통적인 사케 잔인 '초코 choko'는 작아서 자주 잔을 다시 채워야 하는데, 이는 다시 말해 술자리 동석자들 누구에게나 자신의 선의를 보일 기회가 돌아오게 된다는 얘기다. 자신이 직접 따라 마시는 자작은 실례지만, 일본에 갔을 때 이런 실례를 할까 봐 걱정하지 않아도 된다. 어느새 잔이 찰랑거리도록 가득 채워지고 또 채워져서 잔이 빌 새가 없을 테니 말이다.

또 하나의 전통 용기로 네모난 상자 모양의 나무 컵, '마수masu'도 있다. 원래 생쌀을 계량할 때 쓰던 용기인데(마수 하나가 하루분의 쌀임) 지금은 사케를 상징하는 하나의 심벌이 됐다. 마수는 실용적이라기보다는 즐기기에 좋은 잔이다. 또 나무가 사케의 풍미를 부드럽게 누그러뜨려줘 약간 수상쩍은 사케를 마실 때 사용하면 좋다. 하지만 진짜 사케 애주가들이 추천하는 잔은 자기잔이나 유리잔이다.

사케를 제대로 음미하려면 작은 와인 잔이 최적이다. 와인 잔은 아로마를 잔 위쪽으로 모아주는 데다 입이 닿는 테두리가 가늘어서 마실 때 입 안에 사케가 잘 도포된다.

잔을 하나만 구입한다면…
아마 와인 잔 정도는 이미 가지고 있을 테니 큰맘 먹고 자기로 된 초코잔을 장만해볼 것을 권한다.

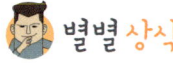
별별 상식

일본식 식당에 갔다고 가정해보자. 자리에 앉으니 웨이터가 마수 안에 작은 잔을 담아 당신 앞에 놔준다. 그러더니 잔에 사케를 따라 마수로 흘러넘치도록 가득가득 부어준다. 이게 웬 횡재인가! 사케를 덤으로 더 얻다니 박수라도 치고 싶을 만큼 기분이 좋아지고 그 호의에 고맙기까지 하다. 그나저나 이렇게 찰랑거리도록 가득 담긴 사케를 옷에 흘리지 않고 마시려면 어찌 해야 할지 난감하다고? 글쎄, 어찌할 줄 모른 채 진땀을 빼지도, 고양이처럼 할짝할짝 핥아먹지 않아도 된다. 먼저 잔을 들어 마시고 난 다음 마수에 남은 사케를 모서리 쪽으로 기울여서 다시 잔을 채우면 간단하다.

따뜻하게, 아니면 차갑게?

사케는 서빙 온도가 중요하다. 특히 조금 거친 풍미의 사케는 따뜻하게 해서 마시면 풍미가 부드럽게 누그러지기 때문에 더욱더 그렇다. 따뜻하게 내놓는 사케는 무조건 안 좋은 사케라는 통설이 나오게 된 배경이 여기에 있다. 하지만 이는 잘못 알려진 통설이다. 사람들이 뭐라고 질색을 하든 겨울밤의 따뜻한 사케는 푸근함을 느끼기에 그만이다.

최상급 사케는 양조가의 성향에 따라 따뜻하게 또는 차갑게 내기에 적절하도록 빚어지며, 고급 사케의 대부분은 차가운 온도나 실온에서 기막히게 매력을 발산하면서 섬세한 풍미가 더욱더 살아난다. 한편 따뜻하든 차갑든 둘 중 하나만 선택 가능한 것은 아니다. 그 사이의 다양한 온도로도 마실 수 있다.

외식을 나간 거라면 조언을 구해 선택하고, 집에서 마시는 경우엔 자신의 기호에 맞는 적절한 온도를 찾아보라. 뜨겁게 마시고 싶을 때는 (펄펄 끓지 않는 정도의) 뜨거운 물에 병을 담가 20분간 데우면 된다.

사케를 따뜻하게 데우면 (스타일에 따라) 다음과 같은 변화가 일어나기도 한다.

- 아로마 증가함.
- 묵직함이나 농도가 더 강하게 느껴짐.
- 신맛의 느낌이 약해짐.
- 단맛이 더 강하게 느껴짐.
- 감칠맛이 더 강하게 느껴짐.
- 알코올의 느낌이 더 강해짐.

뜨겁게(45~55℃) 또는 따뜻하게(30~40℃), 실온으로(20~30℃)나 차갑게(5~15℃), 아니면 얼음을 채워서(5~10℃) 등 다양하게 맛을 음미해보길 권한다.

올바른 보관법

사케는 한 번 개봉하면 오래가지 않는다. 개봉한 후에는 냉장고에 넣어두고 일주일 내에 마시는 것이 좋다. 변질되지 않고 더 오래갈 수도 있겠지만 그렇더라도 풍미가 시들해질 것이다. 개봉하기 전에는 직사광선을 피해 서늘한 곳에 보관해야 한다. 사케는 대체로 출시 후 1년 이내에 마셔야 하며, 보통은 병에 권장 기한이 표기돼 있다.

음식 궁합

사케와 환상의 짝을 이루는 음식

사케와 음식의 놀라운 궁합은 말로 표현하기 힘들 정도다. 특히 담백한 요리와의 궁합은 와인을 무색케 할 만큼 뛰어나다.

게다가 이는 일본 음식에만 해당되는 얘기가 아니다. 낮은 산도, 무無타닌, 감칠맛, 부드러운 마우스필 덕분에 사케는 요리와 대체로 잘 어울린다. 와인의 경우와 마찬가지로 음식과 사케의 제짝을 찾기 위해서는 풍미 강도에 맞추면 된다. 말하자면 대부분의 사케는 아주 가벼운 편이라 가벼운(담백한) 요리와 잘 어울린다.

피해야 할 것은 서서히 익힌 진한 고기 스튜, 정말 매운 음식, 크림같이 진한 소스를 쓰거나 달달한 요리 등이다. 사케는 피클류나 해산물 또는 간장이나 약한 칠리, 다싯물이나 미소 된장으로 조리한 음식에 곁들이면 아주 잘 맞는다. 의외라고 생각할지 모르지만 사케는 치즈와도 찰떡궁합을 자랑한다.

'사케는 음식과 싸우지 않는다'는 뜻의 일본 속담이 있다. 그 말 그대로다. 정말 사케는 뒤로 물러서서 음식을 돋보이게 해주니 말이다. 사케는 감칠맛이 뛰어나 감칠맛이 풍부한 음식과도 잘 어울린다. 산도 높은 와인과 신맛이 강한 음식을 짝짓는 것과 같은 식으로, 감칠맛의 강도에 따라 음식과 사케를 짝지으면 멋지게 어우러진다. 식사를 하다 와인이 부족할 때, 특히 일본, 말레이시아, 태국 음식을 먹을 때는 사케로 대신해도 잘 맞는다.

알쏭달쏭 용어

우마미(감칠맛)

우리의 혀가 감지할 수 있는 맛은 쓴맛, 짠맛, 신맛, 단맛, 감칠맛, 이렇게 다섯 가지다. 이 중 감칠맛은 이케다 기쿠나에라는 일본 화학자가 1900년대 초에 일본의 '다시마' 국물이 지닌 뛰어난 맛의 비밀을 파헤치다 발견해낸 맛이다. 곤부(다시마)라는 해초와 바싹 말린 보니토(가다랑어)를 얇게 저민 가쓰오부시에 글루탐산염이 풍부하다는 사실을 밝혀내면서 나머지 네 가지 맛과는 다른 독특한 우마미(감칠맛)를 찾아낸 것이다.

이케다 기쿠나에는 이 발견을 토대로 글루탐산모노나트륨monosodium glutamate, MSG의 생산법을 고안해냈다. 현재 MSG는 세계 생산량이 연간 300만 톤에 달한다. 믿고 안 믿고는 저마다 자유지만, 아무튼 평판이 그저 그런 저급 식당에서도 MSG로 맛을 내고 있으며 가공식품에도 MSG가 많이 첨가된다. 감칠맛이 강한 MSG는 새로운 풍미를 더해주기보다는 음식이 가진 풍미를 높여준다. 사실 MSG는 그 자체로는 풍미가 별로 없다. 거의 미끌미끌하기만 할 뿐이다. 직접 느껴보고 싶다면 물 1리터에 MSG 1티스푼을 섞어서 맛을 보라. 이는 순수한 감칠맛을 제대로 느껴보기에 좋은 실험 방법으로 탈날 일이 전혀 없으니 안심해도 된다.

세상에는 자연적으로 글루탐산염을 풍부하게 함유한 음식이 많지만, 특히 일본 요리의 기본인 간장, 미소 된장, 다싯물은 하나같이 감칠맛이 풍부하다. 유럽의 요리 중에는 익힌 토마토, 서서히 익혀 조리하는 고기, 염장육, 익힌 달걀, 익힌 양파, 여러 종의 치즈에 글루탐산염이 아주 풍부하게 들어 있다. 기본적으로 글루탐산염의 함량이 높은 음식은 다른 음식보다 식욕과 입맛을 더 돋워주는데, 그런 의미에서 보면 일본어 '우마미'를 영어로 '감칠맛의 진수'라고 번역하는 것도 무리는 아니다.

사케와 특히 잘 어울리는 음식

치즈

곰팡이와 효모라는 공통의 매개체를 가진 치즈와 사케가 만난다면 당연히 서로 잘 어울리지 않을까? 치즈에는 우유가 박테리아, 곰팡이, 효모에

의해 분해되면서 생성되는 아미노산과 펩타이드 성분이 풍부하다. 사케의 곰팡이와 효모는 종류가 다르지만, 치즈와 사케는 서로 여러 풍미 특성을 공유하기에 적절할 정도의 유사점을 지니고 있다. 게다가 산도가 좋은 사케는 진한 연성 치즈 맛의 균형을 잡아주거나 개운함을 더해주고, 치즈의 짠맛은 사케 특유의 풍성한 감칠맛을 더욱 끌어올린다. 흰 곰팡이 치즈와 준마이 긴조를 함께 맛보길 추천한다. 그 외에도 270~271쪽의 '치즈와 술의 짝 찾아주기'에서 더 많은 추천 궁합을 소개했으니 참고하기 바란다.

해산물

해산물은 대체로 불포화지방산이 풍부하다. 동물이 죽으면 불포화지방산이 분해되면서 알데히드가 생성되고, 또 알데히드는 해산물 특유의 비릿한 맛을 비롯해 철 등의 특정 성분을 만들어낸다. 사케는 대체로 철 성분이 없어서 비릿한 맛을 줄이는 데 어느 정도 도움이 된다(더러 비릿한 맛을 배가하기도 하는 와인과는 대조적이다).

일본 요리

때론 전통을 무시해선 안 된다. 일본 전통 요리에 주로 쓰는 조미료인 간장과 미소 된장의 생산 과정에서는 사케처럼 효모, 코지, 유산 박테리아가 모두 사용된다. 사케, 미소 된장, 간장은 아미노산 함량이 높다. 아미노산이 풍부한 음식이 사케와 기막히게 어울리는 이유일지도 모른다. 한편 간장과 미소 된장의 높은 염도는 음식과 사케 모두의 풍미를 끌어올리는 데 한몫하는 요소이기도 하다.

사케와 잘 어울리는 음식 궁합 초간단 가이드

일본 전통 요리

회에는… 준마이 다이긴조

생선초밥에는… 준마이 긴조

채소류, 절임류, 미소 된장에는… 준마이

돼지고기나 닭고기가 들어간 국물 면 요리에는… 긴조

야키토리(닭꼬치)에는… 긴조

그 외의 찰떡궁합

해산물 비스크bisque*에는… 다이긴조

가지를 넣어 조리한 양고기 구이에는… 야마하이나 겐마이

크루톤을 얹은 돼지고기 리예트rillettes**에는… 나마자케 또는 긴조

칠리소스로 맛을 낸 케일과 버섯볶음에는… 과일 풍미를 지닌 준마이 긴조

순한 향신료와 말린 과일로 맛을 낸 라이스 필래프rice pilaf***에는… 과일 풍미를 지닌 준마이 긴조

태국식 그린 커리에는… 약간 달콤한 니고리

싱가포르식 면 요리에는… 혼죠조 또는 긴조

• 조개류·닭고기·야채를 끓여 크림과 섞은 진한 수프
•• 잘게 다져 기름에 지진 요리
••• 우리나라 볶음밥과 비슷한 요리로 육류나 해산물과 함께 조리하는 쌀 요리

맥주의 대가 제임스 스미스James Smith와 함께 떠나는 맥주의 세계

　세계인의 기호품, 맥주. 사람들이 (물과 차에 이어) 세 번째로 가장 많이 마시는 음료라는 맥주는 호주 문화와 떼려야 뗄 수 없을 정도로 깊숙이 뿌리내렸다. 맥주가 호주에서 처음 만들어지지 않았다는 사실이 의아할 정도다.

　호주에서는 최근까지도 '투이스Tooheys냐 브이비VB, Victoria Bitter냐?'가 '포드냐 홀덴Holden(호주의 자동차 브랜드로 제너럴모터스에 인수됨)이냐?'만큼이나 시끄러운 입씨름거리였다. 몇 세대에 걸쳐 맥주 애주가들이 이편저편으로 나뉘어 풍미보다는 브랜드를, 또 품질보다는 가격을 앞세웠지만 이제는 추세가 급변하고 있다.

　한때 맥주 시장은 기본 스타일의 라거를 만들던 거대 기업들이 거의 독식하고 있었지만, 호주는 물론 세계 대다수 지역에서 크래프트 비어craft beer(소규모 양조업체가 독립적으로 소량 생산하는 맥주)의 바람이 일면서 맥주 산업은 완전히 새로운 모습으로 거듭났다. 선택의 폭과 종류가 상상을 초월할 만큼 다양해지고 있다. 스페셜티 비어specialty beer(기존과는 아주 다른 발효나 기법으로 만들어지는 맥주) 관련 바, 페스티벌, 출판물, 행사, 강연, 인터넷 커뮤니티 등 맥주 양조에 열정을 쏟는 활동도 적극 펼쳐지고 있다. 이제 맥주는 복잡하고도 경이로운 세계이며, 이런 세계에 동참할 기회를 누리고 있는 우리는 대단한 행운아다.

Chapter 3

맥주
BEER

맥주의 배경지식

'비어beer' 대신 '브루스키brewski' 즐겨 사용하는 이유

맥주광이 아는 체하고 흠잡아대는 데는 와인광은 상대도 되지 않는다 (물론 맥주광이나 와인광도 커피광에 비하면 약과지만… 틀린 말은 아니니, 커피광에게는 미안하지만 사과하진 않겠다). 하긴 맥주의 최종 풍미가 그 맥주를 빚은 사람의 솜씨를 그대로 대변하는 것이라 그럴 만도 하지만.

맥주는 양조 방식이 간단하고 원재료의 공급에 문제가 없어서 서투른 양조가로선 냉해, 화재, 전염병으로 인한 흉작 등 발뺌할 거리가 없다. 다시 말해 제대로 못 만들면 빼도 박도 못하고 비난을 들어야 한다.

그러고 보면 맥주 양조가는 정말 딱하다. 대다수의 맥주 양조가들이 눈물을 충분히 담을 수 있을 만큼 덥수룩한 턱수염을 가지고 있다는 것이 그나마 다행이 아닐까.

역사 한 토막

이쯤에서 꼭 짚고 넘어가야 할 점은, 증거로 미뤄 보았을 때 역사적 기록을 가진 최초의 술은 맥주라는 사실이다. 맥주 애주가가 들으면 어깨가 으쓱해질 얘기다. 아무튼 맥주 양조가 본격적으로 자리 잡은 것은 5세기 이후부터다. 그 당시부터 유럽 전역의 수도원 경내에서 수도사들이 양조장을 운영하기 시작했고, 수백 년 후에는 산업혁명 시대의 근로자들이 맥주를 즐겨 마시면서 맥주 수요가 급등했다. 영국과 유럽 전역에서는 새로운 기술로 무장한 양조가들이 성업을 누렸다. 1890년대 무렵에 이르자 미국에서도 맥주를 대규모로 양조하게 됐으나 20세기 초에 금주법과 전쟁의 발발로 일부 시장에서는 맥주 판로가 막혔다.

한편 제2차 세계대전 중에 영국 군인들은 맥주 호사를 누렸다. 윈스턴 처칠은 당시에 다음과 같은 유명한 말을 했다. "적군에 대치하는 전방 병사들에게 후방 병사들보다 우선해서 맥주를 일주일에 4파인트(1파인트는 약 0.57리터)씩 마실 수 있도록 조치하게." 총리가 이렇게 말하는데 어느 누가 거역하겠는가.

호주에서는 수십 년에 걸쳐 유명 브랜드의 맥주가 시장을 주름잡으면서 야심찬 소규모 업자들이 고전을 면치 못하는 상황이 이어지다 1990년대 말에 이르러 새로운 맥주 문화의 물결이 도래했다. 당시 쿠퍼스Coopers, 한Hahn, 마틸다 베이Matilda Bay가 변화의 근거를 마련해놓긴 했으나 진정한 의미에서 변화의 길을 연 것은 리틀 크리처스Little Creatures다. 이후로 (수입 맥주의 종류가 다양해지는 추세와 더불어) 미국에서 자극을 받은 리틀 크리처스 페일 에일Pale Ale(페일 에일은 옅은 색의 에일을 통칭함)이 성공하며 호주 사람들의 미각이 뭔가 새로운 것을 갈구하고 있음이 증명되면서 장인 정신이 깃든 맥주가 점점 더 많이 출시되는 추세로까지 이어졌다.

풍미의 근원

너무 간단해서 싱겁게 들릴지도 모르지만, 기본적으로 맥주는 곡물을 몰팅·발효해서 만드는 술이다. 원료로 사용되는 곡물은 주로 보리이며 종종 밀, 귀리, 옥수수, 쌀 등도 사용되는데 모두 저마다 다른 풍미와 질감을 지니고 있다. 양조가들은 이런 다양한 풍미와 질감을 활용해 자신의 맥주에 개성을 부여한다.

하지만 와인의 원료와 달리 곡물은 맥주의 최종 풍미와 그다지 연관성이 없다. 맥주의 최종 풍미에 관한 한 양조 과정이 중요하다. 따라서 (적어도 이번 마당에서는) '테루아' 같은 용어는 신경 쓰지 않아도 된다.

몰트 malt

몰팅은 곡물(맥아)을 분쇄하기 위해 준비하는 과정을 말한다. 일단 곡물이 발아되면(즉 발효 가능한 당분으로 채워지면) 가마에서 특정 정도로 굽는데,

---

알쏭달쏭 용어

마이야르 반응 Maillard reaction

'날음식'을 그다지 좋아하지 않는다면 '마이야르 반응'에서 묘미를 느끼는 사람일지 모른다. (예를 들어 토스트같이) '노르스름하게 구운' 여러 가지 음식에서 나는 특유의 별미는 바로 이 경이로운 과학 현상이 만들어내는 것이다. 마이야르 반응은 캐러멜화와 화학적 과정이 다르지만 캐러멜화와 비슷한 풍미를 생성한다. 즉 마이야르 반응에서는 아미노산이 당분과 반응해 갈변 현상을 일으키면서 풍미를 강화시키고 빛깔을 진하게 만들어준다.

맥아(발아 보리)를 가마에서 구우면 마이야르 반응과 캐러멜화 반응의 조합으로 짙은 색 맥주 특유의 기분 좋은 토스트 풍미와 빛깔이 생겨난다. 맥아는 구운 정도에 따라 (연한 황금색 맥주를 만들어내는) 옅은 맥아부터 호박색 에일 맥주용의 중간 정도로 구운 맥아, 짙은 색 맥주용의 강하게 구운 맥아까지 다양하며, 특정 풍미 프로필을 끌어내기 위해 대개 블렌딩된다. 맥주의 색이 짙을수록 맥아의 풍미가 강할 것이라고 미뤄 짐작해도 되지만 홉, 효모 등도 풍미에 영향을 미친다.

그 구운 정도에 따라 풍미 프로필이 크게 달라진다. 커피 원두를 볶는 것과 비슷하다고 생각하면 된다. 예를 들어 옅은 색의 맥아는 굽는다기보다는 가마 안에서 뭉근한 열로 곡물을 건조시키는 것으로, 옅은 색의 에일과 필스너pilsner〔호박색의 약한 라거 맥주〕 스타일 맥주를 만들기에 이상적이다. 높은 온도에서 구우면 곡물에 광택이 돌고 풍미가 변해 토피 사탕이나 캐러멜 풍미가 강해져서 앰버 에일amber ale〔호박색을 띠는 에일 맥주〕 등 맥아 풍미가 강한 스타일의 맥주를 만들기에 좋다.

홉 hop

진지하게 식물의 생식에 대한 이야기를 좀 하겠다. 홉의 암술은 포엽苞葉〔싹이나 꽃봉오리를 싸서 보호하는 작은 잎〕이 꽃 모양으로 포개진 홉 '콘cone'을 생산한다. 홉 콘이 여물면 포엽의 아래쪽 부분이 '루플린lupulin'이라는 누런색 송진으로 채워지는데, 바로 이 루플린에 홉의 씁싸래한 맛을 내는 산성 물질이 들어 있다. 홉은 풍미와 쓴맛을 내는 데 그치지 않고 방부제 역할도 한다. 맥주 양조가에 따라 말린 홉 콘을 쓰기도 하고, 작게 갈아서 압축한 홉 펠릿hop pellet 등의 가공품을 쓰기도 한다. 홉은 품종별로 독특한 정유精油를 함유하고 있어 저마다 다른 풍미를 내기 때문에, 대다수 양조가는 요리를 할 때 양념을 섞어서 쓰는 것처럼 여러 홉을 섞어서 쓴다. 홉의 품종만이 아니라 얼마나 첨가하고 언제 첨가하는지에 따라서도 최종 아로마와 풍미 프로필이 좌우된다.

효모

맥주 이야기에도 효모가 등장한다. 효모가 당분을 먹어치워 이산화탄소와 알코올을 배출하는 덕분에 우리는 초저녁에 기포가 보글보글 올라오는 맥주를 들이켤 수 있다. 맥주는 효모에서 우러난 풍미가 와인보다 더 두드러진다. 사실 사용하는 효모에 따라 맥주의 종류가 구분되기도 한다. 효모는 홉과 맥아에서 추출된 특징을 보강해 풍미를 완성한다. 맥주 양조에는 야생 효모와 상업적 효모가 모두 사용되며 효모별로 맥주에 특정 개성을 부여한다. 또 이런 개성은 대부분 맥주에 과일 풍미를 선사하는 성분인 '에스테르ester'에서 비롯되는데, 에스테르 반응은 비교적 따뜻한 조건의 발효에서 더 잘 일어나기 때문에 에일은 라거 같은 저온 발효 맥주보다 과일 풍미가 더 풍부한 편이다. 에스테르에서 생성되는 과일 풍미는 무화과, 바나나, 키위, 체리, 파인애플 등이다.

물

사케와 마찬가지로(123쪽 참조) 맥주 양조에도 깨끗하고 맑은 물을 써야 한다. 물의 미네랄 성분이 발효에 영향을 주기 때문에 결과적으로 물은 맥주의 스타일까지 좌우한다. 역사적으로 보면 물은 지역의 고유한 맥주의 명성에서 중요한 몫을 차지했다. 일례로 원조 필스너 라거가 명성을 얻게 된 것도 체코공화국 필젠 마을의 양조장들이 천혜의 연수를 사용했기에 가능한 일이었다. 물론 지금은 물을 가공 처리해 용도에 맞게 조정할 수 있는 시대니 옛날만큼 중요시되지는 않는다고 말할 수도 있지만 말이다.

알쏭달쏭 용어

매시 빌 mash bill

맥주 양조에서 (위스키 증류에서도) '매시 빌'(또는 '그레인 빌 grain bill')은 발아된 곡물을 (그리고 때론 다른 원료를 함께) 섞어놓은 것을 가리키는데, 매시 빌은 곧 양조의 시작점이다. 매시 빌은 100% 맥아일 수도 있고 귀리, 밀, 쌀 등이 섞일 수도 있다. 하지만 이쯤에서 끝이 아니다. 실험 정신이 투철한 양주업자는 맥주에 독특한 향미를 더하기 위해 호박이나 심지어 대마씨까지 매시 빌에 섞는다.

맥아와 홉의 풍미가 모든 맥주에 들어 있지만 그 풍미를 말로 묘사하기가 쉽지 않기 때문에 원료 상태의 맥아와 홉을 냄새도 맡아보고 맛도 보면 도움이 될 것이다. 근처에 양조 재료 매장이 있다면 잠깐 들러서 도움을 구해보라. 직원이 서글서글해 보이면 맥주 시음을 제대로 해보고 싶어서 그런다고 운을 떼면서 원료를 보여줄 수 있는지 부탁해보라. 발아 곡물을 씹어보고 홉의 냄새를 맡아보면서 고유의 풍미가 어떤지 직접 느껴보라.

그럴 여건이 안 되거나 멋쩍어서 그렇게 못 하겠다면 맥아 풍미가 그윽한 맥주를 구하는 방법도 있다(근처 주류 매장에서 그런 맥주를 추천받거나 벨기에식 맥주를 구매한다). 홉의 맛이 아주 강한 맥주도 맛보길 권한다(임페리얼 IPA를 추천한다)(IPA는 'India pale ale'의 약자로, 인도가 영국의 식민지일 때 영국에서 인도로 보내는 맥주가 상하지 않도록 다량의 홉을 넣었기 때문에 인디아란 말이 붙게 됐다). 두 종류의 맥주 모두 풍미가 풍부하지만 풍미의 특징이 전혀 달라서 각각 맥아와 홉의 묘미를 만나게 해준다.

곡물에서 맛 좋은 맥주로 거듭나려면…

보리, 밀, 쌀 등 발아 곡물을 선택하고 굽기를 진하게, 중간, 연하게 중 어느 정도로 할지 정해서 매시 빌을 준비한다.

1

당분이 쉽게 추출되도록 곡물을 맥아 분쇄(파쇄)한다.

맥아에서 당을 추출해내는 '당화' 과정으로 들어가는데, 곡물에 물을 넣어 끓이면서 당분을 추출해 '맥아즙'을 만든다.

맥아즙을 걸러내 고형물을 모두 제거하고 다시 끓이는데, 이때 홉을 첨가한다.

발효를 위해 효모를 첨가해 당분을 알코올로 전환시킨다.

경우에 따라 얼기 직전까지 냉각해 안정화하는 '조정' 과정을 거친다.

경우에 따라 맑은 색을 내기 위해 여과 과정을 거친 후 케그 keg(생맥주 용기) 또는 캔이나 병에 담는다.

평가하기

양조 전문가처럼 맥주 이야기하기

맥주를 즐겨 마시는 사람들이 칭찬에 인색한, 깐깐하고 엄격한 부류라는 선입견이 있는가?

그렇다면 잘못 알고 있는 것이다. 아무리 꼬장꼬장하기 짝이 없는 맥주 애주가라도, 얼굴에 '맥주가 다 거기서 거기지'라고 쓰여 있다 해도 마음속으로는 이런 생각을 한다.

'이 맥주 제대론데. 톡 쏘는 맛이 일품인 IPA네.'

시음 요령

즐겨 사용하는 큰 잔에 맥주를 입 안 가득 머금을 만큼 따라서 잔을 빙 돌리며 냄새를 맡아보라. 홉, 맥아, 효모의 체취를 감지하고 이 세 가지가 어떤 조합으로 그 맥주만의 독특함을 끌어내는지 평가해본다. 헤드head(맥주의 거품) 모양도 감상해보라. 맥주마다 다르고 같은 맥주라도 따를 때마다 모양이 달라서 눈과 코를 즐겁게 해주지만 아까워서 못 마실 정도로 치명적이지는 않아 다행인 헤드의 매력에 한번 빠져보길.

풍미

맥주의 시음은 와인과 흡사하다. 홉, 맥아, 효모가 잡아주는 맥주의 기본적인 삼각 '뼈대'부터 음미한 후, 이 뼈대를 근육처럼 감싸주는 보다 미묘한

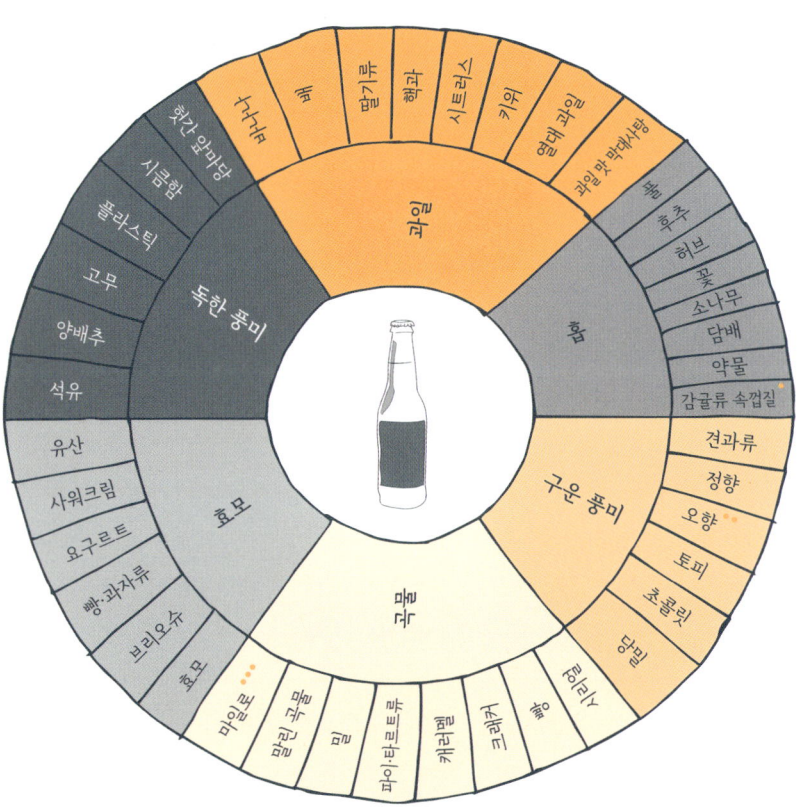

- • pith : 껍질과 과육 사이 하얀 실 같은 속껍질.
- •• 五香 : 산초·계피·정향·회향·팔각 등 다섯 가지 향신료를 동량으로 섞어 만든 혼합 향신료.
- ••• milo : 수수의 일종.

또 다른 풍미를 느껴보면 된다. 이 미묘한 풍미는 탄산과 음용 온도에 따라 달라진다는 점에 유의하자.

'평가 삼아' 다른 맥주 두 개를 나란히 놓고 같이 마셔보는 것도 유용하다(따로 추천하지는 않을 테니 직접 선택해보라). 156쪽의 플레이버 휠을 보면서 맥주의 주요 풍미가 어떻게 구분되는지 참고하기 바란다.

평가 요령

이 책에서 소개하는 다른 좋은 술과 마찬가지로 기분 좋게 마실 만한 뛰어난 맥주인지 아닌지를 가르는 관건은 균형이다. 세심하게 따져보길 좋아하는 사람이라면 아래와 같은 가이드가 맥주를 꼼꼼히 평가하는 데 유용할 테니 참고하기 바란다. 바로 본론으로 들어가길 좋아하는 성격이라면 맨 아래의 '최종 결론'으로 건너뛰어도 상관없다. 그 질문에 대한 답만으로도 확신을 내리기에 충분할 것이다.

겉모습

투명도: 맑음 / 흐림 / 탁함 / 부유물이 떠 있음
빛깔: 볏짚색 / 황금색 / 호박색 / 갈색 / 짙은 갈색 / 검은색
탄산: 기포의 크기
거품(거품이 있을 경우): 크기 / 질감 / 지속 시간 / 레이싱*

• lacing : 맥주를 마신 후 잔에 남는 잔상으로, 우리나라에서는 엔젤링이라고 알려져 있지만 레이싱이 올바른 표현임.

미감

쓴맛 : 약함 / 무난함 / 강함 / 얼얼함 / 입이 오므라듦(수렴성)
단맛 : 드라이 / 중간 / 스위트
바디/무게감 : 가벼움 / 중간 / 묵직함
알코올 : 무난함 / 적절함 / 살짝 올라옴 / 후끈 올라옴
여운 : 짧음 / 중간 / 긺
복잡 미묘함 : 단순함 / 흥미로움 / 도발적임
피니시 : 달콤함 / 드라이함 / 개운함 / 더 마시고 싶어짐 / 까끌까끌함
특징 : 과일 / 홉 / 구운 풍미 / 곡물 / 효모 / 독한 풍미

후각

상태 : 흠이 없음 / 결함이 있음
강도 : 미묘함 / 뚜렷함 / 강함 / 복잡 미묘함
신선도 : 상쾌함 / 신선함이 약함 / 신선함이 떨어짐 / 신선함이 다함
특징 : 과일 / 홉 / 볶은 풍미 / 곡물 / 효모 / 톡 쏘는 냄새

최종 평가

- 균형감이 좋은가?
- 맛이 좋은가?
- 돈이 아깝지 않은가?
- 음식을 곁들여 마시면 맛이 더 좋은가?
- 그 상황에 잘 맞는가?
- 더 마시고 싶은가?

구매 요령

맥주를 실패 없이 고르는 요령

단순한 양조 과정을 생각하면 신기하기 짝이 없는데 맥주 풍미의 변화무쌍함이란 끝없는 세계다. 아무리 맥주 양조가마다 스타일 해석이 천차만별이라 하더라도 어떻게 그렇게 다양한지 정말 신기하다.

그렇기 때문에 처음 맛보는 맥주를 살 때는 좀 마셔봐서 맛이 어떤지 힌트를 줄 만한 사람을 찾아 도움을 받는 편이 좋다. 또 지금부터의 설명도 들어두면 어느 정도 안목을 기르는 팁이 될 것이다.

라벨 읽기

맥주 스타일의 구분에 대해 체계가 없으면 최악의 경우 그야말로 막막하기가 이를 데 없고, 최상의 경우엔 맥주 풍미에 놀라고 또 놀라는 발견의 연속이 된다. 라벨에 '블랙 인디언 페일 에일Black Indian Pale Ale'이라고 찍혀 있다면 흑맥주와 에일 맥주가 섞인 스타일로 미뤄 짐작할 만하다. 사이클링에 맞춰 특별히 생산된 '바이시클 비어Bicycle Beer'라고 찍혀 있다면? 확실히 라벨이 편리한 면도 있지만 그 문구만 보고는 스타일 정도만 짐작할 수 있을 뿐 실제 풍미는 짐작하기 힘들다.

안타깝게도 맥주 라벨은 알코올 도수, 용량, 생산자, 권장 섭취량 등 공식적인 내용만을 알려준다. 라벨상의 상품 설명은 의무적인 표기 사항이지만 실제론 그다지 유용하지 않다. 직접 맛을 분석해보거나, 잘 아는 누군가에게 설명을 듣거나, 아니면 끝도 없는 미스터리에 무작정 부딪쳐야 한다. 그런 식으로 미스터리를 풀어나가면 적어도 술과 멀어질 일은 없을 것이다.

가격대

맥주 양조가는 와인 생산자처럼 원료 품귀 문제나 농작물 재해로 골치를 앓을 일이 없다. 그 덕분에 맥주 가격은 비교적 안정적인 편이며 그해의 풍흉보다는 비용에 따라 결정된다. 맥주 산업은 경쟁이 워낙 치열해서 과거부터 소매점과 식당은 상대적으로 낮은 마진율로 맥주를 판매한다.

- 비교적 저렴한 자영 양조장의 맥주 한 상자(375ml×24개) 기준 소매가는 대략 65달러 선에서 형성된다.
- 양조가가 이 제품을 소매상에게 판매하는 판매가는 약 55달러다.
- 소매상은 여섯 개들이 팩의 맥주는 약 18달러에, 또 병맥주는 병당 3~5달러에 판매한다.
- 식당에서는 병당 10~12달러에 판매한다.

어떤 경우든 양조가가 한 상자의 맥주를 생산하는 데 들어가는 실제 비용은 6달러 미만이지만 포장, 세금 등의 제 경비까지 전부 따지면 이윤은 상자당 10달러가 채 안 된다. 그만큼 돈벌이가 크지 않아 맥주 양조는 어느 정도 애정이 있어야 가능한 일이다.

왜 맥주를 마시면 속이 더부룩해지는 걸까?

정말로 짙은 색 맥주일수록 더 묵직할까? 그래서 짙은 색 맥주일수록 빵 세 덩어리를 먹은 것처럼 배가 불러서 다이어트에 더 적일까? 정말 그럴까?

꼭 그렇지는 않다. 맥주의 색은 순전히 구워진 정도를 반영한다는 점을 잊으면 안 된다(150쪽 참조). 맥주의 색은 풍미에 영향을 미칠 뿐 맥주의 무게감이나 '살찌게 하는' 주범과는 아무 상관 없다. 흑맥주인 스타우트와 포터 중에도 몇 잔씩 연거푸 들이켜도 거뜬한 라이트바디의 맥주가 많은가 하면, 옅은 색이어도 입 안이나 뱃속에서 묵직하고 더부룩한 느낌을 주는 맥주가 있다. 맥주의 무게감에 영향을 주는 것은 알코올 함량과 발효 후의 잔당이다. 따라서 색이 짙을수록 무조건 묵직한 것이 아니며, 오히려 묵직함은 양조 방식에 따라 좌우된다.

그 좋은 예가 오랫동안 사랑받아온 정통 아일랜드 흑맥주 기네스다. 기네스에는 '한 잔의 식사meal in a glass'라는 별칭이 따라붙지만, 실제로 따지자면 기네스의 열량은 탈지 우유, 오렌지 주스는 말할 것도 없고 대다수 다른 맥주에 비해 조금도 높지 않다. 다만 (질소로 인해 생성되는) 크림 같은 질감이 강한 데다 색이 짙다 보니 괜스레 더 배부르고 건강에 안 좋을 것 같다는 착각이 드는 것뿐이다.

묵직한 맥주를 피하고 싶다면 맥주 색이 아니라 알코올 도수를 따져라.

양심과 첨가물

맥주는 첨가물에 관한 한 안심해도 된다. 와인에 비하면 첨가물이 거의 없기 때문이다. 기본적으로 말해 맥주에는 와인에 사용하는 것과 같은 여과제를 사용할 필요가 없다. 맥주 양조는 인위적으로 개입하지 않는 자연적 방식이라 채식주의나 절대 채식주의이므로, 첨가제를 넣거나 추가 과정을 거치면 비채식주의의 술이 된다. 또한 맥주의 경우는 방부제와 관련된 라벨 표기 규칙이 좀 모호하지만 홉과 알코올이 훌륭한 방부제 역할을 하기 때문에 황을 첨가하는 일도 드물다(물론 그런 일이 아예 없는 것은 아니지만). 즉 몸에 좋은 건강주라고 말하기까지는 무리지만 와인보다 숙취 문제를 덜 일으키는 편이다. 그래도 여전히 숙취가 걱정된다면 직접 황 첨가 여부를 확인하는 것이 상책이다.

한편 유기농 재배 원료(홉, 보리, 효모)만을 사용하고 합성 화학 첨가물을 전혀 쓰지 않는 맥주를 생산하며 인증을 받으려고 노력 중인 맥주 양조가가 늘어나면서 유기농 맥주 시장이 성장 중이다. 그렇다고 라벨의 '무방부제preservative free'라는 문구는 조금 뻔뻔한 일이 아닐까. 어쨌든 맥주는 웬만해선 방부제 첨가 없이 양조된다고 할 수 있다. 그렇지만 맥주가 맛 좋고 농부들이 행복하기만 하다면 뭐가 문제겠는가? 유기농 맥주는 마운틴 고트 오거닉 스팀 에일Mountain Goat Organic Steam Ale을 추천하고 싶다.

호주 맥주 가이드

맥주는 정말로 알다가도 모를 알쏭달쏭한 세계다. 맥주의 스타일별 차이에 대해 막연히 감이 생길 수는 있어도 확실한 규칙을 잡아내기란 여간해선 어렵다. 게다가 이제야 좀 알겠다 싶을 때마다 전혀 IPA 같지 않은 맛의 IPA인 크래프트 비어를 접하며 어리둥절해지기 십상이다.

지금부터 대강 들어맞을 만한 규칙을 소개하려 한다. 여기에서 소개하는 맥주는 국가별로도 다르고 또 지역별로도 아주 다른 다양한 맥주 스타일 중 극히 일부의 예에 불과함을 잊지 말기 바란다.

한편 크래프트 비어가 흥미로운 풍미를 선사하는 점을 고려해 몇몇 인기 있는 크래프트 비어 스타일에 중점을 두려 한다. 물론 대기업 브랜드 가운데에도 맛 좋은 맥주가 있지만 그런 맥주야 굳이 설명하지 않아도 누구나 다 알 테니 이 자리에서는 소규모 양조가들에게 관심을 가져보자.

에일

ale

누구나 열광하는 에일

에일의 성격은 한마디로 말하자면 사교적이다. 사람에 비유하자면 구릿빛으로 피부를 태운 섹시하고 열정적인 사교가라고나 할까. 전통적으로 에일은 따뜻한 온도를 좋아하는 효모를 넣어 발효시키는데, 발효 중 효모가 둥둥 뜨기 때문에 에일을 '상면발효 맥주'라고 부른다. 에일은 이렇게 따뜻한 온도 덕분에 발효가 아주 빠르게 일어나면서 과일이나 향신료, 곡물의 풍미가 풍부하게 추출된다. 풍미는 곡물의 특징이 바탕에 깔리면서 효모의 선택과 홉의 강도에 따라 구체적인 틀이 잡힌다. 에일은 수동 방식으로 친밀하게 살피는 양조 방식의 특성상 크래프트 비어 양조가의 열정을 자극하는 편이라 스타일별 변형이 거의 무한대다.

세션 에일 session ale

'호주풍 에일'이라 불러도 무난할 만큼 대체로 가볍고 상쾌한 풍미가 즐거운 맥주로 '쉬는 시간'에 마시기에 딱 좋다.

추천 맥주는⋯ 스톤 앤드 우드 퍼시픽 에일 Stone & Wood Pacific Ale
추천 잔은⋯ 스쿠너 잔

적당한 분위기는… 일요일 오후 즐겨 찾는 노천 맥줏집
잘 맞는 안주는… 샌드위치, 샐러드류의 가벼운 음식

프렌치 에일 french ale, 벨지언 에일 belgian ale

프렌치 에일과 벨지언 에일은 딱히 뭐라고 규정하기 어렵지만 비교적 효모와 맥아의 느낌이 강하고 홉의 느낌이 약한 편이며, 매우 다양한 과일과 향신료 풍미를 선사한다.

추천 맥주는… 라 시렌 세종 La Sirene Saison
추천 잔은… 튤립 모양 잔
적당한 분위기는… 철학 논문 수정 같은 집중의 시간
잘 맞는 안주는… 팟타이 ° °

앰버 에일

일정량의 볶은 맥아를 써서 멋진 구릿빛을 우려내는 앰버 에일(빛깔이 붉은빛에 좀 더 가까울 때는 '레드 에일'이라고도 칭함)은 대체로 단숨에 들이켜기 좋고 부담이 없으며, 맥아와 과일의 풍미, 그리고 그 뒤로 깔리는 홉의 풍미의 균형이 잘 잡혀 있다.

추천 맥주는… 마운틴 고트 하이테일 에일 Mountain Goat Hightail Ale
추천 잔은… 파인트 잔

● 세션 에일 맥주는 제1차 세계대전 때 영국에서 노동자들에게 '쉬는 시간session'에 제공했던 맥주로, 새참같이 마시는 낮은 도수의 맥주를 말함.
● ● 태국식 볶음쌀국수.

적당한 분위기는… 배우자를 위해 식사를 준비할 때
잘 맞는 안주는… 풀드포크pulled-pork 타코*

페일 에일과 아메리칸 페일 에일APA

인기가 대단한 페일 에일(그리고 APA)은 톡 쏘는 쓴맛이 특징인데, 그렇다고 해서 쓴맛이 너무 압도적이지는 않고 다양한 풍미와 어우러진다. 대체로 강렬하지만 균형미가 있고 알코올 도수는 중간쯤에서 높은 정도까지 다양하며, 홉의 풍미가 두드러지면서 그 뒤로 맥아의 풍미가 깔려 있다. 일부 페일 에일에는 '아메리칸 스타일American style'이라는 문구가 찍혀 있는데, 홉의 풍미가 더 강한 편이라는 의미로 받아들이면 대체로 맞다.

추천 맥주는… 보트로커 알파 퀸Boatrocker Alpha Queen
추천 잔은… 파인트 잔
적당한 분위기는… 야구 경기를 볼 때
잘 맞는 안주는… 매콤달콤한 닭날개튀김(핫윙)

인디언 페일 에일IPA

과거 식민지 시절에 유래된 스타일로, 당시에 영국에서 인도로 수출되던 맥주는 아주 독한 술이었다. 오랜 항해 기간 동안 상하지 않도록 홉과 알코올이 강한 스타일로 만들어야 했기 때문이다. 이런 내력에 걸맞게 현대의 IPA는 향은 아주 그윽하고 동시에 홉의 풍미가 강하며 알코올 도수도 비교적 높은 편이지만 맥아의 풍미가 뒤에서 은은하게 받쳐준다.

* 돼지고기를 삶거나 구워 장조림처럼 가늘게 찢은 것을 토르티야에 싸놓은 것.

추천 맥주는… 페럴 홉 호그 IPA Feral Hop Hog IPA
추천 잔은… 튤립 모양 잔
적당한 분위기는… 번지점프를 할 때
잘 맞는 안주는… 숯불구이, 스테이크

임페리얼 (또는 더블) 인디아 페일 에일 imperial (or double) india pale ale

다른 맥주의 홉 풍미가 아쉬울 때 만족을 줄 만한 맥주다. IPA를 기본 바탕으로 삼으면서 홉의 풍미를 최대한 살려낸 스타일이다.

추천 맥주는… 브리지 로드 브루어스 Bridge Road Brewers의 블링 블링 임페리얼 IPA Bling Bling Imperial IPA
추천 잔은… 튤립 모양 잔
적당한 분위기는… IBU*가 더 높아져야 한다는 입씨름이 오갈 때
잘 맞는 안주는… 매콤한 소시지 피자

브라운 에일 brown ale

볶은 맥아를 사용하는 브라운 에일은 대체로 홉에서 추출되는 쓴맛이 덜한 편이며, 맥아를 볶는 과정에서 생기는 구운 빵과 토피, 코코아의 풍미가 더 두드러진다.

추천 맥주는… 모닝턴 페닌슐라 브루어리 브라운 에일 Mornington Peninsula Brewery Brown Ale

• IBU는 맥주의 쓴맛을 나타내는 단위.

추천 잔은⋯ 파인트 잔
적당한 분위기는⋯ 저녁 먹을 때
잘 맞는 안주는⋯ 대추야자 초콜릿 푸딩이 익기를 기다리면서

스타우트, 포터, 임페리얼 스타우트
Stout, Porter, Imperial Stout

키 크고 까무잡잡하고 잘생긴 호남형 스타일

이 스타일은 짙게 볶은 발아 보리를 써서 짙은 색과 진한 당밀 풍미를 띠는 게 특징으로 맥주계의 초코 브라우니라 할 만하다. 홉의 풍미가 느껴지긴 하지만 대체로 홉은 풍미의 중심을 이루는 역할보다는 맥아의 풍미를 부드럽게 균형 잡아주기 위해 사용된다.

전형적인 스타우트와 포터는 알코올 도수가 6%로 낮은 편이며, 풍부한 풍미를 가졌음에도 너무 찐득거리거나 물릴 만큼 강하지는 않다. 반면에 임페리얼 스타우트나 러시안 스타우트는 알코올 함량이 기분 좋게 취기가 돌 정도인 10% 정도이며 풍부함과 질감이 일품이다. 또 가나슈(초콜릿 크림), 초콜릿 아이스크림, 캐러멜 소스, 초코칩의 풍미를 풍겨 브라우니를 대접받는 기분을 느끼게 한다. 문득 숟가락으로 떠먹고 싶어질지도 모른다.

추천 맥주는… 쿠퍼스 베스트 엑스트라 스타우트Coopers Best Extra Stout, 위키드 엘프 로버스트 포터Wicked Elf Robust Porter, 레드 힐 임페리얼 스타우트Red Hill Imperial Stout
추천 잔은… 튤립 모양 잔
적당한 분위기는… 저녁 식사 후 정치 얘기를 나눌 때
잘 맞는 안주는… 파테(고기 파이)와 블루치즈, 또는 초콜릿 파이

라거

lager

서서히 달아오르는, 라거를 향한 장인 정신

라거는 일명 '라거링lagering'이라는 저온 숙성을 거쳐서 생산된다. 라거의 발효는 저온에서 이뤄져 효모가 모두 바닥으로 가라앉는 '하면발효' 스타일이다. 이와 같은 저온 발효는 시간이 더 걸리며, 발효 후에는 6주간의 라거링에 들어가 차가운 온도에서 인내 기간을 더 거친 뒤 병입된다. 이런 오랜 기다림을 거치면 (정통 필스너pilsner 스타일같이) 원숙미와 함께 아주 깔끔하고 가벼운 스타일로 우려지지만, 묵직한 풍미의 홉을 사용할 경우엔 또 다른 스타일을 띠기도 한다.

시간은 곧 돈이기 때문에 라거는 대체로 소규모 수제 맥주 양조장보다는 대규모 업체의 영역이다. 하지만 그렇다고 해서 라거를 마냥 무시해서는 안 된다. 라거 양조에 도전해 뛰어난 성과를 이뤄내는 크래프트 비어 양조가가 점점 늘어나고 있으니 말이다.

추천 맥주는… 무 브루 필스너Moo Brew Pilsner
추천 잔은… 길쭉하고 가는 잔
적당한 분위기는… 풀장에서 편히 누워 쉴 때
잘 맞는 안주는… 고급 감자칩

밀맥주

Wheat Beer

조금은 별난 매력의 소유자

그 유명한 독일어 '바이스비어weißbier'와 벨기에어 '비트비어witbier'(둘 다 '하얀 맥주'라는 뜻)에 포함되는 한 종류로, 매시 빌에 섞이는 밀의 비율이 높은 맥주를 가리킨다. 대체로 홉 특유의 쓴맛이 낮고 효모에서 우러나온 풍미가 강한 편이다. 곡물과 함께 섞어넣는 밀은 '밀 단백질 헤이즈haze'를 생성하는데, 바로 이것이 맥주에 옅고 흐릿한 빛깔을 부여해 '하얀 맥주'로 거듭나게 하는 기본 성분이다.

밀맥주는 핏기 없이 창백하지만 희한하게 매력이 느껴지는, 니체의 철학에 빠진 미대생쯤에 비유할 만하다. 효모에서 추출된 과일, 향신료, 꽃의 풍미가 때때로 양조 중에 더해진 과일과 향신료 풍미로 지나친 감을 띠기도 한다. 아주 상쾌하고 마시기 무난해서 홉 풍미가 강한 스타일을 꺼리는 이들이라면 마셔보길 권한다.

추천 맥주는… 버레이 브루잉 HEF Burleigh Brewing HEF
추천 잔은… 튤립 모양 잔
적당한 분위기는… 근사한 레스토랑에서 자리가 나길 기다릴 때
잘 맞는 안주는… 치즈 크로켓

사워 맥주
Sour Beer

쾌감과 고통은 백지 한 장 차이

마실 만한 맛인지에 대해 재미있고 흥미롭고 아리송한 느낌을 안겨주는 맥주다. 사워 맥주* 스타일은 발효를 야생 효모와 박테리아에 의존했던 고대의 특정 양조 방식에서 착안한 것이다. 대체로 오크통에 담겨 빚어지며, 이때 통 주위에 존재하는 박테리아가 당분을 상쾌한 신맛으로 전환해준다. 일부 사워 맥주는 브레타노미세스 박테리아의 영향을 받아 독특한 흙, 플라스틱, 체리 계열의 풍미를 띤다(102쪽 참조).

처음 맛보는 경우라면 아주 특이하게 느껴지겠지만 사워 맥주의 관건은 균형이다. 이런 스타일의 맥주를 빚을 때 양조가는 오로지 숙성, 블렌딩, 과일(또는 당분)의 첨가를 통해 맥주의 균형을 맞추면서 매력적인 풍미 프로필을 유지시킨다.

추천 맥주는… 투 미터 톨Two Metre Tall의 다양한 사워 맥주
추천 잔은… 길쭉하고 가는 잔
적당한 분위기는… 친구와 스크래블(단어 조합 퍼즐) 할 때
잘 맞는 안주는… 특유의 퀴퀴한 냄새가 나는 치즈

• 유산균, 야생 효모 등에 의해 산미가 두드러진 맥주.

저알코올 맥주와 저탄수화물 맥주

Light, Mid & Low-Carb Beer

날씬한 사람을 위한 맥주

낮은 알코올 도수의 맥주를 만들려면 발효 베이스를 조절하거나(낮은 당도=낮은 알코올 도수) 발효 후에 알코올 비율을 줄이는 과정을 거쳐야 한다. 저알코올은 대개 풍미도 가볍다. 알코올 도수가 낮아서 싫어하는 사람도 있겠지만, 일행 중 그날의 운전자로 지명됐거나 술을 줄이려 할 때 유용할 수 있다. 중간이나 가벼운 알코올 강도의 맥주를 더 풍부한 풍미로 빚어내려는 소규모 양조장이 점점 늘어나고 있는 추세다.

한편 다이어트 유행에 따라 저탄수화물 맥주도 생산되고 있긴 하지만 이 스타일의 맥주는 웬만해선 호감을 갖기가 힘들다. 실제로 탄수화물이나 칼로리의 양이 낮지 않아서가 아니라 별로 맛이 없기 때문이다. 아무튼 양보다 질이 우선이라고 본다.

추천 맥주는… 제임스 스퀘어 콘스터블 코퍼 에일James Squire Constable Copper Ale(알코올 도수 3.4%) 또는 브룸 브루어리 세션 에일Broome Brewery Session Ale(알코올 도수 3.5%)

추천 잔은… 아무 잔이나

적당한 분위기는… 바에서 흥을 주체 못해 춤추는 친구를 말리려 할 때

잘 맞는 안주는… 내키는 대로 아무거나

별종 맥주

Weird Beer

조금은 엉뚱한 맥주

물론 '별종'이라고 하면 흥미를 자극하고 화제성도 있게 마련이다. 평범한 풍미와 스타일을 거부하는 사람들에게는 도전 정신을 자극하기도 한다. 이와 같은 별종 맥주의 사례로는 이런저런 식으로 오크통 숙성을 거치는 맥주가 있다. 오크통 숙성을 통해 전에 그 통에 담겼던 내용물(위스키, 셰리, 와인 등)에게서 색다른 풍미를 빌려오는 동시에 서서히 산화되는 것과 같은 별난 방식으로 만들어지는 맥주다. 초콜릿, 커피, 과일(딸기류, 사과 등) 같은 풍미 첨가물로도 별나지만 맛 좋은 풍미의 조합을 끌어내는 별종 맥주도 있다.

마음 같아선 추천해주고 싶은 맥주가 한두 가지가 아니지만 별종 맥주는 일회성으로 소량만 생산되는 경우가 대부분이어서 추천해봐야 별 의미가 없다. 따라서 직접 찾아보는 수밖에 없다. 가장 가까운 곳의 크래프트 비어 양조장부터 찾아가 보길 권한다. 그런 곳은 대체로 둘째가라면 서러울 정도의 맥주광을 유혹할 만한 그곳만의 별종 맥주가 있게 마련이니까.

음미하기

맥주 음용의 허와 실

호주의 대표 맥주 빅토리아 비터VB의 오래전 유명 광고를 떠올려보자. '뼈가 삔 환자를 치료하고 있거나, 열차를 고치고 있거나, 이기기 위해 정말로 열심히 노력 중인가요……? 목이 정말 타겠군요.'

화면에 해변의 장면이 잡히면서 이마의 땀을 닦는 남자들이 보이다가 뒤이어 성에 방울이 뚝뚝 흐르도록 차가운 맥주 잔 여러 개가 클로즈업된다. 이 클로즈업 장면을 보고 맥주 한두 잔이 당기지 않을 사람이 과연 있을까. 하지만 이 1980년대 광고처럼 너무 남성적인 맥주 마시기 스타일이 별로라면 크래프트 비어 방식으로 맥주를 즐기는 힌트 몇 가지를 알려주겠다.

맥주 잔 고르기

맥주 마시기에서 가장 중요한 건 무엇일까? 바로 잔으로 마시다. 병이나 캔째로 마시면 맥주의 풍미를 온전히 느끼지 못한다. 전통적으로 맥주 종류에 따라 잔이 다른데, 그렇게 마실 수 있다면 그 재미가 무한하겠지만 수납에 한계가 있으니 참도록 하자. 그리고 잔을 세척할 때는 충분히 헹구자. 잔에 세제가 남아 있으면 거품이 제대로 나지 않는다.

잔을 하나만 구입한다면…

다리가 짧은 둥글고 오목한 모양의 잔. 특히 슈피겔라우Spiegelau에서 나오는 맥주잔이 뛰어나니 맥주광이라면 구매해볼 만하다.

맥주에 둥둥 떠 있는 찌꺼기는 무엇일까?

맥주에 둥둥 떠 있는 찌꺼기가 보인다면 최상의 상태가 지났다는 신호일 수도 있지만 그렇지 않은 경우도 있다. 유통 기한을 지난 것이 확실하면 둥둥 떠 있는 찌꺼기는 별 문제가 되지 않는다. 그렇지 않을 때가 문제다. 즉 그 찌꺼기는 제대로 여과되지 않았다는 증거일 수도 있고, 양조가의 선택에 따라 나타나는 현상일 수도 있다. 양조가의 선택에 따라 부분적으로 미발효된 상태에서 병입되는 경우도 있고, 병입 후에 효모와 발효 가능한 당분이 좀 더 첨가돼 발효가 계속되는 경우도 있다. 두 경우 모두 발효가 완료되면 효모가 병 바닥에 가라앉는다. 그런가 하면 '미여과' 스타일로 양조해 찌꺼기를 맥주 마실 때 중요한 부분으로 여기는 경우도 있다(이런 미여과 스타일은 주로 크래프트 맥주, 특히 벨기에 맥주와 자가 양조 맥주가 그렇다).

그 이유가 무엇이든 간에 병 바닥에 가라앉은 질척질척한 갈색 침전물이 떨어져나오는 것이 싫다면 병을 (따지 않은 상태에서) 옆으로 뉘여 살살 앞뒤로 굴리면서 '효모를 일으켜' 떠오르게 한 후 따르거나, 그냥 병 바닥 부분의 맥주를 따르지 않고 마시면 된다.

전문가처럼 맥주 따르기

맥주의 거품은 단지 보기에만 좋은 것이 아니라 맥주의 독특한 아로마가 발산되게 도와줘 마시는 기쁨을 배가한다. (깨끗한) 잔을 골라 45도 정도 기울이고 맥주를 따르기 시작하다가 잔이 차는 데 맞춰 잔을 천천히 세운다. 거품은 1~3센티미터가 좀 넘어도 괜찮으니 마음 졸일 것 없이 병을 살짝 흔들어도 된다. 맥주마다 성질이 달라 따르는 방법이 다를 수도 있다. 밀맥주는 대체로 거품이 풍성해서 적당한 잔을 사용해 거품을 가라앉혀도 된다. 다들 알겠지만 기네스는 흔들면 안 되고, 가벼운 편인 세션 스타일 맥주는 거품도 가벼워 사발 모양의 잔에 따르면 거품이 더 잘 형성된다.

잔이 깨끗하고 맥주가 신선하다면 호주 국가 〈호주여 전진하자Advance Australia Fair〉 1절을 다 부를 때까지 거품이 남아 있어야 한다.

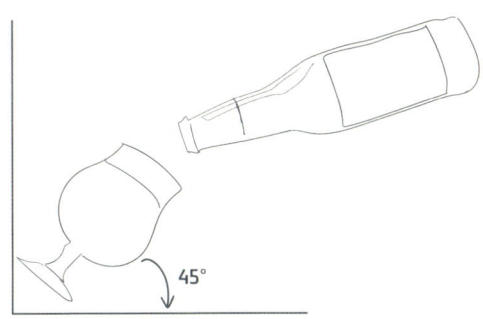

 **별별 상식**

대다수 호주인은 맥주 거품이 몇 센티미터 이상 생기는 것을 용납하지 못해서, 그렇게 될 경우 맥주를 따른 사람에게 맥주 하나 제대로 못 따른다고 놀리면서 못 마시겠다고 핀잔을 준다. 하지만 전 세계 사람들이 다 그런 것은 아니다. 일본에서는 맥주 거품이 풍성할수록 더 신선한 맥주로 치며 잔의 반을 순전히 거품으로 채우기도 한다.

따뜻하게, 아니면 차갑게?

맥주의 이상적인 음용 온도는 전적으로 마시는 사람의 자유다. 호주에서는 얼음같이 차갑게 마셔야 한다는 전통을 깨는 것이 신성모독처럼 여겨질지 모르지만, 맥주를 따뜻하게 마시는 영국인의 별난 취향도 완전히 잘못된 것은 아니다. 맥주는 아주 차가운 온도로 마시면 아로마와 풍미가 약해지는데, 맥주의 맛을 느끼고 싶지 않다면 그렇게 마셔도 말리지 않겠다. 하지만 맥주의 맛을 제대로 느끼고 싶다면 다음의 조언을 참고하기 바란다.

비교적 가벼운 스타일의 맥주는 차가운 온도가 더 낫고, 중간 스타일의 맥주는 살짝 따뜻한 온도가 더 이상적이며, 묵직하고 진한 스타우트와 브라운 에일은 비교적 따뜻한 온도에서, 즉 지하 저장고나 동굴 온도 정도에서 그 매력을 잘 발산하는 편이다.

온도를 정확히 해서 마시고 싶다면 한 가지 더 명심해야 할 사실이 있다. 실온의 잔에 막 따른 맥주는 3도나 높아질 수 있다는 것. 자신의 기호에 맞는 온도를 찾고 싶다면 평소에 즐겨 마시는 맥주로 직접 실험해보는 것도 괜찮다. 하지만 우선은 다음의 표를 참고하길 권한다.

아주 차가운 온도 (0~4℃)	차가운 온도 (4~7℃)	시원한 온도 (8~12℃)	지하 저장실 온도 (12~14℃)
굳이 맛이 중요하지 않은 맥주	비교적 가벼운 스타일의 크래프트 비어	대부분의 크래프트 비어	알코올 도수 높고 풍미 진한 맥주
대기업 브랜드의 대량 생산한 라거와 에일, 저알코올/저탄수화물 맥주	비교적 가벼운 스타일의 크래프트 비어	크래프트 비어 스타일의 에일(페일 에일이나 세션 에일부터 엠버·레드·브라운 에일까지 모두 해당됨), 비교적 묵직한 밀맥주, 호박색이나 짙은 색 라거, 일부 스타우트 및 포터	임페리얼 IPA(사실 'imperial'이라는 문구가 찍힌 맥주라면 어떤 맥주든 괜찮음), 묵직한 스타우트와 포터

올바른 보관법

사실상 맥주는 변질된다. 그것도 보통 생각하는 것보다 훨씬 쉽게 변질된다. 특히 홉 풍미는 변질 속도가 아주 빠른데, 따뜻한 곳이나 직사광선이 비치는 곳에 놔두면 더 심하다. 캔은 맥주의 신선함을 지키는 데 유용하며, 병은 짙은 색일수록 햇빛과 냉장고 불빛이 보다 효과적으로 차단된다. 하지만 경험에 비춰보건대 최선책은 제품 회전율이 좋고 차가운 온도에서 보관하는 소매점에서 맥주를 사온 후 바로 마시는 것이다. 더 좋은 방법도 있다. 양조장에 가서 바로 그 자리에서 마시는 것이다.

 별별 상식

짙은 갈색 유리병은 맥주를 자외선으로부터 보호하고 신선도를 더 오래 유지시키는 용도로 가장 효율적이다. 그렇다면 녹색 맥주병은 어떤 용도로 개발됐을까? 사실 녹색 맥주병이 탄생하게 된 것은 제2차 세계대전의 공이다(말이 나왔으니 말이지만, 정말로 우리 인류의 주류 전통은 그 뿌리가 수도사나 식민주의자, 아니면 제2차 세계대전에 맞닿아 있는 것 같다). 당시에 전쟁의 여파로 갈색 유리가 구하기 어려워지면서 유럽의 고급 맥주 양조가들은 저가의 조잡한 맥주와 차별화하기 위해 평상시처럼 짙은 갈색 병을 사용할 수 없었다. 그래서 궁여지책으로 갈색 유리 대신 녹색 유리를 쓰게 됐고, 그런 이유로 녹색 병 하면 고급 맥주가 연상되는 인식이 고착됐다.

음식 궁합

땅콩 안주에서 벗어나자

맥주와 음식은 서로 좋은 짝이다.

맥주는 사케나 와인과는 또 다른 식으로 갈증을 해소해주며 지방을 분해하는 쪽으로는 최강자다. 맥주와 음식의 궁합을 맞출 때는 두 가지 방식이 있다. 먼저 조화를 맞추는 방식이다. 향신료와 과일의 풍미가 있는 에일에 칠리소스의 돼지고기 면 요리를 짝짓는 식이다. 아니면 쌉쌀한 스타우트에 아주 짠 굴을 짝짓는 식으로 풍미를 대비시키는 방식도 있다. 하지만 전반적으로 중요한 포인트는 풍미의 강도를 맞추는 것이다.

맥주와 음식

라거, 페일 에일, 세션 비어, 그리고 밀맥주

정통 스타일의 가벼운 맥주는 전반적으로 저알코올에 고탄산이고 홉의 특징이 중간쯤인 편이다. 이런 맥주는 스스로를 강하게 부각하지 않으면서 개운한 마우스필과 살짝 쌉쌀한 맛을 선사한다. 그래서 어떤 종류의 음식과도 무난히 어울리지만 술집에서 파는 간단한 튀김 안주, 그리고 일본식, 멕시코식, 말레이시아식의 호프집 안주가 특히 잘 맞는다.

엠버 에일

크림 같은 느낌에 맥아의 풍미가 강하고 그 뒤로 홉의 자취가 깔리는 엠버 에일은 어떤 음식이든 두루두루 잘 맞지만 특히 돼지고기나 닭고기 구이, 모든 채소 요리와도 잘 어울린다. 엠버 에일은 아주 짠맛, 약간 신맛(올리브유, 식초, 시트러스), 심지어 말린 과일과 만났을 때도 흥미로운 맛을 선사한다.

IPA, 임페리얼IPA

쌉쌀한 홉의 풍미는 기름기와 진한 맛을 중화해 개운한 느낌을 주는 한편 (특정 음식에 따라) 양념의 맛을 더욱 끌어올리기도 한다. 따라서 홉의 풍미가 진한 IPA, 임페리얼 IPA도 그렇지만 홉의 풍미가 아주 강한 라거 역시 슬로 쿠킹 또는 훈연 방식으로 조리하거나 양념으로 맛을 돋운 풍미 진하고 기름진 음식과 잘 어울린다. 녹인 치즈, 그릴 고기구이, 향신료 양념, 카레, 면 요리 같은 음식을 떠올리면 된다.

브라운 비어, 블랙 비어

볶은 맥아가 일정량 사용된 점을 감안해서 볶은 맥아 특유의 풍미 강도에 음식을 맞춘다. 쇠고기와 비어 파이beer pie 정도가 딱 어울린다. 가벼운 브라운 에일은 스튜와 조림이 좋은 짝이고, 더 짙은 색의 에일은 그릴에 구운 고기나 채소가 잘 어울린다. 아주 짙은 빛깔의 맥주는 대체로 치즈나 초콜릿 베이스의 디저트와 환상적인 궁합을 이룬다. 아니면 앞에서 얘기한 것처럼 스타우트와 굴의 궁합에 도전해보라. 그럴 용기가 있다면 말이다.

> **맥주와 잘 어울리는 음식 궁합 초간단 가이드**
>
> **라거나 필스너에는…** 소금과 후추로 양념한 오징어 요리
>
> **세션 에일에는…** 피시 앤드 칩스
>
> **비트비어에는…** 연어우동
>
> **아메리칸 페일 에일에는…** 칠리소스 프라이드치킨
>
> **IPA에는…** 매콤한 레드 커리
>
> **브라운 에일에는…** 훈제가슴살고기, 바비큐 구이 고기
>
> **스타우트에는…** 다크초콜릿 푸딩

사과주 CIDER

발효된 사과주스(사과즙)인 사과주는 기분 좋고 싱싱하며 단순한 술 정도로 여겨지는 것이 보통이지만 감춰진 묘한 매력이 있다.

어떤 이유에서건 한동안 맥주를 끊은 사람에게는 사과주가 맥주를 못 마시는 동안의 아쉬움을 채워줄 만한 좋은 술이다. 호주에서는 지난 10년 사이에 사과주 열풍이 일면서 거의 모든 술집에 상시 구비될 정도다.

사과주는 현재 사과주 산업의 역사가 수백 년에 이르는 영국과 프랑스 뿐 아니라 전 세계에서 다양한 종류로 생산된다. 특히 사과주용 사과가 잘 자라는 서늘한 지역에서 사과주 생산이 활기를 띠고 있다.

사과에서 상쾌한 사과주로 거듭나려면…

사과주의 원료가 되는 사과는 어떤 사과를 쓰든 양조가의 마음이지만, 뛰어난 품질의 사과주는 특별히 사과주용 사과로 빚어진 것이다. 이런 사과주용 사과는 대체로 당분이 많고 어느 정도 떫은맛이 있어서 타닌, 구조감, 풍미를 진하게 부여한다.

우선 선별된 사과는 분쇄와 압착 과정을 거쳐 발효에 들어가며, 발효 후에도 나무통에서 숙성 과정을 거치기도 한다. 사과주는 밖으로 빠져나가려는 성질의 탄산가스를 다루는 방식에 따라 스타일이 나뉜다. 즉 병에 가두거나 (또는 나중에 수동으로 첨가해서) 기포가 보글보글 올라오는 사과주로 빚기도 하고, 아니면 그냥 빠져나가게 놔두어 일명 '스크럼피scrumpy'라는 기포 없는 사과주를 만들기도 한다.

한편 배를 원료로 이와 똑같이 양조하면 바로 '페리주perry'라는 술이 된다. 자신들이 만들어낸 제품에 가능한 한 가장 귀여운 이름을 찾아내는 영국의 오랜 전통이 이 술 이름에서도 새삼 느껴지지 않는가.

사과주는 농축된 사과주스, 알코올, 물, 당분, 색소, 살균과 탄산가스 주입 공정을 활용해 대량 생산되기도 한다. 이런 대량 생산으로 탄생되는 가볍고 상쾌한 알코올음료는 일종의 사과주 맛이 나고 사람들도 사과주라고 생각하지만 정통 사과주와는 달라도 너무 다르다. 이와 같은 대량 생산 사과주와 정통 사과주의 차이는 상업 맥주 산업과 크래프트 비어 산업의 작동 방식을 그대로 비춰주는 축소판이기도 하다.

최상급 사과주 스타일

스페인과 독일 등지도 사과주 양조의 역사가 길지만 호주에서 양조되는 사과주는 대부분이 영국이나 프랑스의 전통 양조법을 따르고 있다. 영국의 사과주는 드라이하고 탁하며 기포 없는 사과주부터 투명하고 가벼운 스파클링 사과주에 이르기까지 다양한 스타일이 특징이다. 사과주는 노르망디와 브르타뉴가 유명 산지로 꼽히는 프랑스의 정통 스타일 사과주가 가장 맛 좋다. 그러나 사과 측면에서 보면 조금은 길들여지지 않은 면이 있다.

프랑스의 사과주는 대부분 스파클링 스타일이지만, 먼저 나무통 숙성을 거치기도 해서 때때로 풍미에 브레타노미세스 박테리아(102쪽 참조)의 자취가 남아 있기도 한다. 숙성 후에는 탄산가스를 주입하거나 발효가 완료되기 전에 병입해 탄산가스의 효과를 부여한다. 이렇게 만들어진 프랑스 사과주는 750밀리리터 용량의 샴페인 병에 담겨서 아주 소중히 다뤄지는데 그럴 만한 가치가 충분하다. 잘 빚어진 명품 사과주는 복잡 미묘하고 풍미가 풍부하며 크림 같은 느낌을 선사하는 데다 와인조차 감히 흉내 낼 수 없는 사과주 특유의 새콤달콤함을 띤다.

호주의 사과주 산업은 세계의 대다수 지역과 마찬가지로 장인적 생산 산업과 상투적 스타일의 대량 생산 산업으로 양분돼 있다. 한편 사과주 산업이 성장세에 올라선 가운데 구세계 스타일을 되살리려 애쓰는 열정가들이 등장하는 추세여서 사과주는 아직도 기대할 소지가 충분한 세계다.

추천하고 픈 사과주

더 힐스 사이다 컴퍼니The Hills Cider Company에서는 깔끔하고 상쾌하지만 균형이 잘 잡히고 풍미가 좋은 데다 개성 넘치는 다양한 스타일의 사과주를 내놓고 있다. 브레스Bress, 세인트 로넌스St Ronan's, 하코트Harcourt에서 나오는 사과주도 품질이 뛰어나며, 차츰 프랑스 스타일도 선보이고 있다. 또한 에릭 보르들레Eric Bordelet 사의 유명한 프랑스풍 사과주를 혹시 만나게 되거든 사서 한번 마셔보길 권한다. 품질이 그야말로 세계적 수준이다.

적당한 시기는… 뜨거운 여름날
추천 잔은… 와인 잔(풍미를 느끼고 싶을 때)이나 자기 잔(조금은 브르타뉴 사람이 된 것처럼 느끼고 싶을 때)
적당한 분위기는… 풀밭에서 꾸벅꾸벅 졸면서
잘 맞는 안주는… 바비큐 포크촙pork chop•, 노르망디산 카망베르 치즈 슬라이스

• 돼지갈비 살을 구운 서양식 요리

세계 어디든 모든 술 문화에는 환영주(식전주)('어서 오세요. 식사 전에 이 술로 목을 좀 축이고 계세요')와 식후주('와인/맥주/사케 8잔으로는 부족하실 것 같은데, 아닌가요?')가 있다.

아페리티프와 디제스티프는 지역별로 다르지만 그중에는 별 주목을 못 받으면서 뒤편에 처박혀 꿋꿋이 기다리다가 다음 세대에게 재발견되면서 상징적 지위를 얻은 것들도 있다. 이 책에서 아페리티프와 디제스티프를 별도로 소개하는 이유는 이런 술이 그 자체로도 훌륭하지만 칵테일의 세계에서 중요하기 때문이다. 게다가 개봉을 한 후에도 변질되지 않아 집에 수집해두기에 알맞은 술이기 때문이기도 하다. 쟁여뒀다가 언제든 잔만 준비하면 된다.

아페리티프와 디제스티프
APERITIF & DIGESTIF

아페리티프와 디제스티프의 배경지식

너무 멋지고, 세련되고, 유럽적인

주로 식사 전에 마시는 '아페리티프aperitif'라는 멋들어진 말은 '열다'라는 뜻의 라틴어 아페리레aperire에서 유래했다. 아페리티프는 대체로 아주 드라이한 편으로, 침의 분비를 촉진해 시장기를 느끼게 해준다. 정말 영특한 재주꾼이다!

'디제스티프digestif'는 주로 식사 후에 마시는 것으로, 비교적 허브나 식물성 특징이 강하며, 드라이하거나 스위트하거나 아니면 드라이와 스위트가 공존하는 오묘한 맛을 내기도 한다. 허브가 소화를 촉진한다고들 하는데, 이 말은 맞든 아니든 간에 마지막으로 한잔 더 마시기에 좋은 핑곗거리가 된다.

풍미의 근원

아페리티프와 디제스티프의 풍미는 와인이나 스피릿 베이스, 허브, 식물, 오크 숙성에서 추출된다. 아페리티프와 디제스티프는 스타일이 매우 다양하지만 그 비법이 비밀리에 전해지기로 유명하다. 따라서 여기서 소개하는 뛰어난 품질의 아페리티프와 디제스티프에 대한 설명을 읽을 때는 그 원료가 정보에 근거한 추정일 뿐일 수도 있으니 이 점에 유의하기 바란다.

우리를 헷갈리게 하는 것…

'아페리티프'나 '디제스티프'라고 구분 짓기 난처한 술이 있다. 그래서 본격적인 이야기에 들어가기 전에 이 어중간한 부류를 정리해보자.

오드비eau de vie : 오드비는 과일을 발효해서 2차 증류까지 거쳐 만드는 스피릿의 한 종류다(단, 프랑스에서 오드비는 단순히 '스피릿'으로 통함). 사실 서양 자두나 배로 만드는 스피릿은 어딜 가나 흔하다. 오드비는 대체로 통 숙성이나 당분 첨가 없이 병입돼 빛깔이 맑고 원료로 쓰인 과일의 맛이 살짝 느껴지면서 하나같이 아주 깔끔해서 디제스티프나 칵테일로 마시는 것이 보통이다.

브랜디brandy : 와인, 그것도 전통적으로 아주 평범한 와인을 증류해 만드는 술이다. 브랜디는 두 가지 문제를 동시에 해결해주는 효자 술이다. 즉 품질 떨어지는 와인을 귀하신 몸으로 변모시키는 동시에 더 절약적인 비용으로 (여기에 더불어 더 낮은 세금으로!) 알코올을 농축시킨다. 이런 이유로 산업혁명 전까지 브랜디의 인기가 높았다. 아르마냑Armagnac이나 코냑cognac도 브랜디의 한 종류로 오크통에서 몇 십 년 동안 숙성을 거치는데, 둘 다 복합적이고 매혹적인 풍미를 선사한다.

리큐어liqueur : 오드비나 브랜디와 달리 당분을 첨가해 만든다. 원료의 사용에도 제한이 없다. 과일, 견과류, 꿀, 커피, 허브 등 되는대로 뭐든 다 사용할 수 있다. 일부 리큐어는 아페리티프나 디제스티프로 분류하기에 무난해 크로스오버적인 성격이 짙다. 호주에서는 샹보르Chambord(딸기류), 칼루아Kahlua(커피), 생제르맹 St. Germain(딱총나무꽃), 쿠앵트로Cointreau(오렌지), 프랑젤리코Frangelico(헤이즐넛), 샤르트뢰즈Chartreuse(비법 허브), 베네딕틴 디오엠Benedictine D.O.M(비법 허브) 등을 쉽게 구할 수 있으며 모두 찾아서 맛볼 만한 리큐어다.

구매 요령

조금은 상상력을
발휘할 시간

  아페리티프와 디제스티프의 종류가 워낙 다양해서 일일이 소개하는 것은 불가능에 가까운 일이지만, 특히 마음을 끌 만한 몇 가지를 소개하면 다음과 같다.

  여기서 설명하는 양조 과정에 대해 더 자세히 알고 싶다면 술이 만들어지는 과정을 따로 설명해놓은 뒷부분(262~269쪽)을 참고하기 바란다. 하지만 술의 이면에 숨겨진 놀라운 이야기와 문화를 아는 것도 하나의 즐거움이니, 맛을 음미하다 마음을 끄는 술을 만나게 되면 더 깊이 있게 알아보는 것도 흥미로울 것이다.

칼바도스Calvados와 사과 브랜디 : 의사와 멀어지게 해주는 건강주

  이 책의 기준상 살짝 왼쪽으로 치우치는 칼바도스는 프랑스 북부에 위치한 동명의 지역에서 생산되는 사과 브랜디의 이름이다. 곧 칼바도스는 지역명이자 브랜드명이라는 얘기다. 미국에서는 동일한 이 브랜디를 낭만 뚝 떨어지는 이름, 애플잭applejack으로 부른다. 칼바도스는 특정 품종의 사과를 발효한 후 사과주 같은 발효액을 증류해서 오크통에 숙성시키는 방식으로 만든다. 알코올 함량은 최소한 40%가 돼야 하며, 아페리티프나 디제스티프로 마시기에 일품이다.

그라파grappa : 할머니의 손맛이 느껴진다

와인을 만들면서 포도를 압착한 후 남은 고형물을 베이스로 사용하는 브랜디다. 이처럼 '포메이스pomace(포도의 껍질·씨·줄기)'를 증류 베이스로 사용하는 만큼 그 품질과 풍미가 증류 방식만이 아니라 포도 품종에 따라서도 좌우된다. 알코올 함량은 대체로 35~60% 정도며, 저녁 식사 후에 여유 있게 홀짝여도 좋고 춤추러 나가기 전에 기운을 좀 충전해야 할 때 에스프레소와 섞어 마셔도 좋다. 노니노Nonino 사의 그라파라면 뭐든 마셔볼 만하다.

캄파리Campari : 친구도 얻고 사람들에게 강한 인상을 심어주기에 좋다

캄파리는 이탈리아를 대표하는 하나의 상징이다. 1860년부터 만들어져 전 세계에 팔리는 캄파리는 주류계의 레이벤Ray-Ban(이탈리아 명품 선글라스 브랜드)이라 할 만큼, 섹시하고 신뢰감을 주는 데다 유행에 뒤떨어지는 법이 없다. 조주법은 비밀로 꽁꽁 싸매져 있지만 짐작으로 미뤄보건대 혼합 베이스를 증류·침용해 쌉싸래한 허브와 치노토chinotto(쌉싸름한 맛을 지닌 작은 오렌지)로 풍미를 내는 듯하다. 풍미가 강하고 쓴맛과 단맛이 나무랄 데 없이 균형이 잘 잡혀 있다. 시음 평이 '그 본연의 맛이 난다'는 한마디만으로도 충분할 만큼 뛰어나다면 짐작이 가겠는가. 알코올 함량이 25%로, 소다수와 오렌지 조각을 섞어서 햇빛 쨍쨍한 날 즐기기에도 잘 맞고 니그로니 칵테일로 만들어 먹어도 좋다.

아페롤Aperol : 비교적 가벼운 스타일

알코올 함량이 11%에 불과한 아페롤은 풍미가 캄파리와 비슷하지만 더 가볍고 달콤하며 캄파리 특유의 물리도록 강한 쓴맛이 없다. 주로 아페롤에 프로세코를 섞어 아페롤 스피릿 칵테일을 만들어 마신다. 마셔본 적이 없다면 아침 식사용 술로는 역사상 최고의 술이라고 소개하고 싶다.

우조ouzo : 백개먼backgammon(서양 주사위놀이)과 부주키bouzouki(만돌린 비슷한 그리스의 민속 현악기)에 어울리는 술

우조(아니스로 향미를 내는 그리스의 술)와 그 사촌인 라키raki(터키), 파스티스pastis(프랑스), 삼부카sambuca(이탈리아), 아라크arak(동부 지중해 연안 지역)는 모두 감초 등의 허브나 향신료에서 우려진 풍미 프로필을 띤다. 대체로 품질 좋은 스피릿에 이런 식물 원료를 담아 우린 후, 이 스피릿을 2차 증류까지 시켜서 알코올 함량이 최소 80%인 풍미 좋은 술을 만들어낸다. 그런 다음엔 물로 희석하고 당분을 첨가하기도 한다(파스티스의 경우 1리터당 최대 100그램까지 첨가하며, 우조의 경우 첨가율이 훨씬 낮음). 정말로 맛있고 상쾌하며 과일 베이스 술과는 또 다른 매력을 발산한다.

무색의 우조에 얼음이나 물을 첨가하면 우윳빛을 띠는데, 이는 아니스의 방향유인 아네톨anethole이 알코올(38% 이상의 알코올)에는 완전히 용해되지만 물에는 용해되지 않기 때문이다. 이런 현상으로 유상액乳狀液이 생성되면서 빛깔이 뿌옇게 변하는 것이다.

기분 안 좋은 하루를 보냈다면…

니그로니 칵테일을 권한다. 마셔본 사람들 말로는 니그로니 칵테일 한 잔이면 웬만한 문제가 다 풀린다고 한다. 캄파리 1/3, 진 1/3, 스위트 레드 베르무트 1/3에 얼음을 넣고 섞은 후 여과기에 걸러 키 작은 잔에 담고 오렌지 장식을 얹으면 끝이다. 눈치챘겠지만 니그로니는 믹서mixer(희석하기 위해 넣는 과일 주스 등의 비알코올 음료)를 섞지 않고 오로지 술만으로 만드는 칵테일로, 캄파리의 풍미 프로필을 바탕으로 여기에 진의 알싸함과 베르무트 와인 특유의 달콤함이 살짝 더해진다. 또 진지한 순간에 진지하게 마실 만한 칵테일이며, 마음 좋은 바텐더의 관심을 끌 확실한 방법이기도 하다.

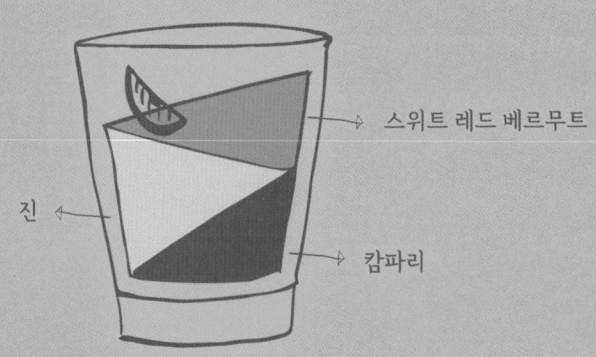

아마로Amaro : 피자를 배불리 먹고 나서 소화시키고 싶을 때

이탈리아의 디제스티프인 아마로(이탈리아어로 '쓴맛'이라는 뜻)는 대체로 와인이나 중성 베이스를 사용해 (일정 기간 담가놓고) 허브 등의 식물 원료로 풍미를 우려낸다. 아마로는 알코올 함량이 16~40%로 다양하며 단맛과 쓴맛의 섬세한 균형이 매력적이다. 맛이 너무 강한 것 같다면 얼음을 채우고 소다수(또는 콜라)를 섞어 오렌지 조각을 띄워 마셔도 된다. 아마로는 구하기 쉬운 편이며 처음이라면 약간 중독성이 있는 아마로 몬테네그로Amaro Montenegro를 먼저 맛본 다음 기호에 맞으면 아베르나Averna를, 또 그다음엔 나름의 마니아층이 형성돼 있는 아티초크 베이스의 시나르Cynar에 도전해보길 권한다.

페르네Fernet : 어느 정도의 위험을 즐기는 이들을 위한 술

아마로의 한 종류로 허브 맛과 쓴맛이 강한 편인데, 그것도 그냥 강한 게 아니라 전율이 느껴질 만큼 강하다. (하나같이 펑크족인) 페르네 마니아들은 페르네를 좋아하는 이유가 민트, 멘톨, 허브의 쓴맛이 상쾌하고 개운해서라고 말한다. 이런 쓴맛의 균형을 맞추기 위해 당분이 많은 편이지만, 그럼에도 불구하고 그 맛이 건강에 좋게 느껴진다. 뭐 그냥 우리 생각일 뿐인지도 모르지만 아무튼 그렇다. 한 번 개봉하면 몇 달이 지나도 변질되지 않아서 집에 쟁여놓기에도 좋다. 하나를 추천하라면 페르네의 상징 격인 페르네 브랑카Fernet-Branca를 권하고 싶다. 단, 첫 모금을 마실 때 마음의 준비를 단단히 하길.

베르무트 Vermouth

베르무트는 현재 인기가 뜨겁다. 앞에서 소개한 술들과 똑같은 아페리티프지만 주당들 사이에서 워낙 큰 사랑을 받고 있어서 좀 더 자세히 설명하려 한다. '베르무트'라는 이름은 독일어 '베르무트wermut'의 프랑스어식 발음에서 유래됐고, 'wermut'는 영어로 번역하면 '웜우드wormwood(유럽 원산의 쓴 쑥)', 즉 베르무트를 만들 때 사용하는 인기 식물 중 하나다. 베르무트는 대체로 식물들을 고유의 배합률로 섞어 화이트 와인 베이스에 담가 몇 주간 동안 사랑스러운 풍미를 우려낸다. 베이스인 화이트 와인은 드라이와 스위트 모두 사용 가능하며, 특정 단계에서 알코올을 첨가해 유통 기한을 늘리고 알코올의 알싸함도 살려낸다. 베르무트는 개봉한 후에는 냉장고에 보관하고 한 달 안에 마시는 것이 좋다. 더 오래 두고 마셔도 되지만 풍미가 좀 밍밍해질 것이다.

베르무트는 화이트, 로제, 레드의 스타일로 다양하게 만들어지는데 풍미 면에서 서로 차이가 뚜렷하다. 대체로 프랑스산 베르무트는 매우 섬세하여 와인에 더 가까운 특징을 띠며, 이탈리아산 베르무트는 비교적 스파이시하고 강한 편이다. 호주의 베르무트 생산자들은 지금까진 프랑스 스타일에 더 기울어져 있는 듯 보이지만 아직 초창기니 판단을 내리기엔 이르다. 베르무트에 보편적으로 사용되는 식물은 웜우드, 용담, 정향, 캐모마일, 사프란, 시트러스, 고수 등이다.

베르무트가 처음이라면 병째 놓고 도전하기 전에 자주 들르는 바에서 얼음을 채우고 시트러스류 가니시garnish(칵테일을 만들 때 위에 얹는 과일 등의 장식)를 얹어서 마셔보길 권한다. 장담하건대 그 매력에 한 번 빠지고 나면 바로바로 마실 수 있게 집에 사다놓고 싶어질 것이다. 처음엔 칵테일을 만들거나 믹서를 섞어 즐겨도 되고, 순수주의자라 그것을 용납하지 못하겠다면 냉장고에 넣어뒀다 얼음을 넣어 스트레이트로 마셔도 좋다.

마셔볼 만한 베르무트 세 가지

마티니 앤드 로시Martini & Rossi(이탈리아) : 정통 이탈리아풍 베르무트. (로소 rosso, 비앙코 bianco, 엑스트라 드라이 비앙코 extra-dry bianco 등) 다양한 종류로 출시되는데 풍미가 좋고 감칠맛이 돌며 프랑스산 베르무트에 비해 좀 더 달콤하다.

돌린 Dolin(프랑스) : 마티니 앤드 로시에 비해 세련미를 더 갖췄다고 평가할 만한 베르무트로, 더 섬세하고 덜 달며 와인의 특징을 더 많이 띠고 있다. 초보자에겐 특히 블랑이 잘 맞지만 그 밖에 모든 종류가 맛이 좋다.

메이데니 Maidenii(호주) : 품질과 풍미의 발현 면에서 따라올 상대가 없는 베르무트. 빅토리아 주에서 프랑스 와인 생산자와 진 전문가의 손길을 거쳐서 만들어지고 있다면 설명이 필요 없지 않을까.

상황별 구매 요령

집에서 칵테일로 만들어 먹고 싶을 때
정통 스타일이 좋다. 마티니에는 돌린 베르무트 블랑, 니그로니에는 캄파리와 메이데니 스위트 베르무트가 잘 맞는다.

디너파티의 흥을 계속 이어가고 싶을 때
노니노 사의 그라파라면 모든 사람의 흥을 살리기에 제격이다.

아마로가 기호에 맞을지 자신이 없을 때
당연히 잘 맞을 것이다. 아마로 몬테네그로에 얼음을 채우고 오렌지 조각을 얹어서 마셔보라.

겨울에 밀라노에 있는 기분을 느끼고 싶을 때
제일 좋은 정장이나 고급 가죽 재킷을 입고 페르네 브랑카를 맛보면 어느새 밀라노에 가 있는 듯한 느낌이 들 것이다.

프랑스 북부에서 사냥을 하다 막 돌아왔을 때
칼바도스가 제격이다.

잠시 후에 결혼한다면
아페롤을 적극 추천한다.

다양함과 어둡고 음침한 역사를 자랑하는, 주류계의 찬란한 그 이름 스피릿.

누구나 한 번쯤 봤을 테지만, 영화에서는 주인공이 완전히 최악의 상황에 처했을 때 뭔지 모를 병을 들어 벌컥벌컥 들이켜는 장면이 곧잘 나온다. 그 술의 정체는 바로 스피릿이다. 하지만 영화 속 주인공의 그런 대담한 행동을 따라 해선 안 된다. 그렇게 마시면 좋은 술을 제대로 음미하지 못하기 때문이다. 냄새를 맡지도 않고, 신중히 시음해보지도 않고, 아로마가 코의 부비동으로 곧장 퍼지도록 해주는 섬세한 유리잔에 따라 마시지도 않다니, 그것은 좋은 술에 대한 모독이다. 품질 좋은 스피릿을 생각을 잊는 빠른 방법쯤으로 여겨선 안 된다. 훌륭한 스피릿이 선사하는 매력에 눈뜨고 나면 싸구려 보드카를 마시기 힘들어질 것이다.

호주에서는 잘 만든 뛰어난 술에 대한 집념이 점점 커지는 가운데 소규모 수제 스피릿 산업이 급격히 성장하고 있다. 게다가 호주의 스피릿이 전 부문에서 1등을 휩쓸면서 처음으로 세계에서 높은 인정을 받고 있다.

Chapter 5

스피릿
SPIRITS

스피릿의 매혹적인 세계

그것이 바로 스피릿

사실 대다수 사람들은 스피릿이라면 늦은 밤 어두컴컴하고 관능적인 (어쩌면 퇴폐적이기도 한) 바에서나 마시는 술로 생각하는 경향이 있다.

저녁 식사를 하면서 스트레이트로 진을 마시거나 테킬라를 홀짝이는 일이 설령 있다 해도 드물게 마련이다. 그렇다면 이렇게 마실 일도 별로 없는 스피릿의 시음 요령은 배워서 뭐하냐고? 스피릿은 일반적으로 받는 관심보다 더 큰 관심을 받아 마땅한 술이니 그에 합당한 대우를 해줘야 하기 때문이다. 시음 파티에서 좋아하는 칵테일로 만들어 마시든, 바로 자신의 앞에 놓인 스피릿이 좋은 술인지 아닌지 판단하는 요령을 배우기 위해서든 스피릿에 더 많은 관심을 가져야 한다. 알고 보면 스피릿 세계는 당신이 생각하는 것보다 더 매혹적이고 다양하다.

알코올 함량이 아주 높다는 점을 감안하면 스피릿은 평가 방법이 다른 술과는 조금 다르다. 자, 그럼 첫 번째 할 일은 튤립 모양의 작은 와인 잔을 준비해 스피릿을 20~30밀리리터 정도 따르는 것이다.

후각

잔 안으로 코를 바로 들이밀면 안 된다. 그랬다간 독한 알코올 기운이 코와 입 안쪽, 목구멍을 마비시킬 소지가 있다. 그보다는 잔 위에 입을 가져다 대고 입으로 숨을 쉬어보는 편이 낫다. 이렇게 하면 아로마가 기분 좋고 부드럽게 다가온다. 아로마를 더 진하게 느끼고 싶다면 잔을 코 아래에 대고 천천히 흔들면서 다시 향을 맡아보라(누군가에게 깊은 인상을 주고 싶을 때 그 사람의 눈을 보면서 이렇게 하면 정말 효과가 있다). 이때 향이 얼마나 강한지, 또 어떤 느낌인지 음미해본다. 섬세한지, 입 안을 마르게 하는지, 얼얼한지, 거북한 느낌을 주는지, 매혹적인지 등을 찬찬히 생각해보면 된다. 향이 닫혀서 발산되지 않는다면 물을 몇 방울 넣는다.

미각

알코올 함량이 어느 정도고 마시기에 부담이 없는지 판단하기 위해 살짝 한 모금 마셔본다. 느낌이 괜찮다면 다시 15~20밀리리터를 입 안 가득 머금고 입 안에서 빙 굴린다. 이때는 굳이 공기를 흡입하지 않아도 된다. 스피릿은 워낙 휘발성이 강한 편이라 그렇게 할 필요가 없다. 자, 이번엔 다음 사항을 살펴보자.

미감

단맛 : 드라이 / 오프드라이 / 중간 / 스위트
바디 : 라이트 / 미디엄 / 풀
알코올 – 조화의 정도 : 균형이 잘 잡힘 / 균형감이 없음
알코올 – 질감적 인상 : 은은함 / 부드러움 / 살짝 올라옴 / 후끈 올라옴 / 알딸딸함 / 취기가 오름 / 타는 듯함
풍미의 강도 : 뚜렷하지 않음 / 가벼움 / 중간 / 뚜렷함
풍미의 여운 : 짧음 / 중간 / 깊
피니시 : 깔끔함 / 복잡 미묘함 / 얼얼함 / 입이 오므라듦 / 균형이 좋음 / 부드러움 / 날카로움

잘 만들어진 스피릿은 균형감, 풍미의 조화, 뛰어난 풍미의 여운을 갖추

고 있으며, 운이 좋으면 가장 잘 맞을 만한 음용법이 머릿속에 떠오르기도 한다. 조금씩 홀짝일지, 믹서에 섞어 마실지, 창의적인 칵테일을 만들지 딱 감이 온다는 얘기다. 집에 스피릿 몇 가지를 갖춰놓으면 새로운 조합을 시도해보기에 유용하다. 어떤 조합이 좋을지 자신이 없다면 바텐더에게 물어보라. 바텐더는 그 분야의 전문가가 아닌가.

진 Gin

진의 여왕 캐럴라인 칠더리 Caroline Childerley와
함께 떠나는 진의 세계

진은 황홀함을 안겨주는 세계다. 향도 향긋하고 맛도 좋으며 삶에 여유와 즐거움을 선사한다. 진은 누구나 사랑하고 누구에게나 사랑을 주는 만인의 연인이다.

세상에서 가장 완벽한 혼합주, 진토닉 덕분에 주니퍼 베리(노간주나무) 열매가 주는 풍미의 스피릿은 어느새 우리의 마음을 사로잡았다. 하지만 우리는 그런 진에 대해 얼마나 알고 있을까? 진이란 대체 어떤 술일까? 지금부터 놀랄 준비를 하고 들어라. 사실 모든 진은 보드카로 생을 시작한다. 본질적으로 따지자면 진은 일종의 풍미가 가미된 보드카나 다름없다. 하지만 지레 실망할 필요는 없다. 그렇다고 해서 진이 그저 그런 평범한 술이란 얘기는 아니니까.

진의 배경지식

진의 세계로 떠나보자

오래전 영국에서 가장 사랑받았던 스피릿, 진. 19세기 런던의 뒷골목은 술 취한 무뢰한과 타락한 매춘부들이 비틀거리며 어슬렁거리는 풍경이 다반사였을 만큼, 진은 공장 근로자에게 초라함과 낭만을 동시에 느끼게 해주는 술이었다.

당시 그 인기를 생각해보면 그럴 만도 하겠지만, 진은 '슬픔을 해소시키는 술', '옷을 벗기는 술', '어머니의 타락', 그리고 아주 시적이게도 '빈자의 술' 등 여러 가지 별칭으로 불렸다. '백색의 비단', '위안자', 라임을 맞춘 런던식 속어 '베라 린Vera Lynn'(제2차 세계대전 중에 인기를 끌었던 영국 가수로, 군인들을 위문하기 위해 이집트·인도·미얀마 등으로 순회공연을 다녀 '군인들의 연인'으로 불렸던 가수)같이 좀 더 듣기 좋은 별칭도 있었다. 이런 역사를 생각하면 의외로 들리겠지만 사실 진은 영국이 원산지가 아니다.

역사 한 토막

진의 기원을 거슬러 올라가면 그 원조는 '예네버르jenever'라는 네덜란드 술이다. 예네버르는 밑술(발효를 돕는 묵은 술)에 여러 가지 '약초'를 넣고 우려낸 증류주다. 원래는 (신장 결석과 통풍 등) 온갖 질병의 치료용으로 개발

알쏭달쏭 용어

대체 보드카는 어떤 술인가?

나이트클럽에서 즐겨 마시는 보드카는 사실상 구분이 아주 모호한 편이다. 아무튼 기본적으로 보드카란 감자나 곡물, 포도, 심지어 비트의 뿌리나 무화과 열매와 같이 뭐든 닥치는 대로 원료를 짓이긴 매시를 증류해 만드는 무색무미의 스피릿을 일컫는다. 또 보드카는 아주 깨끗한 술로 통한다. 수차례 증류를 거치기 때문에 그만큼 독성 성분과 불순물의 함유량이 낮다. 보드카별로 풍미의 차이가 적어서 대개 마우스필과 알코올의 균형에 따라 품질을 평가하고 풍미는 그다음에나 따질 문제다. 하지만 너무 걱정하지 않아도 된다. 고급 보드카와 저급 보드카의 차이는 얼마든지 식별할 수 있으니 안심하라. 혹시 수요일 같은 날 밤 한가하다면 보드카를 더 깊이 알아보는 시간을 갖는 것도 흥미로울 것이다.

됐으나 네덜란드인은 벌써 1500년대부터 비의약용(즉 즐기는 용도)으로 생산해냈다.

그러던 중 1566년 스페인과 네덜란드, 그리고 네덜란드의 동맹국인 영국 사이에 작은 전쟁이 벌어졌다. 이때 전쟁터에 보급된 예네버르는 해를 끼치기는커녕 오히려 병사들에게 용기를 불어넣었다. 영국군은 그런 예네버르를 '네덜란드인의 용기Dutch courage'(오늘날에는 술김에 부리는 허세나 만용을 뜻함)라고 칭하며 진에 또 하나의 별칭을 지어줬다. 전쟁이 끝난 후 영국에서는 영국판 주니퍼 풍미의 증류주를 생산하기 시작했다. 제대로 잘 만들기까지는 100여 년이라는 시간이 걸렸으나 일단 자리를 잡고 나자 진의 품질은 월등히 좋아졌다.

18세기에 접어들 무렵 영국 정부는 국민에게 자국산 술의 소비를 장려하는 차원에서 프랑스산 브랜디 같은 수입 주류에는 무거운 세금을 부과하는 한편, 자국의 진 생산에 대해서는 규제를 풀어줬다. 결국 이런 정책은

1700년대의 '진 열풍'을 촉발했는데 이 열풍은 생각처럼 그렇게 흥겨운 일은 아니었다. 모든 면에서 볼 때 조금은 사회 혼란을 초래했다. 하지만 정부가 진의 소비를 억제하려고 아무리 애써도 싸구려 술, 진의 위상은 쉬이 꺾이지 않았다.

풍미의 근원

포도를 원료로 쓰든, 그 외의 별난 원료를 쓰든 보드카는 기본적으로 따지자면 빈 도화지나 마찬가지다. 진 증류가는 이런 보드카를 베이스로 써서 비법 식물과 함께 증류해 자신만의 독자적인 풍미 프로필을 가진 진을 만들어낸다. 진에서는 뭐니 뭐니 해도 주니퍼가 가장 중요한 원료로 꼽힌다. 실제로 진의 정의에 관한 한 국제적으로 공인된 정확한 정의가 없지만 주니퍼가 들어가지 않으면 진이 아니라는 데는 대다수가 공감할 것이다. 사실상 진이라는 이름 자체에도 그런 의미가 내포돼 있다. 진의 유래어 즈네브르genievre(프랑스어)와 예네버르jenever(네덜란드어)는 둘 다 '주니퍼'를 뜻하기 때문이다.

간추려 보는 식물 원료

- 주니퍼

진에 진다움을 부여하는 유용한 조력자. 사람들은 주니퍼 열매의 냄새를 맡으면 대부분 이런 반응을 보인다. '진 냄새가 나네요!' 주니퍼 열매 안에는 세 개의 씨앗이 들어 있는데, 바로 이 씨앗에 홉, 야생 타임, 칸나비스(인도 대마), 시트러스에 들어 있는 것과 다소 유사한 방향유가 함유돼 있다.

주니퍼 열매는 향기롭고 살짝 스파이시하며 소나무를 연상시키는 데다 맛이 정말 좋다.

• 안젤리카 뿌리

진에 많이 사용되고 심지어 아페리티프와 디제스티프 스타일의 술에도 폭넓게 사용되는 안젤리카 뿌리는 맛도 좋지만 고착제 역할까지 해서 여러 풍미를 결합시킨다. 초록색에 사향 냄새가 나며 견과류 계열의 풍미가 특징이다.

• 오리스(흰붓꽃) 뿌리

훌륭한 고착제로서 진뿐만 아니라 향수 제조에도 폭넓게 사용된다. 제비꽃과 진하게 우린 달콤한 홍차의 풍미를 지니고 있다.

• 카르다몸(서남 아시아산 생강과 식물 씨앗을 말린 향신료)

(값비싼 향신료 순위에서 사프란과 바닐라 다음으로) 고가의 몸인 카르다몸은 라벤더와 시트러스를 비롯해 여러 가지 꽃과 향신료 계열의 향기 성분을 가득 품고 있다. 진은 물론 여러 아페리티프에 폭넓게 사용된다.

• 고수

특히 말린 고수 씨앗은 진과 베르무트의 생산에 보편적으로 사용되는 원료다. 고수는 타임과 제라늄을 연상시키는 풍미와 더불어 시트러스와 꽃 계열의 풍미를 부여하는 화학물질인 리날로올linalool을 다량 함유하고 있다.

• 시트러스

말린 시트러스 껍질이 진과 베르무트에 보편적으로 사용되면서 향의 발산을 끌어올리고 톡 쏘는 풍미를 부여하는 역할을 한다.

원료를 하나하나 열거하자면 이 밖에도 수백 가지는 더 된다. 특히 호주에서는 진의 생산에 태즈메이니언 페퍼 베리Tasmanian pepper berry, 레몬 머틀lemon myrtle, 유칼립투스 등 뛰어난 토착종 식물도 원료로 사용되고 있다.

보드카에서 백색의 비단으로 거듭나려면…

진의 베이스 스피릿은 무엇을 쓰든 상관없지만 특히 곡물이나 포도류를 많이 사용한다. 고급 진을 생산할 때는 식물 원료와 재증류를 통해 이 스피릿에 풍미를 가미한다.

증기 증류 vapour distillation

난로에 2단 찜솥을 올려놓았다고 가정하면 이해하기 쉽다. 아래쪽 찜통에는 스피릿이 들어 있고 위쪽 찜틀에는 식물 원료가 들어 있다. 이 상태로 끓이면 증기가 위로 올라가면서 풍미를 취하게 된다. 그다음에 이 증기를 알코올로 응축시키고 물을 섞어 희석하면 병입 단계만 남는다. 이런 방식을 '증기 증류'라고 하는데 아주 섬세한 풍미 프로필을 띠게 하는 데 유용하다.

단식 증류 pot distillation

스피릿에 식물 원료를 직접 담가 우린 후 다시 증류하는 방식으로, 이를 '단식 증류'라고 부른다. 이 방식을 통해 보다 강한 풍미가 우려지는데, 당연히 그 강도는 풍미 추출 원료로 무엇을 쓰느냐에 따라 좌우된다.

이렇게 들으면 증류가 별거 아닌 것 같겠지만 사실은 그렇지 않다. 각각의 식물 성분이 증류돼 나오는 방식이 달라서 식물 원료를 잘 섞는 기술에 어느 정도 비법이 필요하다.

증류에 대해서는 264쪽에서 좀 더 자세히 설명하겠지만 다음 내용은 꼭 기억하고 넘어가야 한다.

증류액은 증류돼 나오는 순서에 따라 초류, 본류, 후류로 나뉜다. 즉 먼저 독성 성분이 초류로 나오고, 그다음의 본류는 맛 좋은 증기며, 마지막의 후류는 더 거친 성분으로 이뤄진다. 따라서 증류가는 이런 단계 변화를 식별하면서 가급적 양이나 질을 유지하는 동시에 효율적으로 끊어서 버릴 것은 버려야 한다.

흘러나오는 증류액은 아주 규칙적인 간격으로 맛을 본다. 1분 정도의 간격인 경우도 있다. 일부 진 증류가는 식물 원료를 전부 한 바구니에 넣어 증류액이 나올 때 맛을 보고 후류를 재증류해 스피릿을 최대한 활용한다. 그런가 하면 식물 원료를 따로따로 증류한 후 블렌딩하는 증류가도 있다.

어떤 방식으로 하든 증류가가 목표하는 바는 똑같다. 자신이 바라는 풍미와 스타일을 표현해내는 동시에 풍미의 여운, 개성, 균형을 살리는 것이다. 그야말로 연금술만큼이나 복잡한 일이다.

구매 요령

베라 린에 흠뻑 빠지다

요즘 호주에서는 진이 사랑받는 술로 자리 잡았다. 지난 5년 사이에 호주의 진 소비량이 50% 이상 증가했을 정도다.

호주에서는 진이 아담한 체구의 노부인이나 찾는 술이 아니다. 이런 추세에 주류업계가 발맞추면서 이제는 더 다양한 종류의 세계적 브랜드 진을 쉽게 구매할 수 있게 됐을 뿐만 아니라 맛 좋은 호주산 진도 점점 더 늘고 있다. 이제 진은 누구나 즐기는 만인의 술이 됐다.

진의 종류 구별하기

진은 종류가 아주 많고 규제가 별로 없는 술이지만 몇 가지 라벨 표기 문구와 진의 종류를 알아두면 좋은 진인지 엉터리 진인지 구별하는 데 유용하다. 진은 주로 제조 방법에 따라 종류가 나뉜다.

병의 라벨에 그냥 '진gin'이라고만 찍혀 있다면 다른 진을 찾아봐야 한다. 이런 진은 보드카를 따로 증류한 후 말 그대로 주니퍼와 식물 방향유를 배합해 넣은 것이니 피해야 한다.

디스틸드 진distilled gin은 식물 원료 믹스와 함께 증류되는 진이지만 경우에 따라 증류 후 풍미가 더 첨가될 수도 있음에 유의해야 한다(예를 들어 헨드릭스 진Hendrick's Gin은 증류 후 오이 추출 에센스를 첨가한다). 사실 이런 첨가는 보편화된 관행이다.

단, 런던 드라이London dry의 경우는 예외다. 런던 드라이는 모든 식물 성분이 증류 단계에서 추출되는 상품에만 허용되는 보호 명칭이다. 즉 물을 제외하고 증류 후에 그 어떤 것도 첨가할 수 없다.

런던 드라이의 '드라이'라는 문구는 가당 과정을 거치는 옛날식 일부 진 제조법과 구분하기 위해 붙인 것이다. 이렇게 당분이 첨가되는 '스위트' 진은 일명 올드 톰Old Tom이라고 하는데, 과거에는 그다지 달갑지 않은 풍미를 가리기 위해 당분이 첨가됐다. 올드 톰은 오늘날 다시 인기를 되찾고 있으며, 대체로 감초로 풍미를 내지만 올드 톰이라고 해서 무조건 다 달콤한 것은 아니다.

엄밀히 말해 리큐어에 해당되는 슬로 진sloe gin은 검붉은 색에 비교적 알코올 함량이 낮은 편이며 슬로베리sloe berry(블루베리와 다소 비슷하게 생겼으나 씨가 더 큼)를 보통 등급의 진에 3~12개월 동안 침용시켜서 만든다. 시큼한 슬로베리 맛에 균형을 잡기 위해 가당 과정을 거친다.

알쏭달쏭 용어

네이비 스트렝스 Navy Strength

한때 진은 영국 해군이 수년 동안 가장 즐겨 마시던 술이었고 진의 배급은 해군에게 아주 중요한 문제였다. 당시에 해군은 자신들이 마실 진에 물을 넣어 희석하는 장난질을 하지 못하도록 화약에 진 몇 방울을 뿌려서 확인하곤 했다. 그렇게 해서 화약에 불이 붙으면 그 진은 순수한 진이고 불이 붙지 않으면 진에 장난질을 한 것으로 여겼다. 화약에 불이 붙는 데 필요한 알코올 함량은 57%였는데, '네이비 스트렝스'는 바로 여기서 비롯된 말로 알코올 함량이 57% 이상인 진을 가리키는 속어다.

* 누구나 흥미를 느낄 만한 호주의 진 삼총사

포 필라스 Four Pillars… 빅토리아 주의 이 기업에서 생산되는 진은 풍미가 매우 뚜렷하고 향기로워 토닉, 블러드 오렌지blood orange〔과육이 붉은색인 스위트오렌지의 한 종류〕, 햇살과 더할 나위 없이 잘 어울린다.

멜버른 진 컴퍼니 Melbourne Gin Company… 와인 생산자가 진 생산도 책임지고 있는 곳. 이곳의 진은 식물 원료를 종류별로 따로따로 증류해서 블렌딩한다. 모든 상품이 감동적이고 세계 수준급의 품질이다.

맥헨리 앤드 선스 네이비 스트렝스 Mchenry & Sons Navy Strength… 높은 알코올 강도에 비해 부드러운 호주산 진은 팔각과 라임으로 풍미를 우려 강렬한 진토닉을 만들기에 적절하다.

* 호주에서 상위 5위에 꼽히는 세계적 진 브랜드

십스미스 Sipsmith(영국)… 정통 런던 드라이로 나무랄 데 없는 균형미, 뚜렷한 풍미가 일품이며, 칵테일 종류를 막론하고 베이스로 제격이다.

헨드릭스Hendrick's(스코틀랜드) … 오이를 사용하는 것으로 유명한 헨드릭스는 이보다 더 매혹적일 수 없을 만큼 절제미가 돋보이며 토닉워터와 환상적인 궁합을 이룬다.

봄베이 사파이어 Bombay Sapphire(영국) … 향이 강렬하게 코끝을 파고든다. 아주 풍부한 풍미가 고전적인 느낌을 준다.

진 마레 Gin Mare(스페인) … 식물 원료 믹스에 올리브를 사용하는 진 마레는 약간 색다르면서도 굉장히 매혹적이다.

더 보타니스트 The Botanist(스코틀랜드) … 진보적인 브뤼클라딕 양조장에서 만드는 브랜드로 22개의 식물 원료를 사용한다. 기대할 만한 잠재성이 아주 많은 브랜드다.

음미하기
진의 진가 제대로 알아주기

아주 저가의 진이라면 희석해서 마시는 것이 최상책이지만, 크래프트 진 가운데에는 무척 흥미롭고 섬세한 균형이 돋보이는 뛰어난 진도 있다. 이런 진은 적어도 한 번이라도 본연의 맛을 제대로 맛보지 않으면 그 가치를 느낄 기회를 아깝게 놓치고 마는 셈이다.

그렇긴 해도 품질이 뛰어난 진을 품질이 뛰어난 토닉워터와 섞는 것은 이루 말할 수 없이 완벽한 궁합이다. 그래서 진을 믹스하는 최고의 요령에 대한 몇 가지 팁을 알려주려 한다. 이렇게 저렇게 섞어 믹스해보며 즐기되, 진을 즐길 때는 때때로 각얼음 두어 개와 라임 조각 하나만으로도 충분하다는 것도 부디 기억하길 바란다.

잔을 하나만 구입한다면…
고정된 틀에 따라 (작은 와인 잔에) 맛보는 데 질렸다면 멋들어진 '코파copa' 잔을 하나쯤 마련해보자. 진토닉을 마시기에 그만인 잔이다.

잔 즐기기 좋은 코파 잔

진의 항변 – '나를 불행의 주범으로 몰지 마세요'

  진을 마시면 취해서 눈물을 짜게 된다고 질색하는 사람들이 있다. 맥주에 취하면 기분 좋게 취한 지킬 박사가 되고, 진에 취하면 눈물, 콧물 질질 짜는 하이드로 변한다는 식이다. 당신도 혹시 질질 짜게 될까 봐 겁나서 진토닉을 피해왔다면 안심해도 된다. 술의 종류에 따라 감정이 달라진다는 이론은 사실상 과학적 근거가 전혀 없다. 이와 관련한 몇 건의 연구에서 증명된 바에 따르면 오히려 그 반대다(그런 의미에서 이 연구 결과가 테킬라에도 위안이 되길 바란다). 이런 부정적인 편견은 1700년대 초 진 열풍이 거셀 당시 영국의 맥주업계가 진의 소비에 제동을 거는 동시에 사람들이 맥주로 돌아서도록 유도하려는 전략에 따라 펼쳤던 흠집 내기성 광고의 여파 탓이다. 당시의 광고는 진과 맥주를 두 가지 이미지로 대비해 진 거리는 가난에 찌들고 지저분한 세계로, 맥주 거리는 건전하고 번창한 세계로 그림으로써, 의도한 대로 진에 악마의 탈을 씌워 불행과 파멸의 이미지를 각인시켰다. 여기에 더해 1751년 진 법령Gin Act이 시행되면서 진을 향한 영국인의 채워질 줄 모르던 갈증이 사그라들었지만 불행의 술이라는 오명은 끝까지 남았다.

토닉워터에 이런 효력이?

토닉워터의 쓴맛은 기나나무 껍질에서 추출한 '키니네'라는 성분에서 나온다. 맛이 굉장히 쓴 키니네는 17세기 때부터 말라리아 치료제로 사용됐는데, 당시에는 쓴맛의 거부감을 줄이려고 대개 설탕과 섞어서 복용했다. 진에 키니네를 섞어 먹는 아이디어는 햇볕에 그을린 채 땀을 뻘뻘 흘리던 식민주의자의 머리에서 나온 것이었다. 그들 딴에는 말라리아 치료제에 모국인 영국 최고의 술을 뿌려넣어 격을 높이면 멋지겠다고 생각했던 것이다(확실히 진을 선택한 것은 옳은 판단이었다). 그 후 1858년 무렵에 이르러 상업용 토닉워터가 생산됐다.

현재는 장인 정신의 토닉워터 시장이 출현해 실험의 선택 폭이 넓어졌다. 특히 드라이함의 극치 측면에서 선택의 폭이 더욱 넓어졌다. 정통 스타일인 슈웹스Schweppes는 예나 지금이나 변함없이 훌륭하지만, 피버트리Fever-Tree(영국)나 캐피Capi 같은 호주산도 시험 삼아 맛볼 만하다. 비교적 드라이한 토닉워터는 진의 맛을 덮어주기보다는 더욱 끌어올린다. 다만 어떤 토닉워터가 어떤 진과 잘 어울릴지의 문제는 말 그대로 수수께끼다. 진토닉에서 적어도 2분의 1(아니면 4분의 1?) 정도가 토닉워터라는 점을 감안하면 마음에 끌리는 토닉워터를 찾은 후 진과 토닉워터를 섞고 멋들어지게 가니시를 얹어 꾸미는 것도 해볼 만한 일이다.

진과 토닉워터 짝짓기

진토닉은 멋진 가니시가 정말 잘 어울린다. 가니시를 얹으면 무색의 술에 빛깔이 더해지고 온갖 흥미로운 풍미가 살아난다. 지금부터 시도해볼 만한 진토닉 조주법 몇 가지를 알려주려 하는데, 나름의 방식대로 자유롭게 믹스매치하며 어떤 마법이 일어나는지 직접 느껴보길 권한다. 가니시를 정할 때는 진의 증류에 사용된 식물 원료를 알아보고 그것과 상보적인 관계의 재료를 찾아보는 방법을 시도해보면 좋다.

진토닉을 조주하려면 먼저 진과 토닉워터를 정해야 한다. 다음의 조주법은 진과 토닉워터의 어떤 조합에도 잘 어울릴 만한 것이니 진과 토닉워터는 자신의 기호와 주머니 사정에 따라 고르면 된다. 그리고 미리 당부하건대 맛이 너무 강하면 소다수를 넣어 희석해도 되지만 도를 넘지는 말자. 기껏 애써서 좋은 진을 구입하고는 진에 믹서를 과도하게 섞어 풍미를 덮어버린다면 결과적으로 헛고생을 한 셈이 된다.

* 진의 여왕 캐럴라인 칠더리가 추천하는 진토닉 조주법

헨드릭스 + 오이 슬라이스 + 각얼음으로 얼린 장미 꽃봉오리 차

탱커레이Tanqueray + 으깬 카피르 라임 잎

봄베이 사파이어 + 바질과 딸기

포 필라스 + 블러드 오렌지나 얇게 썬 생강 슬라이스

진 마레 + 로즈메리 잔가지, 라임 웨지wedge(오렌지나 레몬을 6등분 또는 8등분으로 길게 V자 모양으로 썬 것), 굵게 빻은 후추

멜버른 진 컴퍼니 + 핑크빛 그레이프프루트 웨지, 타임

맥헨리 네이비 스트렝스 + 레몬그라스, 종이처럼 얇게 썬 홍고추 슬라이스

대단한 마티니 Martini

베르무트와 진은 서로 좋은 짝이다. 그것도 아주 환상적인 짝이다. 식물에서 추출된 풍미 프로필과 와인을 연상시키는 단맛이 서로 닮은 데다 베르무트의 낮은 알코올은 스트레이트 진의 화기를 가라앉혀준다. 이 둘이 결합하면 바로 그 이름도 찬란한 마티니 칵테일이 된다. 유명 저널리스트 HL 멩켄 HL Mencken이 "소네트와 더불어 미국의 유일하고 완벽한 발명품"이라고 극찬했던 마티니, 그 이름만 들어도 입맛이 당기지 않는가? (베르무트에 대해 더 알고 싶다면 197쪽을 참고하기 바란다.)

클래식 마티니 Classic Martini : 얼음을 채운 믹싱 글라스에 런던 드라이진과 드라이 베르무트를 2 대 1의 비율로 넣고 저은 다음, 차갑게 냉각한 칵테일 잔에 여과기로 걸러 따른다. 가니시로 그린 올리브나 레몬을 얹는다. 저어서 섞기 전에 오렌지나 방향성 비터를 넣어도 좋다.

더티 마티니 Dirty Martini : 조주법이 클래식 마티니와 똑같지만 올리브 브라

인olive brine(올리브 병조림의 국물)과 그린 올리브 세 알을 더 넣는다.

드라이 마티니 Dry Martini : 조주법이 클래식 마티니와 똑같지만 진을 더 많이 넣고 베르무트를 덜 넣는 점이 다르다.

깁슨 마티니 Gibson Martini : 조주법이 클래식 마티니와 똑같지만 양파 피클을 넣어 서빙하는 점만 다르다.

리버스 마티니 Reverse Martini : 베르무트를 더 넣고 진을 덜 넣어서 만드는 마티니다.

럼 Rum

럼 하면 왠지 해적이 연상되는 방탕한 술 같아서 나무 의족이 떠올라 꺼려진다면 생각을 바꾸기 바란다.

(어느 정도는 럼의 성지인) 쿠바가 서서히 문호를 개방하며 인기 관광지로 부상하면서 관련 업계에서는 조만간 럼이 부상할 것으로 내다보고 있다. 그러니 남들보다 앞서고 싶다면 이 경이로운 술에 대해 미리 상식을 쌓아 두는 편이 유용할 것이다.

럼의 배경지식
럼의 모든 것

럼은 당밀(즉 사탕수수 즙에서 설탕을 뽑아내고 남은 검은빛의 즙액)을 발효한 후 2차까지 증류해서 만든다. 증류된 럼은 그 상태에서 화이트 럼으로 바로 출시하거나, 오크통에 넣어 숙성시켜서 더 짙은 빛깔과 온갖 오묘한 풍미를 우려낸다. 숙성 후에는 일관성을 지키기 위해 블렌딩을 하는 것이 보통이다.

카리브 해 연안과 남미 전역에서 생산되는 상품이 가장 유명한데, 럼(또는 럼의 변형판)은 생산국이 15곳이 넘으며, 각국마다 독자적인 조주법과 라벨 표기 방식이 있어 구별하기 어려운 편이다.

역사 한 토막

럼은 파란만장한 역사를 걸어왔다. 우선 1500년대 카리브 해 연안의 노예 무역과 깊이 얽혀 있다. 인간의 노동력을 당밀과 럼으로 사고팔았던 역사가 있기 때문이다. 그 무렵에 럼은 영국 해군이 즐겨 마시는 술이기도 했는데,

1970년 럼 배급이 중단될 때까지 그 긴 기간 동안 영국 해군은 어마어마한 양의 럼을 소비했다. 이때 해군은 대체로 럼에 물이나 맥주를 섞어 일명 '그로그grog'라는 술을 만들어 마셨다.

럼은 호주 역사에도 인상 깊은 발자취를 남겼다. 바로 1808년의 럼 반란을 통해서다. 당시에 뉴사우스웨일스 주 총독 윌리엄 블라이William Bligh는 식민지의 럼 열풍을 억제하기 위해 럼을 현금처럼 사용하지 못하도록 규제했다. 하지만 이는 그리 좋은 발상이 아니었다. 결국 군이 쿠데타를 일으켜 그를 끌어내린 후 매쿼리Macquarie 총독이 부임할 때까지 2년 동안 호주 식민지를 지배하게 됐으니 말이다. 럼 때문에 쿠데타가 일어나다니 정말 대단하다.

럼의 최상급 스타일

럼을 고르는 문제에 관한 한 넘어야 할 산이 조금은 높을 수도 있다. '럼'의 라벨 표기에 대한 법적 표준이 사실상 없기 때문에 구별하기가 쉽지 않다. 하지만 보편적으로 통용되는 몇 가지 분류 기준이 있으며, 그중에서 가장 기억하기 쉬운 분류 기준은 빛깔에 따른 것이다.

무색: '실버'나 '화이트'라고 불릴 만한 종류로 대체로 단맛 외에는 풍미가 별로 없는 아주 단순한 무색의 럼. 다용도로 활용이 가능하고 특히 여름철 칵테일용으로 100점 만점인 이 분류의 럼으로는 바카디Bacardi가 대표적이다.

황금색: 이 분류에 속하는 '골드'나 '앰버' 럼은 버번 위스키 숙성통을 재

활용해 단기간 숙성을 거친다. 풍미는 대체로 가벼움과 진함의 중간이다.

갈색: 짙은 색의 럼은 발효 전에 당분이 캐러멜화돼 오크통에서 비교적 오랜 숙성 기간(3~15년까지)을 거치면서 더 짙은 빛깔을 띠고 더 복잡 미묘한 풍미를 갖게 된다. 라벨에 '블랙' 럼이나 '다크' 럼으로 표기되기도 하는데, 이런 문구가 붙은 럼은 흥미를 가질 만하다. 싱글몰트처럼 음미할 수도 있고 온갖 종류의 칵테일로도 만들어 마실 수 있기 때문이다. 디플로마티코 12년Diplomatico 12 Year Old이나 앙고스투라 1824 12년Angostura 1824 12 Year Old을 추천하고 싶다.

이외에 계피나 로즈메리, 아니스 열매, 때론 캐러멜 같은 재료로 풍미를 내는 스파이시한 럼도 상당히 인기가 높다. 이런 럼은 대체로 황금빛을 띠는데, 개중에는 싸구려 화이트 럼에 색소를 넣어 짙은 색을 내는 저질 제품도 있으니 주의할 것.

음용 요령

번디Bundy(호주의 대표적인 럼)에 콜라를 섞어 마시는 것은 이제 한물간 조합이다. 품질 좋은 다크 럼을 위스키처럼 마셔도 좋다. 스트레이트로 마시거나 얼음을 넣어 마시면 풍부한 향신료 향취를 음미하고 캐러멜, 말린 과일, 계피, 당밀 등의 풍미도 느껴볼 수 있다. 열대 지역과 인연이 깊은 럼은 겨울철 데운 와인에 섞어 마시기에도 아주 좋고, 즐겨 마시는 칵테일에 위스키 대신 넣어도 괜찮다.

모히토 Mojito : 하이볼 잔에 설탕 2티스푼, 생라임 반 조각(웨지로 잘라서 넣음), 민트 잎 한 줌을 넣고 머들러(휘젓는 막대)로 으깬다. 여기에 얼음을 채우고 럼 두 샷을 부은 다음 그 위에 소다수를 넣는다.

테킬라 Tequila 와 메스칼 Mesca

 흥분을 가라앉혀라. 그냥 얘기를 좀 한다고 해서 테킬라가 당신을 어떻게 하는 것도 아니지 않은가.
 테킬라는 거칠다느니, 숙취가 심하다느니 하는 편견이 있을지 모르지만 이번에는 보다 성숙한 시선으로 바라보자. 테킬라는 유구하고도 장엄한 역사를 지닌 멋진 술이니 어설픈 편견은 버리고 그 맛을 제대로 음미해보길 권한다.

테킬라와 메스칼의 배경지식
알고 보면 멋진 면이 있는 테킬라

그런데 '메스칼'은 뭐냐고? 스파클링 와인처럼 테킬라판 샴페인에 해당된다고 생각하면 된다. 즉 보호받는 명칭이다.

메스칼은 제조법과 생산 지역에 대한 규칙이 약간 느슨한, 비교적 광범위한 분류이며, 따지자면 테킬라도 메스칼의 한 종류다. '테킬라'는 멕시코의 테킬라규제위원회Tequila Regulatory Council에서 보호 관리하는 명칭으로 적용 규칙이 매우 엄하다. 하긴 멕시코를 대표하는 국민주인데 함부로 다뤄서야 되겠는가.

역사 한 토막

테킬라의 원조는 그보다 훨씬 오래전에 아즈텍족이 즐겨 마시던 아가베(용설란)즙 발효주 '풀케pulque'다. 16세기에 스페인이 아즈텍 제국을 침입하면서 이미 예견된 일이었지만, 스페인 사람이 풀케를 증류해 무색의 맑은 스피릿으로 만들기 시작했는데 그 스피릿이 바로 메스칼이다. 메스칼은 오랜 세월에 걸쳐 '국민주'로 자리를 지키며 멕시코인의 일상에서 아주 중요한 부분이 됐다. 장례식 날 고인을 관에 모셔 추모하는 자리에서도 모든 사람에게 메스칼을 한 잔씩 돌릴 만큼 고인의 추모에 중요한 역할을 한다.

멕시코에는 이런 속담이 있다. '안 좋은 일이 있을 때는 언제나 메스칼, 좋은 일을 축하할 때도 역시 메스칼.'

아가베에서 테킬라로 거듭나려면…

테킬라와 메스칼은 아가베의 밑동에 달린 파인애플 모양의 열매(피냐piña)를 구운 다음 발효시키고 증류해서 만든다(아가베는 크고 잎사귀의 끝이 뾰족뾰족한 멕시코 토착종 다육 식물로 언뜻 보기에 선인장으로 착각하기 쉽지만 선인장이 아니다). 증류 후에는 통에 넣어 숙성을 거치기도 한다. 대체로 테킬라와 메스칼은 다른 스피릿에 비해 낮은 알코올 함량으로 증류돼 대부분 알코올 함량이 40~55% 정도다. 다시 말해 아가베의 풍미가 풍부하게 남는다는 얘기다. 테킬라와 메스칼 모두 전 세계의 술을 좀 안다는 애주가들 사이에서 아주 높이 평가되고 있으며, 고급 테킬라와 메스칼은 졸업생 파티에서 마시는 싸구려 테킬라와는 전혀 다른 경험을 선사한다.

 별별 상식

혹시 병 속의 벌레가 최상급 테킬라의 상징이라고 알고 있는가? 천만의 말씀, 전혀 그렇지 않다. 테킬라에는 절대로 벌레를 집어넣지 않는다(벌레가 들어 있으면 환불을 요구해야 할지도 모른다). 메스칼의 경우엔 더러 병에 벌레(정확히는 애벌레)를 넣는다. 하지만 이 벌레는 멕시코의 고대 전통과 아무런 상관이 없으며, 1940년대에 쉽게 혹하는 외국인을 낚기 위해 만들어낸 마케팅 전략에서 유래된 것이다. 게다가 (환상을 깨서 미안하지만) 그 벌레를 먹는다고 해서 환각이 보이는 것도, 정력이 불끈불끈해지는 것도 아니다. 하지만 집에서 파티를 연다면 적어도 깊은 인상을 남기는 데는 효과가 있을지도 모른다.

테킬라냐, 메스칼이냐?

테킬라가 보다 엄격히 규제받는 분류라고 해서 메스칼의 품질이 상대적으로 떨어지는 것은 아니다. 메스칼도 품질 좋은 제품이 있다. 사실 테킬라와 메스칼은 놀라울 정도로 종류가 다양하다. 그 다양한 풍미를 제대로 느껴보려면 조금씩이라도 직접 맛을 보는 방법이 가장 좋지만, 한편으론 테킬라와 메스칼의 비슷하면서도 다른 특징을 간략히 정리해놓은 다음의 표도 참고가 될 것이다.

	테킬라	메스칼
생산지	멕시코에서 특산지로 지정된 미초아칸, 과나후아토, 나야리트, 타마울리파스 지역뿐만 아니라 할리스코 주에서도 생산된다.	멕시코의 대다수 주에서 생산할 수 있도록 허용됐지만 오악사카가 주 생산지다.
원료	아가베 테킬라나, 즉 '블루 아가베 blue agave'라는 단 한 품종의 아가베만 사용한다.	사용 아가베 품종이 30가지가 넘는다.
발효	피냐(아가베의 익은 열매)를 (대체로 스테인리스스틸 탱크에 넣고) 구워 (주로 기계를 사용해) 분쇄한 후 발효시킨다.	땅에 묻은 피냐를 돌로 덮고 구워 (주로 손으로 직접) 분쇄한 후 발효시킨다.
증류	2차 증류까지 거친다.	2차 증류까지 거친다.

품질	'100% 아가베 테킬라'는 규제받는 명칭으로 당분을 100% 아가베에서 추출해 생산했음을 의미한다. 병의 라벨에 단순히 '테킬라tequila'라고만 찍혀 있는 경우 아가베에서 추출되지 않은 당분이 최대 49%까지 쓰였을 수도 있다.	'100% 아가베'가 최상급에 들며, 그다음 등급은 아가베 추출 당분의 사용량이 최소한 80%다.
실버silver / 화이트white / 블랑코blanco 등급	숙성을 거치지 않는다.	숙성을 거치지 않는다.
레포사reposado 등급	최소 2개월의 오크 숙성을 거친다.	2~9개월간 오크 숙성을 거친다.
아네호anejo 등급	최소 1년 이상의 오크 숙성을 거친다.	공인된 등급은 아니지만 대부분이 2~4년의 숙성 단계를 거친다.

음미하기

테킬라 한 잔, 테킬라 두 잔…

　라임즙을 손등에 바르고 소금을 뿌린 뒤 혀로 핥고 나서 테킬라를 스트레이트로 마시는 유명한 의식은 그냥 재미로 하는 것이 아니다.
　이론상 라임은 테킬라의 풍미를 보완하며, 소금은 테킬라의 거친 면을 중화해준다. 하지만 상급 테킬라는 멕시코 사람들이 흔히 마시는 대로 그냥 스트레이트로 테킬라만 홀짝여도 부담 없고 기분 좋다. 직접 해보면 그 다양한 풍미에 감탄하게 될 것이다.

　라임과 소금 없이 맛보면 그 맛이 어떨까?
　메스칼은 대체로 풍미가 강하고 알코올 강도가 높은 편이다. 상급 메스칼은 일종의 지하 화덕에서 구워지는 과정을 거치면서 훈연 풍미가 부여되며, 이 풍미가 오크 숙성을 거치면서 더욱더 풍성해지기도 한다. 테킬라는 꽃 계열부터 과일 계열까지 풍미가 다양하며 종종 채소류의 풍미를 지니기도 한다. 또 대체로 알코올의 훈훈한 기운이 느껴진다. 오크 숙성을 거친 테킬라는 보다 원만한 편으로, 바닐라, 향신료, 버터스카치 캔디의 풍미를 띤다.
　다양한 종류를 갖춘 바를 찾아서 마셔보길 권한다. 노파심에 한마디 덧붙이자면 한입에 털어넣지 말고 조금씩 홀짝홀짝 마셔야 좋다. 아니면 다음의 명작 칵테일로 입 안을 호강시키는 것도 괜찮다.

테킬라 칵테일

어항 모양의 별난 피시볼 글라스는 잊어라. 좋은 테킬라 칵테일이 되려면 테킬라의 풍미를 살려야지 묻어버려선 안 된다.

토미스 마르가리타 Tommy's Margarita
1 대 3의 비율로 넣은 쿠앵트로 Cointreau(오렌지 껍질로 만든 무색의 프랑스산 리큐어)와 테킬라 + 분쇄 얼음과 라임즙=천국의 맛.

팔로마 Paloma
1 대 2 비율의 테킬라와 그레이프프루트 소다에 라임즙을 더하는 칵테일. 입맛에 맞게 신맛은 조절해도 된다.

블러디 마리아 Bloody Maria
블러디 메리 Bloody Mary의 변형 칵테일. 보드카 대신 실버나 레포사도 등급의 테킬라를 사용하고 약간의 우스터소스와 타바스코, 토마토 주스를 넣으면 된다. 마셔보면 우리에게 고마워할지도 모른다. 또 어쩌면 내일, 아니면 모레라도 당장 맛보고 싶어질지도…….

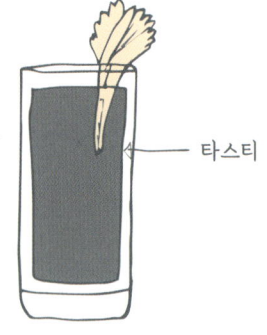

위스키

프레드 시긴스 Fred Siggins 와 함께 떠나는 진의 세계

위스키는 하나의 전설이다.

위스키는 마니아층이 두터운 술이다. 여기서 말하는 위스키는 단지 스코틀랜드의 스카치 위스키만을 가리키는 것이 아니다. 미국, 캐나다, 일본, 아일랜드, 호주에서도 정말로 뛰어난 위스키가 생산되고 있으며, 덕분에 지금이야말로 새로운 맛에 도전해볼 최적의 시기다. 위스키는 그 단어의 뜻마저도 멋지다. 위스키의 어원은 라틴어 '아쿠아 비테aqua vitae'를 게일어로 번역한 'uisge beatha(발음이 '위스게베하'로 '위스키'와 유사함)로, '생명의 물'이라는 뜻이다. 그리고 생명의 물이라는 말뜻 안에는 한때 위스키가 치료제로 쓰였으며 때론 물보다 마시기에 안전한 음료였던 과거의 내력이 고스란히 깃들어 있다. 괜히 생명의 물이 아니었다. 아무튼 위스키를 세상에 보내주신 신께 감사할 따름이다.

위스키의 배경지식

위스키의 두 가지 스펠링 whisky, whiskey, 그리고 스카치 scotch

위스키는 품격 있는 성인이 즐겨 마시는 술이라는 명성에 힘입어 거대 시장을 형성하고 있으며, 현대의 스카치 위스키 산업 하나만 따져도 그 규모가 어마어마하다.

추산치에 따르면 현재 스코틀랜드 전역의 창고에서는 2,000만 통이 넘는 위스키가 숙성되고 있다. 또 115개 정도 되는 증류소의 직접 고용 인원은 1만 명이 넘고 영국연방의 전체 식음료 수출량 가운데 위스키가 4분의 1을 차지한다. 호주의 경우 애호가들의 열광을 채워줄 만큼 다양한 위스키를 구매할 수 있다. 한편 이 '신사의 스피릿'은 이미지만이 아니라 역사도 아주 멋지니, 잔에 위스키를 조금 따른 후 계속 읽으면서 갈증도 해소하고 호기심도 채워보길 권한다.

 별별 상식

> 호주에서는 대체로 위스키를 'whisky'라고 표기하지만 미국과 아일랜드에서는 'e'를 더 집어넣어 'whiskey'라고 표기하는 편이다. 이런 스펠링의 차이는 원래 위스키의 두 가지 스타일을 구분하기 위한 것이었지만 현대에 들어서는 스타일의 구별보다는 관행적 표기에 가까워졌다. 그런데 재미있게도 국가별 스펠링 표기를 잘 살펴보면 (꽤) 보편적인 법칙이 나타난다. 국가명에 'e'가 들어가면 위스키의 스펠링에도 'e'가 들어간다는 것!

역사 한 토막

춥고 눅눅한 영국 제도의 기후는 보리를 재배하기에는 좋지만 보리를 보관하기에는 적당하지 않다. 따라서 보리를 맥주나 위스키로 만드는 편이 훨씬 바람직하다. 이 지역에서는 12세기 이후부터 곡물을 알코올로 증류해왔는데, 그 시초가 스코틀랜드냐 아일랜드냐를 놓고 설전이 끊이지 않지만 미뤄 짐작컨대 아일랜드가 시초인 듯하다. 아무튼 그런 머리 아픈 논쟁은 넓은 인터넷에서 네티즌들끼리 떠들도록 내버려두고 다음 이야기로 넘어가보자.

그 후로 500여 년 동안 스코틀랜드와 아일랜드 곳곳에서는 세금을 매기거나 귀한 증류주와 장비를 몰수해 가는 '세금 징수관'을 피해 몰래몰래 영리 활동을 펼치던 증류소가 판을 치면서 불법 위스키 제조가 기승을 부렸다. 다행히도 1823년 현명한 고든 공작이 불법 제조를 근절하기 위해 나서면서 세금 부과의 조건으로 영리 생산을 허용하는 법안을 통과시켰다. 그리고 그 이후 밀 수출이 성행하면서 현재의 위스키 산업이 형성됐다.

스카치 위스키 산업의 위상은 그 뒤로 이어진 두 가지 사건을 통해 더욱 더 단단히 다져졌다. 우선 1831년에 연속식 증류기가 발명되면서 저렴한 비용으로 보다 가벼운 스타일의 '곡물' 위스키를 생산할 수 있게 됐고 그럼으로써 시장이 대폭 확대됐다. 한편 유럽의 포도밭이 필록세라 감염으로 황폐해지면서 프랑스 와인 산업이 큰 타격을 입었다. 결국 그 여파로 코냑을 비롯한 브랜디 재고가 순식간에 동나면서 위스키가 신사들의 스피릿으로 떠오르게 됐다. 그리고 그렇게 다져진 입지는 여러분이 지금 보는 그대로다!

풍미의 근원

위스키를 일종의 증류된 맥주처럼 생각할지도 모르지만 위스키에는 홉이 전혀 들어가지 않는다. 따라서 위스키의 풍미는 맥아, 효모, 물은 말할 것도 없고 증류 기술과 오크 숙성에 따라서도 좌우된다.

맥아

맥주와 마찬가지로 위스키도 보리를 주된 곡물 원료로 사용하며(단, 미국은 예외인데 이는 뒤에서 얘기하겠다) 몰팅을 거친 후 발효에 들어간다. 보리가 발아되기 시작하면 당분이 모두 소진되지 않도록 막기 위해 건조하는데, 건조 방법은 최종 위스키의 스타일에 따라 크게 달라진다. 즉 따뜻하고 깨끗한 공기를 쐬어 말리기도 하고, 피트peat를 태워서 훈연 건조하기도 한다.

효모와 물 또한 위스키 제조에 중요한 원료다. 하지만 증류 과정을 거치는 탓에 풍미 기여도의 측면에서는 맥주나 사케의 경우만큼 중요한 역할을 발휘하지는 못한다. 효모는 대체로 풍미보다는 효율성에 따라 선별된 상업적 효모를 사용한다. 맥주와 크게 다를 바 없이 위스키에서도 물이 중요하다. 특유의 미네랄 풍미를 지닌 깨끗한 물을 써야 발효가 왕성하게 일어나는데 경우에 따라 그 지역 고유의 물을 가공 처리해서 사용하기도 한다.

알쏭달쏭 용어

피트

스코틀랜드의 보편적 연료원인 피트 보그 peat bog (이탄 습지대)에는 땅 속에서 식물이 썩어서 쌓인 퇴적층, 피트가 형성돼 있다. 이 피트를 파내 벽돌 모양으로 자르고 잘 타도록 말려서 태우면 연기와 뜨거운 열을 내기 때문에 방을 데워 눅눅한 보리를 말리기에 제격이다. 피트의 활용 비율에 따라 맥아의 훈연 풍미가 달라지므로, 결과적으로는 피트의 활동 비율이 위스키의 훈연 풍미를 좌우하는 셈이다. 피트의 자취는 ppm 단위로 측정하기도 하는데, 숙성 기간이 짧은 위스키는 이 단위가 높아 마치 캠프파이어에 있는 듯한 풍미를 선사하는 반면 오래 묵은 위스키는 훈제 가죽의 향취가 느껴질 정도다. 위스키에 따라 피트 처리를 살짝 거치기도 하고 전혀 하지 않기도 한다. 이렇게 피트 처리를 거치지 않은 위스키는 풍미를 곡물과 오크통에 의존한다. 한편 오크통을 숯불에 그을려도 훈연 풍미를 추출해낼 수 있다.

피트 풍미의 곡물에서 멋진 위스키로 거듭나기까지

위스키는 앞에서 얘기한 세 가지 원료만으로 빚어져 오크통에서 인고의 시간을 견뎌내야 드디어 생명을 얻게 된다. 그러기 위해 우선 건조된 곡물을 분쇄하고 일명 '매시 턴 mash turn'이라는 큰 통에서 뜨거운 물과 섞어 전분을 당분으로 전환시켜야 한다. 그러면 달콤하고 걸쭉한 '맥아즙'이 만들어지고, 여기에 효모를 첨가하면 알코올 함량 10% 정도로 발효가 이뤄진다.

(맥주와 비슷한 알코올 용액인) 이 '와시 wash'를 구리 단식 증류기에서 최소한 2회까지 증류한다. 먼저 '와시 증류기'에서 1차 증류를 통해 알코올 함량 25% 정도의 저도주인 '1차 증류액 low wine'을 얻고, 이 1차 증류액을 로우 와인 증류기(스피릿 증류기)에서 다시 증류해 알코올 함량 70% 정도의 '2차 증류액 new make spirit'을 만들어낸다.

2차 증류액은 맛이 그다지 좋지 않지만 이른바 '증류 특유의 특징'으로 가득 채워진다. 즉 곡물, 증류기의 종류와 모양, 알코올 함량과 피트의 사용 등에 따른 특징이 그 안에 한데 어우러져 있다. 이런 특성은 '숙성 특유의 특징', 즉 오크 숙성 과정에 따른 특징으로 더욱 보강되면서 구체적인 틀이 잡힌다. 말하자면 증류와 숙성, 이 두 과정이 위스키의 특색을 결정짓는다는 얘기다. 증류기에서 어떤 스타일의 증류액이 만들어지든 위스키는 대개 물을 섞어 더 낮은 알코올 함량으로 희석된다. 스코틀랜드의 경우 최소 알코올 함량이 40%지만 대체로 40~55% 정도에서 병입된다.

267쪽에서 자세히 설명하겠지만 오크 숙성 과정은 위스키의 특색에 바탕을 이루는 요소다. 오크통 하나하나가 고유의 내력과 풍미 프로필을 갖고 있어서 그 안에 담기는 위스키는 통별로 저마다 다르게 숙성된다. 심지어 똑같은 2차 증류액이 담겨도 마찬가지다. 최종적으로 병입될 위스키를 만들기 위해서는 여러 오크통의 위스키를 블렌딩한다. 이런 측면에서 따지자면 위스키의 품질은 오크통 숙성 기간과 별 상관이 없다. 사실 위스키의 품질은 최종적으로 병에 담기기 전까지 일어나는 모든 일이 절묘하게 조합되면서 결정된다. 따라서 10년 숙성과 18년 숙성한 위스키를 같이 맛볼 기회가 있다면 주의를 기울여 비교해보기 바란다. 아마 깜짝 놀랄 것이다. 위스키에서 숙성은 중요한 요소이긴 하지만 우리가 생각하는 것만큼 중요하지 않을 수도 있다.

증류기의 모든 것

단식 증류기 pot still는 산업용 설비치고는 모양이 정말 멋지다. 단식 증류기의 소재인 구리는 잘 휘어져서 멋진 모양을 잡기에 좋은 데다 극강의 열 전도체이기도 하다. 단식 증류기는 모양에 따라 증류액의 특색이 좌우된다. 좁고 목이 긴 증류기는 비교적 가볍고 과일 풍미가 강한 증류액을, 또 둥글납작한 모양의 증류기는 보다 풍부한 풍미의 증류액을 만들어낸다. 묵직한 풍미 성분일수록 끓는점이 높은 편이라 목이 긴 증류기 안에서 증류되면 중간에 너무 급격히 식어서 결과적으로 다시 증류기 바닥으로 가라앉고 만다. 반면에 가벼운 풍미 성분은 끓는점이 낮아서 긴 목 부분을 잘 통과한다. 단식 증류기는 한 번에 1회분씩만 증류액을 추출해 낼 수 있다.

연속식 증류기 column still 또는 continuous still는 가볍고 섬세한 스피릿을 만들어주는, 효율성이 훨씬 더 높은 설비다. 증류 방식이 조금 복잡한 면이 있지만, 간단히 말해 단식 증류기 몇 개를 층층이 쌓아놓고 그 사이사이에 구멍이 숭숭 뚫린 판을 끼워놓은 방식이다. 가열된 매시가 증류기를 통과하면 이 판들이 비알코올 성분을 대거 걸러낸다. 이런 식의 영리한 공학 덕분에 증류가는 연속식 증류기를 이용해 알코올 함량 최대 95%의 증류액을 뽑아낼 수 있다.

오크통 재활용

오크통 재활용은 그냥 환경친화적인 측면에서 그리는 것이 아니라 위스키 제조에 꼭 필요한 요소다. 위스키를 담기 전 그 통에 무엇이 담겼건 간에 통의 잔존 내용물이 위스키의 풍미에 영향을 미치기 때문이다. 특히 셰리를 담았던 오크통이 인기가 높은 편으로, 그 인기의 기원은 스페인이 셰리를 오크통에 담아 영국으로 실어 보내던 시절로 거슬러 올라간다. 당시에 스코틀랜드인은 이 오크통을 위스키 보관 용도로 활용했는데, 짙고 달콤한 셰리가 위스키에 무화과, 살구, 건포도, 육두구, 정향 등의 매혹적인 풍미를 선사한다는 사실에 눈뜨게 된 것이다. 버번 위스키 통 역시 많이 애용되는데 토피, 아몬드, 버터스카치 캔디, 퍼지fudge(엿 비슷한 연한 캔디) 풍미를 더 부여한다. 그 외에 와인, 포트, 드라이 셰리, 맥주, 테킬라 통도 저마다 위스키에 독특한 풍미 프로필을 전해준다.

 별별 상식

솔직히 인정하자. 우리는 술을 겉모습으로 판단하길 좋아하고 위스키 제조자들도 그 점을 잘 안다. 더 짙은 위스키를 오래 묵은 고급 위스키로 여기는 인식이 만연한 마당이니, 까놓고 말해 더 진한 색을 내기 위해 흔히 캐러멜 색소를 사용하는 것도 뭐라고 할 게 못된다. 특히 블렌디드 위스키일수록 말이다.

구매 요령

오묘한 매력을 지닌, 세계인의 술

전 세계의 위스키 시장에서 주요 주자는 수년 동안 별 변화가 없었다. 대체로 우수와 시적 감흥으로 넘치는 춥고 눅눅한 지역이 여전히 위스키계 강자다.

그러니 태즈메이니아가 위스키 시장에 뛰어들면서 상위권 생산지로서의 신뢰를 쌓아가고 있는 것도 그리 놀랄 일은 아니다. 위스키 산업은 장소와 아주 깊이 연관돼 있지만 그 연관의 성격이 다른 대다수의 주류와는 다

 **이름 속에 담긴 의미**

싱글 몰트 Single malt : 100% 보리를 원료로 단식 증류기에서 증류해 한 증류소에서 블렌딩한 위스키.

그레인 위스키 Grain whisky : 보리 외에 다른 곡물을 함께 원료로 사용해 연속식 증류기로 증류한 위스키.

블렌디드 위스키 Blended whisky : 여러 증류소의 몰트위스키와 그레인 위스키를 블렌딩한 위스키.

싱글 배럴 Single barrel : 오크통별로 따로 병입된 위스키.

캐스크 스트렝스 Cask strength : 물을 희석하지 않고 (또는 비교적 약하게 희석한 뒤) 병입해 알코올 강도가 높은 위스키.

르다. 즉 테루아보다는 전통, 그리고 지역별로 독특하게 발전돼온 산업 양상과 연관성이 더 깊다. 따라서 위스키를 구매할 때는 가장 먼저 생산지를 눈여겨봐야 한다.

아일랜드

　스코틀랜드 사람 앞에서 말했다간 큰코다치겠지만 몰트위스키의 원조는 아일랜드인이다. 당시에 아일랜드 위스키 산업은 번성을 누리며 잘나가다 된서리를 맞고 말았다. 주요 시장이던 미국이 1920년부터~1933년 금주법 시대로 들어서면서 전체 산업이 파탄 직전에 처했던 것이다. 더군다나 엎친 데 덮친 격으로 아일랜드 독립전쟁(1919~1921)이 터지면서 위스키 생산이 위축됐다. 현재 아일랜드의 위스키는 열 곳 미만의 증류소에서 뛰어난 위스키를 생산해내면서 다시 한 번 이름을 떨치고 있다. 제임슨Jameson과 부시밀스Bushmills 같은 정통 스타일은 비교적 가볍고 섬세한 블렌디드 위스키로, 믹싱해서 마시거나 작은 잔에 따라 마시기에 제격이다. 하지만 조금씩 홀짝이기에 좋은 싱글 몰트위스키를 찾는다면 타이코널Tyrconnell을 권한다.

스코틀랜드

　스코틀랜드는 위스키의 정신적 고향이다. 단, 이 말은 절대 아일랜드 사람 앞에서 하면 안 된다('위스키의 원조'를 둘러싼 스코틀랜드와 아일랜드 사이의 신경전이 어느 정도인지 알만하지 않은가). 라벨에 '스카치Scotch'라는 문구가 찍히려면 스코틀랜드산 위스키로서 100% 몰팅 보리를 원료로 하고 단식 증류기로 증류해 (스코틀랜드에서) 최소 3년간 오크 숙성을 거쳐야만 한다. 스카치위스키는 대체로 3년 이상 숙성하는데, 바로 이런 오크통 숙성을 거치면서 대다수 사람이 스카치 위스키에서 가장 애호하는 풍미가 우러난다. 또 알코올 함량은 증류기에서 94.8% 이하로 증류해 40% 이상으로 병입돼야 하며, 물이나 캐러멜 색소 외에는 그 어떤 첨가물도 들어가면 안 된다.

싱글 몰트 스카치 위스키는 한 증류소의 위스키로만 만든 제품이다. 보통 블렌딩할 때 사용된 가장 어린 위스키의 연수가 병에 표기되지만, 독특한 특색을 만들어내기 위해 무려 수백 개의 오크통에 담긴 위스키를 블렌딩하기도 한다. 스코틀랜드의 증류소는 대부분 다양한 연수의 제품이나 피니시가 서로 다른 제품으로 여러 종의 위스키를 출시한다. 대체로 연수가 오래될수록 고가지만 사람에 따라 비교적 어리고 상쾌하며 오크 풍미가 약한 위스키가 취향에 더 잘 맞을 수도 있다. 이런 것이 바로 취향의 묘미다.

한편 시바스 리갈Chivas Regal이나 조니 워커Johnnie Walker 같은 브랜드로 대표되는 블렌디드 위스키는 일관적인 품질과 가치가 생명이다. 조니 워커는 이런 일관성을 지키기 위해 모두 다른 증류소에서 증류된 수천 통의 위스키를 선별해 쓴다고 한다. 마스터 블렌더는 몇 세대에 걸쳐 세워진 독자적인 스타일에 따라 블렌딩을 조합한다. 상급 블렌디드 위스키는 애장품으로 수집하기에 손색이 없으며, 칵테일을 만들거나 믹서를 섞어 마시기에도 이상적일 뿐 아니라 풍미가 비교적 가벼운 위스키를 맛보고 싶을 때도 더없이 좋다.

생산 지역별 스카치 위스키 구매 요령

'지역 특산주'가 대부분 그렇듯 스코틀랜드에서도 일부 증류소만이 지역 특산 위스키를 생산하고 그 외의 증류소는 독자적인 위스키를 만든다. 지금부터 스코틀랜드의 정통 스타일 위스키 몇 가지를 소개하려 하는데, 참고는 하되 그 주변의 감춰진 보석을 발견하려는 열린 마음도 갖길 바란다.

하일랜드Highland(스코틀랜드 북부 산악지방) : 지대가 넓고 구역별로 매우 다양한 지역이다. 전형적인 하일랜드산 몰트위스키는 곡물 풍미가 주축을 이루면서 여기에 피트의 자취가 다양하게 갖춰진 편이다. 추천 위스키는 클라이넬리시Clynelish.

스페이사이드 Speyside : 하일랜드 내의 소구역인 스페이사이드에서는 대체로 과일 풍미가 특징이고 꿀같이 달콤한 스타일을 생산한다. 추천 위스키는 글렌리벳Glenlivet.

로랜드 Lowland(저지대) : 전형적으로 맛이 아주 좋은 로랜드 스타일은 꽃의 풍미가 두드러지고 때때로 풀이나 허브 계열의 풍미가 담겨 있기도 하며, 피트의 자취가 비교적 약한 편이다. 추천 위스키는 글렌킨치Glenkinchie.

아일레이 Islay : 가장 강렬한 몰트위스키를 생산하는 지역으로 평가받고 있다. 피트 보그와 해안 공기의 정취가 풍성해서 대체로 풀바디에 피트의 여운이 살아 있으며 요오드, 가죽, 나무, 훈연과 해양을 연상시키는 풍미가 진하다. 추천 위스키는 아드벡Ardbeg.

캠벨타운 Campbeltown : 그 특징을 정확히 규정하기가 힘든 캠벨타운은 화려한 역사를 자랑하는 지역이지만 지금은 운영 중인 증류소가 단 두 곳뿐이다. 여러 종류의 스프링뱅크Springbank 중에서 어떤 것이든 맛보길 추천한다.

스타일별 스카치 위스키 구매 요령

피트 풍미	셰리 풍미	곡물 풍미
라프로익 Laphroaig	글렌드로낙 GlenDronach	클라이넬리시 Clynelish
라가불린 Lagavulin	아벨라워 Aberlour	브뤼클라딕 Bruichladdich
탈리스커 Talisker	글렌피딕 Glenfiddich	올드 펄트니 Old Pulteney

일본

일본의 위스키 산업은 청출어람이라는 표현이 딱 들어맞는 경우다. 처음 그 바탕을 다지는 데는 1918년 스코틀랜드로 유학을 떠나 위스키 제조법을 배워온 다케츠루 마사타카竹鶴政孝의 공로가 컸다. 그는 귀국 후 현재는 야마자키 디스틸러리Yamazaki Distillery(산토리 사)로 알려진 증류소를 세워 스코틀랜드의 위스키 제조법을 열심히 따라 하는 데 중심적 역할을 했다. 다케츠루 마사타카는 1934년 사업 파트너인 도리 신지로와 결별하고 독자적인 증류소를 세웠는데, 이 증류소가 바로 훗날의 니카 위스키다.

일각에서는 (특히 최근의 수상 소식과 평론을 접한 후) 일본의 증류소가 스코틀랜드를 뛰어넘었다는 평을 내놓기도 한다. 불과 100여 년 만에 이와 같은 경지에 이르다니 그야말로 '벼락 성공'이라 할 만하다.

호주에서 시판되는 몇 가지 일본 위스키는 우아한 편으로, 곡물의 풍미에 중점을 두면서 강렬한 인상을 위해 피트에 크게 의존하지 않는 스타일이다. 일본 위스키는 증류소나 브랜드별로 품질에 따른 여러 종류의 제품이 출시된다. 위스키 입문자용 블렌디드 및 싱글 몰트 제품이나 스페셜티 제품 등 다양하게 나온다. 일본에서는 블렌딩을 할 때 자체 증류소의 위스키만 사용한다. 스코틀랜드에서 일반적으로 그렇듯 위스키를 통째로 거래

하지 않기 때문이다. 일본 위스키는 수요가 점점 많아짐에 따라 바로바로 구하기가 힘들어졌지만 애써 구해볼 만한 가치가 충분하다.

일본산 위스키 3

니카 프롬 더 배럴 Nikka from the Barrel : 연수가 표기되지 않은 캐스크 스트렝스로, 니카의 주력 증류소 두 곳(요이치, 미야기쿄)에서 증류된 위스키를 블렌딩해 버번 위스키가 담겼던 통에서 숙성시킨다. 하나같이 말린 과일, 몰트, 바닐라의 풍미가 진득하게 느껴지며, 알코올 함량이 51%인 점을 감안할 때 균형이 섬세하게 잘 잡힌 편이다.

하쿠슈 디스틸러스 리저브 Hakushu Distiller's Reserve : 연수가 표기되지 않은 싱글몰트위스키로, 일본 위스키에 처음 입문하는 사람들에게 적극 추천할 만하다. 무난한 편이며 곡물과 스파이시한 바닐라 풍미가 특징이다.

히비키 17년 Hibiki 17 : 30가지 이상의 몰트위스키를 조합한 최상급 블렌디드 위스키로, 풀바디에 크림처럼 부드럽고 진하며 아몬드, 오렌지꽃, 졸인 과일의 풍미가 특색이다.

호주

전해오는 일설에 따르면 최초의 영국인 정착자들이 호주 해안에 발을 디디기가 무섭게 바로 한 일은 귀한 곡물을 증류해 보리주를 밀주한 것이었다고 한다. 무엇이 가장 중요한지에 관한 한 호주 사람들은 정말 알아줘야 한다! 시간이 흐름에 따라 이런저런 법이 나오면서 상업적인 목적의 증류를 억압하거나 장려하는 사이에, 호주는 1940년대 중반 무렵 질롱의 코리오Corio 증류소가 급증하는 인구에 따라 급증하는 갈증을 달래주기 위해 위스키를 대량으로 생산할 만큼 위스키 산업이 성장했다. 그런데 코리오 위스키는 하나의 문화적 상징이 될 만큼 유명해지긴 했으나 '무뢰배만큼이나 거칠기'로 악평이 자자했고, 결국 1980년대 초에 재정 압박으로 파산했다. 하지만 중요한 대목은 여기부터다. 호주의 위스키 산업이 그렇게 막을 내릴 수도 있었지만 그 10여 년의 침체기 후에 다시 번성기를 맞게 됐으니 말이다.

최근 호주에 최상급 위스키가 출현하게 된 데는 빌 라크Bill Lark의 공이 크다. 그는 태즈메이니아에서 위스키 생산의 잠재성을 깨닫자마자(피트 보그, 보리, 청정수가 모두 갖춰져 있음을 알아보자마자) 당장 증류기와 사업 인가를 알아보려고 뛰어들었다. 그런데 첫 시작부터 장애물에 부딪혔다. 인가를 받으려면 증류기의 크기가 최소한 2,700리터급이어야 했는데, 이는 빌의 구상에 비해 너무 큰 용량이었다. 결국 그는 안 되겠다 싶어 그 지역의 의원을 찾아가 함께 힘을 모아 싸운 끝에 1901년 증류법Distillation Act을 수정시켜 더 작은 증류기를 사용할 수 있게 됐다. 그렇게 해서 1992년 세워진 라크 디스틸러리Lark Distillery는 꾸준히 세계 수준급의 위스키를 생산해왔고, 그 과정에서 빌은 업계의 다른 모든 이들에게 좋은 제품을 생산할 수 있는 노하우를 한 수 전수해줬다. 그런 점에서 빌에게 감사한다!

과도한 세율에도 불구하고 현재 호주에서는 위스키를 필두로 크래프트 증류가 전성기를 맞았다. 증류기와 인가증만 있으면 누구라도 제약 없이 도전할 수 있다. 이 부문에서는 세계 수준급 품질의 와인도 생산되고 있으며 현재까지는 스타일이 정통 스카치 위스키에 바탕을 두고 있다. 앞으로 신뢰받을 만한 뛰어난 제품이 나올 것으로 더욱 기대된다.

호주산 위스키 3

라크 Lark (태즈메이니아 주) : 호주 위스키가 시작된 이곳의 위스키는 작은 오크통에서 장기간 숙성시키고 독특한 피트 처리 과정을 거치는 데다 싱글 배럴로 출시되는 스타일이며, 뜨거운 호평을 받고 있다.

설리번스 코브 Sullivans Cove (태즈메이니아 주) : 미국산 버번 위스키 통과 프랑스산 포트 통을 재활용해 숙성시킨 위스키를 섞어서 누구도 흉내 낼 수 없는 스타일의 위스키를 생산하고 있다. 단, 세계적인 상을 수상한 뒤로 구하기가 아주 힘들다는 것이 단점이다.

베이커리 힐 Bakery Hill (빅토리아 주) : 단데농 산맥 기슭에 자리를 잡고 묵묵히 정진한 끝에 결국 큰일을 일궈낸 곳으로, 베이커리 힐의 피트 처리 위스키는 이런 스타일 부문에서 호주 최상급으로 꼽힌다.

스타워드 Starward (빅토리아 주) : 멜버른 외곽에 위치한 이곳의 위스키는 어린 연수로 출시하지만 고온 통 숙성을 통해 복잡 미묘함을 잘 살려내고 있다. 혁신적인 캐스크 피니시(다른 술을 담았던 통에 추가 숙성시키는 것)가 색다른 묘미를 선사해 구매 가치와 흥미가 모두 뛰어나다.

벨그로브 Belgrove (태즈메이니아 주) : 100% 호밀 위스키 생산으로 특히 유명한 벨그로브는 그야말로 장인 정신을 제대로 발휘하면서 재배에서 숙성까지 모든 과정을 직접 진두지휘하고 있으며 전통과 위스키 모두 주목할 만한 곳이다. 조만간 맛 좋기로 입소문이 자자해지리라 기대된다.

별별 상식

2014년 월드 위스키 어워즈 World Whisky Awards에서 설리번스 코브 프렌치 캐스크 Sullivans Cove French Cask가 '세계 최고의 싱글 몰트'로 선정돼 상을 받았다. 배럴 넘버 barrel number 525에서 병입된 이 위스키는 요즘 구하기가 불가능에 가깝지만, 수상 덕분에 태즈메이니아의 위스키가 세계의 위스키 지도에서 당당히 입지를 다지게 됐다.

미국

세계적인 거대 브랜드부터 그 반대인 소규모 증류소에 이르기까지 다양한 미국 위스키 업계는 탐험할수록 흥미로운 세계다. 미국 위스키와 스코틀랜드 위스키는 여러 면에서 큰 차이를 보이지만 곡물 사용과 오크 숙성 과정의 차이 정도만 알아둬도 충분하다. 전반적으로 미국 위스키는 스코틀랜드 위스키보다 살짝 더 달콤하고 오크 향이 강하며 저렴한 편이다. 하지만 그럼에도 칵테일의 원료로 이상적일 뿐 아니라 그 자체로도 뛰어나다. 자, 이제부터 버번 위스키의 세계로 떠나보자.

곡물

스카치 위스키는 100% 몰팅 보리로 만드는 반면 미국에서는 여러 가지 다양한 곡물을 원료로 사용하고 있다(맥주의 경우와 마찬가지로 위스키에서도 곡물의 블렌딩을 '매시 빌'이라 부름). 역사적으로 미국에서는 특정 지역별로 특정 곡물을 생산해 지역별 위스키 스타일이 곡물의 특징에 따라 달라진다. 곡물은 종류별로 저마다 고유한 풍미 프로필이 있게 마련인데, 미국법에 따르면 위스키를 증류기로 증류할 때 알코올 함량 80%를 넘어선 안 된다. 다시 말해 곡물의 풍미가 아주 두드러지게 된다. 곡물별 풍미의 차이에 대한 감을 잡으려면 빵의 종류별 차이를 생각해보는 것도 도움이 된다. 호밀 빵은 옥수수 빵보다 더 향이 강하고 톡 쏘며, 옥수수 빵과 밀가루 빵도 서로 다르다. 말하자면 미국 위스키는 스타일이 그만큼 다양하다는 말이다.

오크

미국의 위스키 생산 관련 법에는 '버번' 위스키나 '호밀' 위스키로 분류되려면 숯에 그을린 미국산 새 오크통에 담아 숙성시켜야 한다는 규정이 있다. 따라서 매번 위스키를 새 오크통에 담아야 하며 오크통은 한 번밖에 못 쓴다. 이는 오크통 재활용이 다반사인 주류 제조업계에서는 이례적인 일이다. 항간의 소문에 따르면 이런 법 규정이 생긴 것이 금주법 폐지 이후 업계의 재부흥을 모색하던 통 제조업자 조합의 막강한 입김이 작용한 결과라고 하는데, 소문이 사실이라면 비열한 일이다. 아무튼 새 오크통을 사용하면 풍미가 잔뜩 우러나며, 통을 숯으로 바짝 그을리는 경우엔 풍미가 더욱 더 진해진다. 미국산 오크는 대체로 다른 품종보다 단맛과 바닐라 향이 더 진한 데다 숙성 온도까지 높아서 스카치 위스키보다 훨씬 빠른 속도로 강한 풍미 프로필이 추출된다. 대다수 미국산 위스키의 숙성 기간이 12년 이하인 이유가 여기에 있다. 12년을 넘으면 나무의 향과 맛이 너무 강해진다.

기후

미국의 전통적 위스키 생산지는 스코틀랜드보다 기온이 크게 높아서 위스키의 숙성도 스코틀랜드와 차이가 있다. 우선 저장 장소가 다르다. 미국에서는 오크통을 환기 제한 설비를 갖춘 높은 벽돌 건물 안에 층층이 높게 쌓아올리는데, 이런 건물을 일명 '릭 하우스rick house'(릭은 숙성 중인 술통을 얹는 시렁을 뜻함)라고 한다. 또 기온이 높을수록 숙성 과정이 촉진돼 풍미가 더 강해지고 증발량도 더 많아진다. 어떤 의미에서는 위스키가 '익는' 셈이 돼, 추운 스코틀랜드의 지하 저장실에서는 15년이 걸릴 만한 숙성 결과가 켄터키 주에서는 3년 만에 일어날 수도 있다. 이처럼 빠른 숙성 기간은 신생 증류소가 투자금을 더 빨리 회수하는 데 유익한 요소로 작용한다.

호밀 위스키

호밀이 최소한 51% 들어간 매시 빌을 원료로 증류기에서 알코올 함량 80% 미만으로 증류한 후, 숯에 그을린 새 오크통에서 숙성시켜야 한다. 호밀 위스키는 대체로 드라이하고 스파이시한 편이다. 하이 웨스트 더블 라이High West Double Rye, 사제락Sazerac, 불레잇Bulleit이 추천할 만하다.

버번 위스키

옥수수가 최소한 51% 들어간 매시 빌로 만들며 미국 위스키 하면 흔히 연상되는, 비교적 달콤한 스타일을 띤다. 버번 위스키는 법적으로 미국 어느 지역에서나 생산이 가능하지만 생산량의 95%가 버번 위스키의 정신적 고향인 켄터키 주에 몰려 있다. 블랑톤스Blanton's, 믹터스Michter's, 납크릭Knob Creek을 추천하고 싶다.

알쏭달쏭 용어

드램dram

추운 지방의 위스키 애주가들이 옛날에 쓰던 스코틀랜드 말로 대략 '한 모금'이나 '술 한잔'을 뜻한다. 그러면 실제 문장으로 실습해보자.
'저녁 먹고 나서 뜨끈한 불 피워놓고 드램 어때?'
'어이, 친구. 이따 그 멋진 바에서 화끈하게 드램 어때?'

음미하기

난롯불 앞에서
간단하게 드램

와인과 달리 위스키는 일단 병에 담기면 더 이상 진전되지 않는다. 따라서 위스키 마시기의 최우선 규칙은 그냥 개봉해서 마시기다.

미개봉한 위스키를 팔 생각이 아니라면 얼른 따서 맛을 보는 게 가장 바람직하다. 위스키는 개봉을 해도 아주 오래간다. 아마 평생을 놔둬도 밍밍해지지 않을 것이다. 위스키가 개봉하는 순간 변질된다면서 대략 18개월 내에 다 마시라고 권하는 사람도 있다. 이 주장이 맞는지 확인하려면 직접 테스트해봐야 할 테지만, 산화 걱정은 둘째치고라도 신상에 무슨 큰 문제가 있지 않은 한 18개월 안에 위스키 한 병을 다 마시지 못할 일이 과연 있을까?

> Tip. 좋아하는 친구들과 돈을 조금씩 거둬 다음의 스타일별로 한 병씩 사서 위스키 시음 파티를 열어보는 것도 괜찮다.

라이(호밀) 위스키 : 하이 웨스트 더블 라이(미국), 벨그로브 라이 Belgrove Rye(호주)

버번(옥수수) 위스키 : 믹터스, 납크릭 버번 Knob Creek Bourbon

몰트(보리) 위스키 : 클라이넬리시 브뤼클라딕 클래식 스카치 Bruchladdich Classic Scotch

위스키의 원료에 맞춰 같은 원료의 빵을 곁들이면 최종 위스키에 남은 곡물의 자취를 감별하는 데 유용하다. 다른 위스키도 많지만 위에서 추천한 위스키를 비교해가며 마셔보면 그 차이에 놀랄 것이다.

위스키 잔 고르기

아로마를 한껏 느끼고 싶다면 입술이 닿는 부분에서 좁아져 아로마를 모아주는 튤립 모양 잔이 적당하다. 키 작은 잔은 마시기에는 좋지만 맛을 음미하는 데는 별로 좋지 않다.

잔을 하나만 구입한다면…
'글렌케언Glencairn' 잔을 권한다. 위스키 음미용으로 특별히 디자인된 잔으로 살짝 섹시하기까지 하다.

물과 얼음

최우선 규칙은 규칙이 없다는 것이다. 이렇게 저렇게 해보며 자신의 기호에 맞는 방식을 찾으면 된다. 어차피 당신 돈으로 사서 마시는 것이니 어떤 식으로 마시든 당신 마음이다(당신이 돈을 내는 경우가 아니라면 사주는 사람에게 고마움을 표한 다음 마시고 싶은 대로 마시면 된다).

대다수 위스키는 제조 과정에서 이미 물로 희석되므로 물은 조금만(30밀리리터당 5~10방울 정도) 넣는다. 그러면 대체로 입 안의 감각을 풀어주고 비교적 부드러운 풍미를 더 부각하는가 하면 알코올을 부드럽게 함으로써 한결 기분 좋게 즐길 수 있다. 특히 풍미가 알코올의 화기에 압도당하기 쉬운 캐스크 스트렝스 위스키(241쪽 참조)일수록 더욱 그런 편이다.

얼음을 넣는 것은 위스키의 스타일에 따라, 그리고 당연히 당신이 마시고 싶은 방식에 따라 좋을 수도 있고 나쁠 수도 있다. 얼음을 넣어 온도가 낮아지면 알코올의 화기를 가라앉혀주지만 아로마 성분을 억눌러 위스키의 특색이 제대로 발현되지 않는다. 한편 얼음의 희석 효과는 이와 반대 작용을 하므로 얼음의 양과 녹는 속도에 따라 풍미의 음미에 차이가 생긴다. 위스키가 묽어지지 않게 하면서 차갑게 해주는 위스키 스톤 whisky stone을 추천한다.

위스키 칵테일

올드 패션드 Old Fashioned : 각설탕 1개, 앙고스투라 비터, 정수나 소다수 소량을 올드 패션드 잔에 넣어 머들러로 으깨고 기호에 따라 그 위에 위스키와 얼음을 넣는다.

위스키 사워 Whisky Sour : 1 대 6 비율의 레몬즙과 위스키에 정제당 한두 스푼과 약간의 얼음을 넣고 흔들어 섞은 다음 차갑게 냉각한 칵테일 잔에 여과해서 붓는다(솜털처럼 가벼운 질감을 원한다면 달걀흰자도 넣어 격정적으로 흔들어 섞으면 된다). 좀 투박스럽다 싶으면 가니시로 체리를 얹는다.

맨해튼 Manhattan : 2 대 1 비율의 호밀 위스키와 스위트 레드 베르무트에 약간의 앙고스투라 비터를 섞어 넣는다. 얼음을 넣고 저은 다음 차갑게 냉각한 잔에 여과해서 붓고 가니시로 마라스키노 체리를 얹는다.

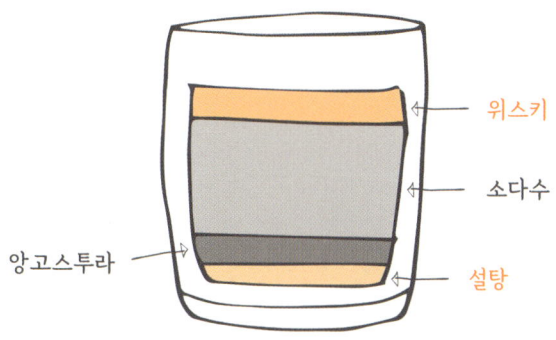

평가하기
허 풀기

콧속이 얼얼해지지 않으면서 스피릿을 음미하는 요령을 간략히 설명했지만(202쪽) 아직 위스키의 풍미에 대해 못다 한 얘기가 있다. 그러므로 여기서는 플레이버 휠을 통해 위스키를 마실 때 주의를 기울여 음미해볼 만한 몇 가지 위스키 고유의 풍미를 알려주겠다.

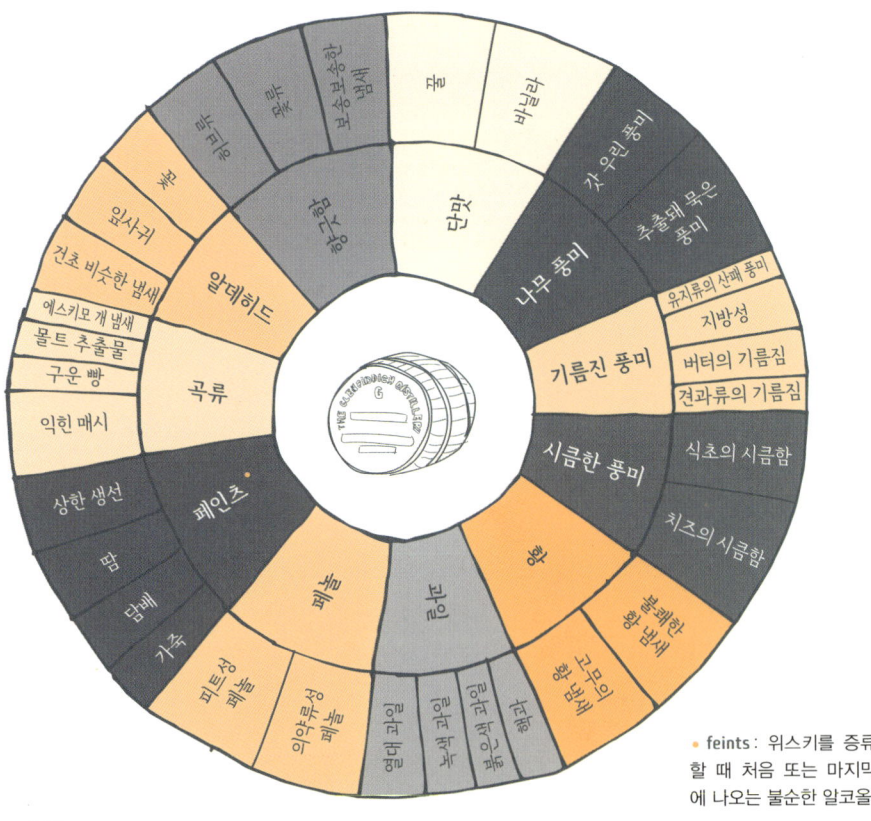

• feints : 위스키를 증류할 때 처음 또는 마지막에 나오는 불순한 알코올.

겉모습

빛깔: 황금색 / 호박색 / 구리색 / 황갈색 / 적갈색, 갈색
투명도: 맑음 / 흐릿함 / 탁함
다리: 짧음 / 중간 / 긺

미각

단맛: 드라이 / 오프드라이 / 미디엄 스위트
바디: 가벼움 / 중간 / 묵직함
알코올 – 조화의 정도: 균형이 잘 잡힘 / 균형감이 없음
알코올 – 질감적 인상: 은은함 / 부드러움 / 살짝 올라옴 / 후끈 올라옴 / 알딸딸함 / 취기가 오름 / 타는 듯함
풍미의 강도: 뚜렷하지 않음 / 가벼움 / 중간 / 뚜렷이 두드러짐
풍미의 여운: 짧음 / 중간 / 긺
피니시: 깔끔함 / 복잡 미묘함 / 후끈함 / 떫음 / 균형 잡힘 / 부드러움 / 날카로움
풍미: 풀 / 허브 / 꽃 / 과일

후각

강도: 가벼움 / 중간 / 강함 / 뚜렷이 두드러짐
느낌/휘발성: 섬세함 / 얼얼함 / 따스함 / 마르는 느낌 / 타는 듯한 느낌
아로마: 풀이나 허브 / 꽃 / 과일 / 가죽이나 담배 / 곡물 / 오크

최종 평가

- 균형감이 좋은가?
- 맛이 좋은가?
- 돈이 아깝지 않은가?
- 음식을 곁들여 마시면 맛이 더 좋은가?
- 그 상황에 잘 맞는가?

음식 궁합

위스키에 어울리는
안주는 위스키

위스키와 음식 궁합에 관한 한 우리가 지금까지 들었던 최고의 조언은 안주 없이 그냥 위스키만 마시라는 것이다.

그래도 꼭 안주가 있어야 한다면 간단한 팁을 알려주겠다. 다른 술과 마찬가지로 가벼운 위스키에는 가벼운 음식을, 묵직한 위스키에는 묵직한 음식을 맞추는 것이 기본이지만, 위스키가 대체로 아주 독하다는 점을 감안할 때 가급적이면 풍미의 강도에 따라 음식을 고르는 것이 좋다. (소시지나 크로켓 같은) 가벼운 안주류와 치즈(270쪽 참조) 말고 다른 음식을 곁들이고 싶다면 위스키의 풍미 프로필을 생각해서 거기에 걸맞은 요리를 고른다. 가령 바비큐 요리와 베이컨은 훈연 풍미와 잘 어울리고, 파이·타르트류 (그리고 팝콘도) 곡물 풍미와 잘 맞으며, 달콤한 글레이즈(과자류 표면에 바르는 잼, 젤리 등)를 바른 요리와 말린 과일은 과일 풍미와 좋은 짝이다. 아주 매운 음식은 삼가기 바란다. 매운 맛이 알코올의 화기를 더 얼얼하게 만들기 때문이다.

위스키와 잘 어울리는 음식 궁합 초간단 가이드

양고기 구이에는… 부드러운 아일랜드 위스키

해기스*에는… 피트 풍미가 있는 스카치 위스키

야키토리(닭꼬치)에는… 일본 블렌디드 위스키

소시지 롤빵에는… 호주 위스키

찐득거리도록 달달한 갈비 요리에는… 미국 버번 위스키

- haggis : 양·송아지의 내장을 오트밀 따위와 섞고 그 위장에 넣어서 삶은 스코틀랜드 요리.

선물용 위스키 구매 가이드

가벼운 선물인가?

→ **아니다** 아주 중요한 선물이다.

→ 하지만 지금은 깊이 생각할 마음의 여유가 없다 : **하일랜드 파크 18년**

↓ **맞다** 그렇다면 콜라와 섞어 마실 만한 것을 원하는가?

→ 하지만 주머니 사정이 좋지 않다 :
- 스타워드
- 하쿠슈 디스틸러스 리저브
- 글렌드로낙 12년

선물할 사람이 전통을 중시하는가?

↓ **맞다** 시바스 리갈 12년

↓ **아니다** 글렌피딕 12년

→ **맞다** 그렇다면 그 집의 난방은 어떤 방식인가?

→ 보일러 : **글렌킨치 12년**

→ 벽난로 : **아드벡 10년**

↓ **잘 모르겠다** 하지만 스스로 위스키를 잘 안다고 자부하는 사람이다.

→ **아니다** 그렇다면 선물 받을 사람이 카우보이 부츠를 신은 적이 있는가?

이 선물을 마음에 들어 할지에 내 인생이 달려 있다.

↓ 설리번스 코브 더블 캐스크

- 탈리스커 18년산
- 믹터스 사워 매시
- 라크 디스틸러리 싱글 몰트
- 히비키 하모니

맞다 하이 웨스트 더블 라이

아니다 야마자키 12년

부록

혹시 이렇게 끝내기엔 뭔가 허전한가? 진정한 애주가라고 자신하기엔 아직 부족한 기분이 드는가?

그럴까 봐 참고가 될 만한 몇 가지 유용한 내용을 마련했다. 먼저 알코올이 생성되기까지의 과정에 대해 좀 더 설명하겠다(알아두면 와이너리, 양조장, 증류소 탐방을 갈 때 가이드를 깜짝 놀라게 할지도 모른다). 또한, 다음 번 모임 때 써먹을 만한 치즈와 술의 궁합 가이드 및 한국의 니슬랭 가이드가 소개하는 세계적인 예술가들의 술과 영화 속 와인 이야기를 담았다.

더 맛있는 술을 위해 좀 더 알아야 할 것들

발효 과정의 숨은 일꾼' 효모

지금까지 알려진, 가장 오래된 단세포 유기체인 효모는 말 그대로 신통한 존재다. 우리가 지금처럼 온갖 맛 좋은 음식은 물론 술을 즐길 수 있는 게 다 효모 덕분이니 말이다. 효모에게 고마워하자.

현재 상업적 효모 산업은 거대 규모로 성장했으며 양조가와 와인 생산자는 자신이 빚는 술에 따라 효모를 특별 맞춤 주문을 해야 한다. 효모가 건조 상태로 포장돼 오면 따뜻한 물에 활성화시킨 후 발효 베이스에 첨가해 발효를 개시하면 된다. 상업적 효모는 실패 가능성이 낮고 효율적이며 가격대와 신뢰성이 좋아서 주류 제조에 널리 사용되고 있다.

효모에는 야생 효모라는 또 다른 세계도 있다. 야생 효모는 우리 주변과 정원에도 있고 와이너리와 증류소, 양조장, 포도밭과 과수원 등 어디에나 존재한다. 집에서도 직접 해보면 알겠지만, 포도를 따서 양동이에 넣고 으깨면 저절로 자연 발효가 일어난다. 와이너리, 증류소, 양조장에서 자생하는 야생 효모군은 시간이 지남에 따라 저마다 독자적인 특성을 발전시키므로 이런 야생 효모를 발효에 사용하면 술에 아주 독특한 특색을 부여할 수도 있는데, 이런 특색을 두고 '미생물 테루아 microbial terrior'라고 일컫는다.

술의 발효 과정에는 단순하지만 경이로운 과학이 숨어 있다. 효모가 당분을 먹고 두 가지 배설물, 즉 탄산가스와 에틸알코올을 내놓는 것, 이것이 바로 발효다. 이때 발효조를 압력 밀봉하면 탄산가스가 발효액 안으로 다시 녹아 들어가 기포가 되고, 발효조를 열어두면 탄산가스가 공기 중으로 증발한다. 하지만 효모는 알코올 함량 15% 정도를 넘으면 발효액 안에서 생존하지 못한다. 말하자면 효모는 당분을 먹고 알코올을 분비하면서 제 무덤을 파는 격이니 비련의 주인공인 셈이다.

몰팅

이번에는 양동이에 포도가 아닌 쌀을 담는다고 가정하자. 이 쌀 양동이에 물을 섞어서 야생 효모군이 자기 할 일을 하도록 밖에 내다놓으면 저절로 사케로 변신할까? 아니, 꿈 깨는 게 좋다.

전분 덩어리인 쌀은 단당이 긴 사슬 구조로 연결된 중합체다. 이 중합체는 단세포인 효모가 먹기에 너무 커서 우선 단당을 분해해야 한다. 전분을 당분으로 바꾸는 과정은 원재료에 따라 다른 명칭으로 불리지만 여기서는 이해하기 쉽게 '몰팅'이라고 부르자. 몰팅이란 발효 전의 단계로, 전분을 단당으로 분해하는 과정이다.

몰팅이 일어나는 과정을 다음 두 가지 좋은 예를 통해 이해해보자.

쌀: 물에 적신 쌀을 그냥 양동이에 담아놓아 봐야 아무 일도 일어나지 않는다. 하지만 어쩌다 우연히 코지를 가지고 있다면 얘기가 달라진다. 코지는 곰팡이의 일종으로 록스타급 미생물이다. 코지는 쌀의 전분을 발효 가능한 단당으로 분해시키는데, 그것도 아주 효율적으로 분해시키면서 온갖 사랑스러운 풍미를 배출한다.

보리: 보리 낟알은 일종의 씨앗이라서 이 씨앗을 물에 불리면 그 안의 효소가 활성화되면서 전분 중합체를 (발육의 에너지로 쓸) 당분으로 분해시킨다. 가련한 이 씨앗은 자신이 식물로 발육할 줄 알고 망상에 빠져 있지만, 사실 턱수염 덥수룩한 양조가가 그 모습을 들여다보며 당분이 모두 풀려날 순간을 기다리고 있다. 결국 그 순간이 되면 낟알이 다시 건조되면서 발육 과정이 정지되고 만다. 그리고 이렇게 건조된 낟알은 발효 가능한 당분이 가득한 발효 베이스가 된다.

증류 기술

집에 있는 알코올 함량 15%의 와인을 끓인다고 생각해보자. 어떻게 될까? 약 78℃에서 알코올이 가장 먼저 증발한다. 이는 알코올을 제거하려 할 때(예를 들어 와인을 넣고 끓이는 오소부코 요리를 할 때)는 유용하겠지만, 알코올 증기를 잡아두려 할 경우엔 끓이는 데 요령이 좀 필요하다.

전통적인 단식 증류기는 목 부분이 길쭉해서 알코올 증기가 응축기에 모아졌다 다시 액화된다. 기본적으로 증류는 매시(가열하려는 혼합 용액 원료)에서 알코올을 분리해내는 과정이다. 예를 들어 알코올 함량이 15%인 와인을 증류하면 80%로 만들 수 있다. '증류, 그것 참 신통한데. 그럼 뭐든 다 증류해서 증류주로 만들면 안 되나?' 이런 생각이 들지도 모른다. 하지만 두 가지 이유 때문에 안 된다. 증류 과정 중에 풍미의 상당수를 잃게 되고 새로운 풍미가 생겨난다. 그라파는 증류판 와인이고 위스키는 증류판 맥주다. 또 애플 브랜디는 증류된 사과주다. 각각 증류에 잘 맞는 증류주이며, 이렇게 여러 종류의 증류주가 있다는 것은 신나는 일이다.

증류는 생각보다 더 어려운 과정이다. 매시(발효된 당분이 섞인 저알코올 혼합액)를 가열하면 가장 먼저 나오는 증기는 대체로 독성이 강하다. '초류head'라고 불리는 이 증기는 대개 산업용 세제로 재활용된다. 이어서 나오는 '본류heart'는 맛 좋은 부분이다. 마지막으로 나오는 '후류tail'에는 대체로 풍미가 가득 담기지만 독성 성분도 있다. 따라서 증류가의 실력은 최상의 술을 만들기 위해 끊어야 할 시점을 정확하게 판단하는 데서 발휘된다.

말하자면 당신이 예전에 샀던 싸구려 저급 위스키는 양을 최대한 늘리기 위해 초류와 후류를 더 많이 섞어 독성 성분이 많이 담긴 제품일지도 모른다. 하루가 아닌 3일 내내 숙취가 풀리지 않아서 고생했다면 그놈의 독성 성분 때문이었을 것이다.

침용의 묘미

침용이라고 하면 어쩐지 복잡할 것 같지만 굉장히 간단하다. 침용은 술에 풍미를 우리거나 추출해내는 과정이다. 알코올이 알아서 용제 역할을 하므로 알코올 혼합액에 과일, 허브, 씨앗, 식물 등 풍미를 가진 재료를 넣으면 이 혼합액으로 풍미가 녹아나오기 시작한다. 예를 들어  보드카 병에 막대 계피를 넣으면 며칠 후에 계피 보드카가 만들어진다(직접 해보면 신기할 것이다). 또 보드카에 주니퍼 열매를 넣으면 어설프나마 (가짜) 진이 만들어진다.

침용은 그 역사가 오래됐을 것으로 추정된다. 아마도 술집에서 파는 술맛이 그다지 좋지 않았던 시대에 (대체로 설탕과 함께) 풍미를 더함으로써 술의 쓴맛이나 시큼한 맛을 가렸던 것이 그 유래로 짐작된다. 게다가 옛날에는 (키니네, 안젤리카 뿌리, 코카 잎 등의) 특정 허브, 나무껍질, 향신료가 말라리아, 회충, 소화불량 등을 치료해준다는 속설이 만연했다. 그래서 이런 재료를 와인이나 스피릿에 첨가해 치료의 한 방편으로 (또는 유일한 치료책으로) 환자에게 마시게 했다. 이처럼 원래는 치료용이었으나 시간이 흐르면서 당당히 술의 자격을 얻게 된 술이 많다. 실제로 베르무트는 그 시작이 치료약이었고, 여러 디제스티프와 아페리티프 역시 애초에는 치료약으로 만들어졌다.

레드 와인의 경우 침용을 통해 포도 껍질의 짙고 붉은 빛깔을 포도즙에 우려내기도 한다. 이때 온도, 알코올 함량, 침용 시간에 따라 빛깔, 풍미, 타닌의 추출 정도가 달라진다.

로제 와인 역시 적포도를 단시간 침용시켜 빛깔을 우려내며, 하룻밤 또는 몇 시간 동안의 침용만으로 적절한 조합의 빛깔과 풍미를 우려내기도 한다.

주정강화

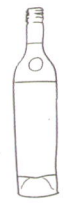

높은 당도와 알코올 함량이 모두 담기는 것이 생명인 술도 있다. 하지만 발효를 거치는 과정에서 당분이 알코올로 전환되므로 자연적인 방법으로는 높은 당도와 알코올 함량을 동시에 얻지 못한다. 그래서 필요한 것이 주정강화다. 주정강화란 아주 높은 알코올 함량의 스피릿(70~96%)을 달콤한 즙에 첨가해 알코올 함량 15~20%의 최종 와인을 만들어내는 과정이다.

이제 막 발효가 시작된 포도와 포도즙의 혼합액이 있다고 하자. 이 단계에서는 당도가 높고 알코올 함량이 낮다. 그대로 더 발효시키면 효모가 당분을 변화시키면서 최종적으로 알코올 함량 12~14% 정도의 드라이한 테이블 와인이 만들어진다. 하지만 여기에 순수 알코올을 첨가하면 주정강화가 된다. 즉 (포도에서 추출된) 높은 당분과 (스피릿에서 얻은) 높은 알코올이 모두 담긴다. 또한 고알코올의 환경에서는 효모와 다른 미생물이 모두 소멸되므로 남은 잔당은 자연적인 재발효가 일어나지 않는다. 특급 운송이 등장하기 전까지 술의 수출입 사업은 주정강화를 통한 안정화 효과에 크게 의존했다. 다시 말해 와인을 통에 담아 배에 실어 보내던 시절에는 장기간의 운송 기간 중 와인이 상하지 않도록 그 위를 스피릿으로 덮었다. 셰리, 마데이라, 포트 등의 유명 주정강화 와인 대부분이 이런 내력을 거쳐 탄생됐다.

대개 주정강화 와인과 셰리는 우리가 잘 아는 그런 와인으로 진전되기 위해 오크통에서 수년간을 보내야 한다. 그 긴 세월 동안 통 안에서 여러 가지 신비로운 일이 일어난다. 가령 알코올이 서서히 증발되면서(증발률이 연 최대 3%에 달함) 화학 성분, 풍미, 질감을 변화시킨다. 베이스 와인에 첨가되는 스피릿의 종류는 와인의 최종 특색을 좌우하는 데 큰 역할을 한다. 전통적으로 주정강화 와인에는 (센스 있게도) 포도로 만든 증류주를 첨가하지만 곡물과 전분 스피릿을 첨가하기도 한다.

숙성의 마력

오크통은 그야말로 경이로운 발명품이다. 우선 모양만 봐도 그렇다. 그런 둥그런 모양 덕분에 무거워도 옮기기 쉽다. 내용물을 가득 채워도 한 사람의 힘으로도

거뜬히 굴리고 기울이며 바닥으로 밀어뜨릴 수 있다. 오크는 소재로서도 탁월하다. 잘 휘어지며 통기성이 있고 친환경적인 데다 밀봉과 가공 처리가 가능해 여러모로 유용하다.

또 오크의 멋진 풍미는 어떤가. 그 안에 담기는 술의 맛을 더욱 살려줄 뿐 아니라 원산지에 따라 풍미의 특색을 다양하게 발휘한다. 오크의 풍미는 통의 안쪽을 구울 경우 또 다른 매력을 띠기도 하며, 통의 나이와 사용 횟수에 따라서도 달라진다. 작은 오크통일수록 안의 내용물에 보다 강렬한 변화를 일으키는데, 이는 술의 용적 대비 표면적의 비율이 더 작기 때문이다. 한편 통을 가장자리까지 가득 채우면 80%만 채울 때보다 산소의 영향을 받는 속도가 더디며, 통과 내용물이 열을 받아 데워지면 영향의 속도가 가속화된다.

하지만 오크의 진정한 마력은 따로 있다. 오크통 안의 술에 미미하지만 꾸준히 산소가 새어 들어가게 하는 측면이다. 덕분에 와인이 오크통에 담겨 장기간 숙성되는 동안 산화되지는 않으면서 소량의 산소를 흡수하게 되고, 또 그것은 섬세한 화학 작용을 일으켜 와인의 풍미와 구조를 변화시킨다. 스피릿, 특히 위스키의 경우엔 오크통 숙성이 최종 산물에 결정적인 역할을 한다. 위스키의 최종 특징 가운데 최대 80%가 오크에서 나온다는 말이 있을 정도다.

원산지
프랑스산 오크: 향신료와 토스트 계열의 부드러운 풍미.
미국산 오크: 바닐라와 몰트 계열의 더 짙은 풍미.

통 크기
작은 통: 풍미를 더 많이 우려줌.

큰 통: 풍미를 덜 우려줌.

통 굽기
바짝 구운 통: 와인에 숯의 특징을 부여해줌.
중간 정도로 구운 통: 오크와 숯의 풍미가 최적임.
살짝만 구운 통: 오크의 풋내가 강하고 숯의 풍미가 약한 편임.

숙성 시간
장기간: 풍미가 더 진하게 우려짐.

온도
따뜻한 환경: 숙성 속도가 빨라짐.
서늘한 환경: 숙성 속도가 느려짐.

치즈와 술의 찰떡궁합

치즈	와인
생 커드치즈 예 : 모차렐라나 염소젖 연성치즈	소비뇽 블랑 등 가볍고 향긋한 화이트 와인이 치즈의 풍미를 압도하지 않고 잘 어우러진다.
숙성/애쉬드 염소젖 치즈 예 : 애쉬드 셰브레 ashed chèvre, 사부린 savourine	오크통에서 숙성된 소비뇽 블랑이나 피노 그리가 재 ash 의 풍미를 돋보이게 해준다.
흰 곰팡이 치즈 예 : 브리, 카망베르	숙성된 치즈일수록 숙성된 와인과 잘 맞는다. 샤르도네가 이상적이며, 로제 와인도 좋은 짝이다.
껍질을 닦은 연질치즈 예 : 탈레지오 taleggio	피노 누아르와 그르나슈같이 과일 풍미가 있고 주스 같은 레드 와인이 치즈의 독한 냄새를 잡아준다.
세미 하드 semi-hard 치즈 예 : 뤼에르 gruyere, 콩테 comte, 만체고 manchego	미디엄바디의 레드 와인과 화이트 와인, 피노 누아르, 템프라니요, 로제, 그르나슈로 맞춰주면 대부분 잘 맞는다.
블루치즈 예 : 스틸턴 stilton, 고르곤졸라	페드로 히메네스 셰리가 제격이다.
하드 hard / 솔티 salty 치즈 예 : 페코리노 pecorino	소금과 감칠맛을 만나면 환상의 호흡을 자랑하는 피노 셰리가 좋다.
고급 빈티지 체더치즈	풀바디의 스파이시한 쉬라즈처럼 농익고 풍미 좋은 레드 와인. 빈티지 포트도 추천할 만하다.

사케	맥주	위스키
입 안을 개운하게 해주는 신맛과 부드러운 풍미를 지닌 아주 섬세한 다이긴조.	밀 맥주나 필젠 스타일이 이런 치즈의 맛을 압도하지 않아서 좋은 짝이다.	맞는 짝을 찾기가 어렵다! 위스키 자체가 이런 섬세한 치즈에 곁들이기에는 너무 강하다.
과일과 꽃의 풍미를 띠는 긴조가 재의 풍미와 대비되며 좋은 조합을 이룬다.	약간의 훈연과 홉의 풍미에 상쾌함을 지닌 IPA나 블랙 IPA.	살짝 숯의 향이 나고 꿀처럼 달콤한 스타일의 버번 위스키가 재의 풍미를 부각시켜줘서 좋다.
치즈의 느끼함을 잡아주기에 충분한 풍미와 신맛을 지닌 준마이 긴조가 좋다.	임페리얼 IPA가 좋은 궁합이 될 수 있다. 입 안을 개운하게 해주는 쌉쌀함이 치즈의 느끼한 맛을 입가심해준다.	중간 정도의 스타일에 피트 풍미가 너무 강하지 않은 위스키. 호주산도 마셔볼 만하다.
냄새가 강한 치즈에는 강한 풍미를 띤 야마하이나 키모토를 짝지어주면 좋다. 단, 사케가 쉽게 압도당하기 쉽다는 단점이 있다.	톡 쏘는 맛의 벨기에 스타일의 맥주라면 이 치즈를 감당할 만하다.	맞추기가 까다롭다! 치즈의 무게감과 강도에 맞춰 향이 강하고 피트 풍미가 있는 위스키를 맛보길 권한다.
준마이 긴조의 견과류와 버섯의 맛 좋은 풍미가 치즈와 잘 어우러지며 치즈의 맛을 살려준다.	적당한 풍미에 몰트 특유의 단맛을 지니고 있는 앰버 에일이 이 치즈와 잘 어울린다.	중간 정도의 스타일에 피트 풍미가 너무 강하지 않으면 대부분 잘 맞는다. 또는 호밀 맥주를 함께 마셔도 치즈의 무게감과 잘 어우러진다.
시럽처럼 달콤하고 독특한 우메슈를 추천한다. 이 조합은 모험을 건 시도이지만 조합의 효과가 제대로 발휘되면 놀라운 경험을 선사해준다.	스틸턴 치즈에는 임페리얼 스타우트가 제짝이다.	스틸턴 외에 다른 치즈는 너무 크림 같아서 위스키와는 어울리기 힘들다. 약간 피트의 풍미가 느껴지고 셰리 통에 후숙성한 스카치 위스키를 권한다.
긴조가 적절하다. 치즈의 소금과 감칠맛이 긴조의 과일과 꽃의 풍미를 살려준다.	자극적 풍미를 가진 밀 맥주가 이 치즈의 높은 염도와 찰떡궁합이다.	섬세하면서도 부슬거리는 질감이 느껴지고 풍미 좋은 일본산 위스키가 잘 어울린다.
겐슈나 풍미가 풍부한 사케. 단, 사케가 압도당하지 않도록 신경 쓸 것.	미국산 페일 에일이 체더치즈에 밀리지 않을 만한 풍미를 가지고 있어서 좋다.	셰리 통에 후숙성한 스카치 위스키나 상급 버번 위스키가 적당하다.

꿈의 홈바 꾸미기

큰 마음 먹고 꿈의 홈바를 꾸며놓으면 찾아오는 벗들과 즐거운 추억도 쌓고 좋지 않을까. 우리가 홈바를 꾸미기에 좋은 브랜드 몇 가지를 귀띔해주겠다. 단, 당신의 개인적 취향에 맞춰 거리낌 없이 다른 것으로 바꾸어도 된다. 취향을 현명하게 발휘해봐라.

아페리티프(193쪽 참조) – 캄파리

찾아온 손님을 환영할 때 좋다. 니그로니 칵테일로 만들거나 소다수, 얼음, 오렌지 슬라이스를 섞어서 내놓는다.

블렌디드 위스키(243쪽 참조) – 시바스 리갈 12년이나 조니 워커 골드

(필요에 따라) 위스키 베이스의 칵테일이나 콜라와 섞어 마시는 용도로 좋다.

싱글 몰트위스키(245쪽 참조) – 라크 디스킬러리나 글렌드로낙 12년

난로 앞에 앉아 스트레이트로 홀짝이거나 온더락으로 마시기에 좋다.

호밀 위스키(248쪽 참조) – 벨그로브나 하이 웨스트 더블 라이

사제락(버번 위스키, 비터, 압생트, 설탕, 얼음 따위를 넣어 만드는 칵테일)을 만들거나 밴조를 치며 스트레이트로 홀짝일 때 좋다.

테킬라(226쪽 참조) – 패트론 Patron, 트롬바 Tromba, 포르탈레자 Fortaleza

마르가리타용으로도 좋지만 조금씩 홀짝이기에 더욱 좋다.

라이트 럼(223쪽 참조) – 바카디

여름철에 럼 베이스의 칵테일용으로 딱이다.

다크 럼(224쪽 참조) – 디플로마티코 레제르바 익스클루시바 Diplomatico Reserva Exclusiva

어두컴컴하고 폭풍우 치는 밤에 스트레이트로 홀짝이기에 제격이다.

디제스티프(196쪽 참조) – 아마로 몬테네그로나 페르네-브랑카
음식을 배부르게 먹고 나서 속을 진정시킬 때 간단하게 마신다.

진(212쪽 참조) – 십스미스 런던 드라이나 멜버른 진 컴퍼니
마티니나 진토닉 같은 칵테일용으로 적당하다.

브랜디(191쪽 참조) – 폴 지로 XO 코냑 Paul Giraud XO Cognac
사이드카Sidecar, 트리플섹triple sec(오렌지 향이 나는 리큐르를 레몬주스와 함께 섞는 칵테일)으로 마시거나 세계 정복을 구상하며 스트레이트로 홀짝이면 딱 좋다.

베르무트(197쪽 참조) – 스위트 레드 베르무트(마티니 앤 로시나 메이데니), 드라이 화이트 베르무트(돌린)
마티니 칵테일용이나 얼음을 넣어 마시면 유행에 민감한 친구들에게 좋은 인상을 줄 수 있다.

비터 – 앙고스투라 비터나 페이쇼드 비터 Paychauds Bitters
사제락, 올드 패션드, 샴페인 칵테일 등 모든 종류의 칵테일용이다.

트리플섹 – 쿠앵트로 오렌지 리큐어
사이드카와 코스모폴리탄 칵테일용.

마라스키노(체리 리큐어) – 룩사도 마라스키노 체리 리큐어 Luxardo Maraschino Cherry Liqueur
바텐더들의 비밀 무기. 마라스키노는 생각보다 훨씬 드라이해서 칵테일의 종류를 막론하고 약간의 균형과 생기를 돋워주는 용도로 좋다.

믹서
레몬주스와 라임주스, 소다수, 말린 생강, 토닉워터, 설탕 시럽 등 맛을 돋워줄 만한 모든 것.

알아두면 더 맛있는 술 이야기

혼자 알기 아까운 영화 속 그 술

최고급 와인들의 향연, 〈라따뚜이〉

절대 미각의 소유자 '생쥐 레미'를 주인공으로 한 영화 〈라따뚜이〉(2007). 생쥐가 요리에 서툰 '링귀니'를 주방에서 지휘한다는 독특한 설정이지만 처음부터 끝까지 다양한 요리와 따뜻한 이야기를 담아낸 애니메이션이다. 파리의 멋진 야경을 배경으로 일류 식당인 구스토 레스토랑의 고급 요리와 함께 곁들여지는 건 바로 와인. 프랑스를 대표하는 최고급 와인들이 씬 곳곳에 담겨 나온다.

레스토랑을 노리는 총주방장이 '링귀니'의 비밀을 캐내기 위해 내놓는 와인은? 바로 1961년산 샤토 라투르Chateau Latour. 프랑스 보르도의 최고 등급인 그랑 크뤼 클라세 1등급 와인이다. 보르도에서 북서쪽으로 40킬로미터 떨어진 메독 지역. 그중에서도 최고급 레드 와인 산지로 명성이 높은 '포이약'에서 재배한 카베르네 소비뇽, 메를로, 카베르네 프랑 등을 블랜딩해 만든다. 삼성그룹 이건희 회장이 즐겨 마시는 와인이며, 2000년 6월 평양을 방문한 김대중 대통령에게 김정일 북한 국방위원장이 내놓은 와인으로도 유명하다. 특히 1961년은 보르도에서도 손꼽히는 빈티지 중 하나다. '링귀니'가 총주방장이 내민 1961년 샤토 라투르를 맛도 모른 채 넙죽 받아 마실 때는 "맙소사!"하고 탄성이 절로 나왔다. 한 방울씩 아껴 마셔도 모자랄 판에 만 원짜리 와인 마시듯하다니!

20세기 최고의 명품 와인으로 손꼽히는 1947년산 '샤토 슈발 블랑Chateau Cheval Blanc'도 등장한다. 보르도 생테밀리옹 1등급 와인이다. 까다롭기로 소문난 음식비평가 안톤 이고가 구스토 레스토랑에 와서 음식과 함께 이 와인을 주문한다. 슈발 블랑이란 '백마'라는 의미다. 슈발 블랑은 메독과 부르고뉴 와인의 특징을 두루 가지고 있고, 균형 잡힌 풍부한 과일 향과 뒷맛이 관능적이고 환상적이라는 평을 듣고 있다.

이 와인은 영화 〈사이드웨이〉(2004)에도 등장한 바 있다. 주인공인 마일즈는 "난 빌어먹을 메를로 와인은 안 마셔!"라며 피노 누아로 만든 와인만 고집한다. 하지만 아이러니하게도 그가 애지중지하는 보물 같은 와인은 카베르네 프랑을 주품종으로 메를로를 블랜딩해서 만든 1961년산 샤토 슈발 블랑이다. 영화의 성공 이후 슈발 블랑과 피노 누아는 전 세계적인 열풍을 불러일으켰다.

로맨틱 영화의 대명사 〈카사블랑카〉 그리고 〈귀여운 여인〉

고전 영화의 걸작으로 손꼽히는 〈카사블랑카〉(1942)와 로맨틱 코미디 영화의 대명사 〈귀여운 여인〉(1990), 이 두 영화에는 남녀 주인공이 등장하는 주요 장면에서 와인이 나온다.

〈카사블랑카〉는 제2차 세계대전 때 모로코의 카사블랑카를 배경으로 한 영화다. 당대 최고의 배우였던 험프리 보가트(릭 역)와 잉그리드 버그만(일사 역)의 멋진 대사와 명장면은 두고두고 회자되고 있다. 재미있게도 이 영화에서 최고로 손꼽히는 대사는 모두 와인과 관련돼 있다. 모로코를 떠나려는 잉그리드 버그만은 그녀를 붙잡는 카페 주인 험프리 보가트에게 말한다. "'뵈브 클리코'라면 남겠어요If it's Veuve Clicquot I'll stay." 릭과 일사의 파리 회상 신에서는 멈 코르동 루즈Mumm Cordon Rouge를 마시는 장면이 여러 번 나온다. 이때 나온 대사가 바로 "그대 눈동자에 건배Here's to looking at you, kid." 이 대사로 샴페인 멈은 전 세계적인 유명세를 타게 되었다.

'옐로 라벨'로 잘 알려져 있는 '뵈브 클리코'는 프랑스 상파뉴 지역의 랭스 마을에서 생산된다. 피노 누아, 샤르도네, 피노 뫼니에. 이 세 가지 품종을 블랜딩해서 만든다. 피노 누아는 와인의 강건한 뼈대, 샤르도네는 프레시한 맛과 산도를, 피노 뫼니에는 부드러움을 더한다. 영화 〈섹스 앤드 더 시티〉에서는 잘나가는 뉴요커를 대변하는, 여성들의 성공을 축하해주는 파티용 샴페인으로 등장했다. 깔끔하면서도 프레시한 맛, 포도의 상큼함과 생동감이 분위기를 경쾌하게 살려준다.

'세계 3대 샴페인'으로 손꼽히는 멈 코르동 루즈. 여기서 코르동 루즈는 붉은 리본이라는 뜻으로 프랑스 최고의 명예훈장인 '레지옹 도뇌르Legion d'honneur'를 뜻한다.

레이블에 이를 상징하는 붉은 리본 라벨이 담겨 있다. '오직 최고만을only the best' 이라는 창시자 조지 헤르만 멈의 모토가 담긴 이 샴페인은 '도전과 성공의 기쁜 순간을 함께하는 샴페인'으로 널리 알려져 있다. 프랑스가 처음으로 로켓 발사에 성공했을 때 기념 행사에 이 샴페인이 쓰였고, 스피드와 모험, 도전정신을 상징하는 F1(포뮬라 1)의 공식 스폰서로 활동하고 있기도 하다. 깔끔한 맛과 산미, 아름다운 기포가 특징이며, 세련되고 우아한 풍미가 일품이다.

매력적인 독신남과 길거리 여자의 에피소드를 담은 〈귀여운 여인〉은 영화 곳곳에서 여성들을 '심쿵(?)'하게 하는 장면이 많이 등장하는데, 그중 샴페인을 마시는 장면은 유명하다. 리차드 기어(에드워드 역)가 줄리아 로버츠(비비안 역)를 데리고 호텔로 들어가 샴페인을 주문한다. 이때 등장한 샴페인이 바로 모엣샹동Moet&Chandon. 에드워드는 "샴페인의 향을 돋워준다"며 딸기를 함께 먹어보라고 권한다.

1743년부터 오랜 역사를 자랑하는 모엣샹동은 2분에 한 병씩 팔릴 정도로 전 세계에서 가장 많이 팔리는 샴페인으로 알려져 있다. 모엣샹동의 소유주 장-레미 모엣Jean-Remy Moet의 절친이었던 나폴레옹 1세가 모엣샹동을 크게 사랑했다고 전해진다. 나폴레옹은 전투에서 승리할 때면 장교들의 사기를 높여주기 위해 날이 휘어진 칼 사브르Sabre로 병목을 잘라 오픈해 승전을 축하했다. 이 방식을 '사브라주Sabrage'라고 한다. 맛은 어떨까? 한 모금 머금으면 과일과 꽃향기의 풍미가 퍼지고, 적당한 탄산과 청량감이 기분을 즐겁게 해준다. 나폴레옹이 맛보았던 승리의 기쁨을 모엣샹동을 통해 맛볼 수 있을 것 같은 느낌이다.

그 외 영화를 빛낸 와인들

영화 속 장면을 빛낸 와인은 많다. 만약 당신이 당장 죽음을 앞두고 있다면 어떤 와인을 마시겠는가? 아마 주저 없이 가지고 있는 가장 비싼 술을 꺼낼 것이다. 새해를 앞둔 전야제, 대서양을 순항하던 호화 여객선 포세이돈에 거대한 쓰나미가 돌진한다. 이때 죽음을 앞둔 한 노신사는 프랑스 부르고뉴의 최고급 와인 2005년산 '로마네 콩티'를 마시며 최후를 맞이한다. 영화 〈포세이돈〉(2006)의 얘기다. 지구와 소행성의 충돌을 다룬 SF 재난영화 〈딥 임팩트〉(1998)에서는 충돌을 앞두고 주인공이 1997년산 '샤토 무통 로쉴드'를 마신다. 죽음을 앞두고 마시는 술맛은 과연 어떨까? 갑자기 궁금해진다.

여성을 유혹하기 위해 바람둥이들이 지원 사격한 술도 있다. 본드 결과 뜨거운 썸(?) 타기에 집중한 제임스 본드의 샴페인으로 불린 '볼랭저Bollinger'. 영국 왕실 조달 허가증을 받은 최초의 샴페인으로, 1981년 찰스 왕세자와 다이애나 비의 결혼식 연회 때에도 사용됐다. 영화 〈작업의 정석〉(2005)에서 송일국이 손예진에게 작업을 걸기 위해 주문한 와인은 무엇이었을까? 프랑스 5대 샤토 중 하나인 '샤토 오브리옹Chateau Haut Brion'이다. 1533년 장 드 퐁탁 가문에 의해 설립되어 오랜 역사를 이어온 이 와인은 많은 작가의 사랑을 받았다. 2000년 한국을 방문한 자크 시라크 프랑스 대통령이 김대중 대통령을 위해 선물로 가져온 와인이기도 하다.

세계적인 예술가들의 술

술이 없다면 예술을 논하지 말라? 세계적인 대문호나 예술가들의 삶을 들여다보면 그들의 삶 가까이에 술이 있었다. 술을 마신 다음 날 오전에 그림 그리는 습관이 있었던 화가 프랜시스 베이컨, 매일 6리터의 와인을 마시며 글을 쓴 영화 〈연인〉의 원작자 마르그리트 뒤라스, 늘 취해 지내다가 39세의 나이로 객사한 시인 딜런 토마스 등 술을 사랑한 예술가는 무수히 많다. 세계적인 예술가들이 사랑했던 술은 무엇이었는지 알아보자. 이들에게 과연 술은 위대한 작품을 탄생시키기 위한 묘약이었을까? 아니면 독약이었을까?

반 고흐와 압생트

화가 피카소, 마네, 드가, 고갱, 고흐, 시인 보들레르, 랭보, 작가 앨런 포우, 헤밍웨이 등. 이 예술가들의 공통점은 바로 압생트를 즐겨 마셨다는 것. 수많은 예술가가 이 술을 사랑했지만, 빈센트 반 고흐가 귀를 자르기 전에 마셨다는 이야기가 전해지며 고흐의 술로 널리 알려졌다. 압생트는 아니스, 향쑥 등의 꽃과 잎의 성분을 추출해서 만든다. 압생트라는 이름은 원료인 향쑥Worm wood의 쓴 쑥이라는 라틴어 압신티움absnthium에서 따왔

는데, 씁쓸해서 먹기 힘든 풀이라는 뜻을 담고 있다.

압생트는 18세기 초 스위스의 한 의사에 의해서 개발되었고 이후에 프랑스로 도입되며 널리 알려지기 시작했다. 19세기 말과 20세기 초, 파리의 화가와 작가 등 예술가들 사이에서 유행하며 '보헤미안, 예술가의 술'로 불리기도 했다. 신비한 녹색 빛깔을 띠고 있어 '녹색 요정'이라는 별명도 가지고 있다. 20세기 초에는 프랑스 와인 소비량의 일곱 배가 넘을 정도로 대중적인 사랑을 받았다.

하지만 독주인 압생트를 다량 마신 사람들에게 문제가 생기기 시작했다. 고흐의 작품을 잠시 들여다보면 유난히 노란색이 많고, 대표적인 작품으로 해바라기가 꼽힌다. 이는 압생트를 즐겨 마신 고흐가 사물이 노랗게 보이는 '황시증'을 앓았다는 것과 관련 있다. 압생트에 포함된 테레벤Terebene이라는 물질이 시신경을 훼손시켰기 때문이라고 한다. 또한 환각 상태를 불러일으켜 귀를 자르게 되었다는 이야기도 있다.

도수가 높은 압생트는 보통 물과 1:1로 희석해서 마시는데, 설탕을 활용해 먹는 방법도 있다. 천재 시인 랭보의 삶을 그려낸 영화 〈토탈 이클립스〉에서 이를 찾아볼 수 있다. 술잔 위에 각설탕을 놓은 스푼을 올리고, 불로 설탕을 녹여 마시는 식이다. 각설탕이 향쑥 특유의 쓴 맛을 잡아주는 역할을 한다. 시인 아르튀르 랭보는 말했다. "푸른빛 도는 화주 압생트가 피워 올리는 취기야말로 가장 우아하고 하늘하늘한 옷이다."

무라카미 하루키와 맥주

맥주를 사랑하는, 맥주 예찬가인 소설가 무라카미 하루키. 그의 소설 《바람의 노래를 들어라》에서는 맥주를 마시는 장면이 무려 56번이나 등장한다. 하루키는 자신이 맥주의 나라에 가면 VIP급 대우를 받을 것이라며, 개인적인 맥주 소모량과 소설에서 자신이 맥주를 지지했다는 것을 밝힌다. 실제로 그의 소설에는 맥주 마시는 장면이 자주 등장한다. 소설 속 등장인물들은 일상에서 늘 맥주를 옆에 두고 있다. 42킬로미터를 다 뛰고 난 뒤 벌컥벌컥 단숨에 들이마시는 맥주 맛에 대한 구절을 보았을 땐 헬스장에서 미친 듯이 뛰고 캔맥주를 꿀꺽꿀꺽 원샷하고 싶단 충동에 사로잡히기도 했다. 금주계획이 단번에 무산되는 것이다. 그런 그가 사랑했던 맥주는 뭘까? 하루키의 책 《샐러드를 좋아하는 사자》에 소개된 적이 있다. 그가 사랑하는 맥주는 '우리 회사 맥주는 병으로만 마셔주길 바란다'는 방침으로 캔맥주를 만들지 않는 회사라고. 롤링 록, 바스 페일 에일, 사무엘 애덤스는 냉장고에 상비하고 그때그때 기분 따라 골라 마신다.

그가 애호하는 브랜드로는 '팹스트 블루 리본'이라는 라거 맥주도 있다. 1844년 미국 위스콘신 주 밀워키에 설립됐고, 1882년 실크 리본을 병에 걸기 시작하면서 '블루 리본'으로 불리기 시작했다. 엄선된 보리와 아메리칸, 유러피안 홉을 섞어 양조했으며, 부드럽고 적당한 보디감을 지녔고, 목 넘김이 깔끔한 맥주다. 하루키는 맛이 담백하여 한낮에 편안히 마시기 좋다고 평했다. 문득 벤저민 프랭클린의 말이 생각난다. "신이 우리를 사랑하고 우리가 행복하길 바라는 증거가 바로 맥주!" 하루키는 이 맥주의 영원함을 누구보다도 잘 아는 것 같다.

헤밍웨이와 샤토 마고 그리고 모히토

술과 헤밍웨이는 빼놓을 수 없는 공식과도 같다. "술은 이 세상 최고의 문명 가운데 하나다", "샴페인 반 병은 인류의 적이오. 내 수중에 돈이 있을 때면, 나는 샴페인에 돈을 쓰는 것보다 더 나은 돈 쓰는 방법은 생각할 수가 없어요" 등등. 헤밍웨이는 자신이 사랑했던 술과 관련한 많은 문장을 남겼다.

상남자로 남성적인 스포츠를 즐겼고, 제1차 세계대전 때는 전장을 누비는 종군기자이자 군인으로 활약했던 헤밍웨이는 그가 체류한 도시의 문화와 술에 자연스럽게 녹아 들어갔다. 1920년대에는 특파원으로 프랑스 파리에 머물게 되면서 미국 작가 거트루드 스타인, 스콧 피츠제럴드 등의 명사들과 어울렸다. '녹색의 마주'로 불린 압생트를 즐겼고, 와인을 자주 접하게 되며 와인의 매력에 푹 빠졌다. "와인은 세상에서 가장 고상한 것"이란 평을 남길 정도였다. 이때 그가 가장 즐겼던 와인은 5대 샤토로 손꼽히는 보르도의 샤토 마고. 이 와인에 대한 애정이 남달랐던 그는 손녀의 이름도 '마고'라고 지었다.

한편 헤밍웨이의 제2의 고향으로도 불리는 쿠바에는 그의 단골집들이 남아 그의 흔적을 간직하고 있다. 늘 시가와 칵테일을 입에 달고 살았던 헤밍웨이가 가장 즐겨 마신 술 가운데 하나였던 모히토Mojito와 다이키리Daiquiri. 모히토는 스페인어로 마법의 부적, 소품이란 뜻을 가지고 있다. 럼에 라임즙과 민트잎을 넣고 찧어준 뒤 얼음과 설탕, 럼을 넣어 만든 칵테일이다. 대작《노인과 바다》는 헤밍웨이가 저무는 노을을 안주 삼아 모히토를 마시며 탄생시켰다. 또한, 다이키리는 쿠바 산티아고 해변

근처의 광산 이름이다. 광산에서 근무하던 미국인 콕스가 쿠바산 럼에 라임주스, 설탕을 넣어 마신 것에서 유래됐다고 한다. 훗날 엘 플로리디타에서 일하던 바텐더가 대패로 민 얼음을 첨가하면서 독특한 맛을 더하게 됐다. 아직도 "나의 모히토는 라 보데기타에서, 다이키리는 엘 플로리디타에서"라는 헤밍웨이의 낙서가 남아 있다. 당장이라도 쿠바로 달려가 그의 흔적을 느껴보고 싶다.

이지민 : '대동여주도(酒)', '언니의 술 냉장고 가이드' 콘텐츠 제작자이자 F&B 전문 콘텐츠 마케팅 회사인 PR5번가 대표. 우리 전통주를 알리고 있다. 술과 음식, 사람을 좋아하는 음주문화연구가.

애주가들의 필수 체크, 용어

감칠맛 Umami (사케)
'제5의 풍미'. 시중에서 MSG가 그 순수 형태이며, 여러 물질에서 자연적으로 함유돼 있는 성분이자 파르메산 치즈, 토마토, 미소 된장, 사케 같은 식품에 자연적으로 많은 양이 들어 있는 성분이다.

경수 Hard water (사케, 맥주)
미네랄 함량이 높은 물로, 술의 최종 풍미에 영향을 미친다.

긴조 Ginjo (사케)
최상급 사케를 통틀어 지칭하는 용어.

다리 Leg (와인)
와인 잔 안쪽을 타고 흘러내리는 와인 방울로, 높은 알코올 도수나 높은 당도를 (또는 둘 모두를) 암시해준다.

디캔팅 Decanting (와인, 위스키)
술을 다른 용기에 부어 공기를 쐬어주는 것. 와인의 경우에는 침전물을 걸러내는 용도로도 활용된다.

루플린 Lupilin (맥주)
맥주에 특유의 쓴맛을 부여해주는 홉 속의 액체 성분.

마이야르 반응 Maillard reaction (맥주, 위스키)
캐러멜화와 유사한 작용으로, 뭔가를 '구운' 효과로 풍미를 변화시키는 화학 반응이다. 특히 맥주와 위스키의 재료로 쓰이는 볶은 곡물에서 중요한 역할을 해주는 반응이다.

매시 Mash (맥주, 위스키)
맥주나 위스키의 베이스가 되는 볶은 곡물들.

맥아즙 Wort (맥주, 위스키)
몰팅 곡물과 물의 달콤한 혼합액으로, 맥주나 위스키 발효의 베이스가 된다.

바이오다이내믹 Biodynamic, BD (와인)
유기농의 한 종류로 지속 가능성을 중시한다. 토양의 비옥함, 식물의 생장, 가축 관리를 생태학적으로 상호 연결된 관계로 바라보며, 다소 영적이고 신묘한 측면도 있다.

방부제 220 Preservative 220 (와인)
이산화황. 술의 보존에 유용하게 쓰이는 성분으로, 일부 술, 특히 와인의 경우엔 자연적으로 생성되기도 한다.

벤토나이트 Bentonite (와인)
정제용으로 이용되는 진흙의 일종. 절대 채식주의 와인의 양조에서 특히 많이 이용되는 재료다.

보트리티스 Botrytis (와인)
일명 '귀한 부패(noble rot)'로 불리는 곰팡

이로, 특정 디저트 와인 양조에서 풍미를 가미하기 위해 의도적으로 이 곰팡이를 이용하기도 한다.

부레풀 Isinglass (와인)
물고기의 부레로 만든 풀로 정제용 재료로 쓰인다. 와인에는 그 흔적이 전혀 남지 않지만 이것을 쓰면 채식주의 와인으로 인정받지 못한다.

브레타노마이세스 Brettanomyces (와인, 맥주, 사과주)
일종의 박테리아로 술에 플라스틱이나 헛간 앞마당 특유의 냄새, 또는 굉장히 시큼한 풍미를 생기게 한다. 경우에 따라 좋은 요소가 되기도 하고, 감점 요소가 되기도 한다.

블렌딩 Blending (와인, 사케, 아페리티프와 디제스티프, 스피릿)
생산자가 의도했던 풍미와 특징의 균형을 끌어내기 위해 여러 가지 제품을 섞는 것을 말한다. 블렌딩 여부가 반드시 라벨에 표기되는 것은 아니며, 블렌딩에 관련된 규칙도 아주 다양하다.

비터 Bitters (스피릿, 아페리티프와 디제스티프)
알코올 용액에 식물을 담가 신맛이나 쓴맛의 풍미를 우려낸 것. 대다수 비터는 원래 치료제로 판매됐는데 현재는 주로 각 테일의 풍미를 더해주는 용도로 쓰인다.

빈티지 Vintage (전 주류)
그 술을 한 시즌에 수확된 재료만으로 만든 경우, 라벨에 이 명칭을 표기한다.

산화 Oxidation (전 주류)
산소 접촉으로 인해 술이 '산패'되는 것.

세마이부아이 Semai-buai (사케)
사케를 만들기 전에 현미가 도정되는 정도. 도정률에 따라 사케의 등급이 달라진다(세마이부아이가 낮을수록 등급이 높음).

식물성 성분 Botanicals (진, 아페리티프와 디제스피트)
약용 및 치료용 목적으로 쓰이거나, 향이나 풍미 용도로 쓰이는 식물 추출 성분들. 술과 관련해서는 술에 담겨져 증류나 침용을 통해 추출된 식물 성분을 가리킨다.

싱글 몰트 Single malt (위스키)
위스키의 모든 블렌딩 성분이 한 증류소에서 나온 것(그렇다고 해서 같은 회분이나 같은 통에서 나온 성분은 아님).

아가베 Agave (테킬라와 메스칼)
덩치 큰 다육식물로, 그 즙을 증류하여 테킬라와 메스칼을 만든다.

아루텐 Aru-ten (사케)
발효 후 소량의 알코올을 첨가하는 사케.

IBU International Bitterness Units (맥주)
맥주의 쓴맛을 나타내는 국제적으로 공인된 단위.

알코올 함량 Alcohol by volume, ABV (전 주류)
모든 술의 알코올 함유량 단위. 순수 에탄올의 비율을 퍼센트로 표시한다.

앙금 Lee (와인)
효모가 생명이 다하면서 남겨지는 효모 찌꺼기. 와인 양조 중에는 앙금 접촉에 따라 와인의 풍미와 질감이 달라지기도 한다.

에스테르 Ester (전 주류)
(복잡한 과학을 떠나 쉽게 설명하면) 우리가 좋아하는 술의 여러 가지 과일 풍미와 향을 발산시켜주는 화학 성분이다.

연수 Soft water (사케, 맥주)
미네랄 함량이 낮은 물(술의 풍미에 영향을 미치기도 한다).

오크 Oak (와인, 사과주, 스피릿)
최종 술에서 느껴지는 오크통 풍미의 자취를 묘사하기 위한 시음 용어.

유기농 Organic (와인, 맥주)
농부와 생산자들이 화학 비료와 살충제를 비롯한 인공 화합물을 사용하지 않으려고 노력하는 농경 운동.

유산 발효 MLF (와인)
'malolactic fermentation'의 줄임말. 거친 사과산을 부드러운 유산으로 바꿔 와인의 풍미에 변화를 주는 과정이다.

1차 증류액 (Low wine, 아페리티프와 디제스티프, 스피릿)
첫 번째 증류에서 얻어진 증류액. 이 1차 증류액은 재증류를 통해 더 정제된다.

잔당 Residual sugar (전 주류)
발효가 완료된 후에 남은 당분. 반드시는 아니지만 때때로 라벨에 표기되기도 한다.

정제 Fining (와인, 맥주)
탁한 용액을 맑게 해주는 과정을 이른다. 술을 탁하게 만들 만한 단백질을 끌어당겨 붙잡아줄 만한 어떤 재료(대체로 단백질 종류)를 술에 넣어서 여과시켜주는 식이다.

준마이 Junmai (사케)
알코올을 첨가하지 않은 사케. (부당하게도) 높은 등급으로 여겨지는 경우가 많다.

증류기 Still (아페리티프와 디제스티프, 스피릿)
용액 증류에 사용하는 장치로, 단식 증류기와 연속식 증류기가 가장 많이 쓰인다.

침용 Maceration (전 주류)
용액에 (허브나 과일 같은) 재료를 담그거나 우려서 풍미, 빛깔, 여러 가지 화학 성분을 추출해내는 과정.

침전물 Sediment (와인, 사케, 맥주)
바닥에 가라앉는 고형물로, 주로 타닌이나 효모 또는 타르타르산염 성분이다.

코지 Koji (사케)
사케 양조에서 없어서는 안 될 곰팡이. 전분을 당분으로 변화시켜준다.

쿠라 Kura (사케)
사케 양조장을 이름.

크래프트 Craft (전 주류)
요즘 유행하는 용어. 정의를 내리기가 다소 어렵지만 대략적으로 설명하자면 주류 업계에서 하나의 운동처럼 번지는 추세로

부록 **283**

서, 베이스 원료에서부터 포장과 판매에 이르기까지 제조의 모든 단계에서 품질을 중시하며 소량 생산에 치중하려는 경향을 띤다.

키니네 Quinine (진)
기나 나무껍질에서 추출되는 성분. 한때 말라리아의 치료제로 쓰였다가 현재는 토닉워터의 재료로 쓰인다.

타닌 Tannin (와인)
포도/줄기 자체에 들어 있기도 하며, 오크통 숙성을 통해 추출되기도 하는 성분으로, '입 안을 마르게 하는' 특성이 있다.

테루아 Terroir (전 주류)
최종 술의 풍미에 영향을 미치는 것으로, 원료가 재배되는 장소의 특징을 일컫는다.

페놀 Phenol (와인)
넓은 의미에서 말하자면, 풍미와 질감에 영향을 주는 타닌 등의 성분을 가리킨다.

피트 Peat (위스키)
몰트를 건조하기 위해 태우는 식물성 물질로, 훈연 풍미의 위스키를 만들어준다.

헤드 Head (맥주)
맥주의 위쪽에 형성되는 거품 층.

홉 Hop (맥주)
맥주 양조에 재료로 쓰이는 식물로, 대개 복잡한 풍미와 쓴맛을 부여해준다.

황 Sulphur (와인)
'방부제 220' 항목 참조

효모 Yeast (전 주류)
주류계의 영웅 같은 존재. 효모는 당분을 먹고 알코올과 탄산가스를 분비해주는 미생물(사상균)이니, 정말 고마워하지 않을 수가 없다.

감사의 말

험블 텀블러는 오랜 기간 오직 와인이라는 한 가지 활동에만 전념해왔다. 하지만 시간이 흐르는 사이 분야 확장의 필요성을 느꼈다. 와인이 아닌 다른 술의 마니아에게도 그 술에 대해 배워볼 장을 마련해주는 것이 마땅하다는 생각이 들었다.

이때 우리가 내걸었던 원칙은 단 한 가지였다. 새로운 분야의 강의를 뻔한 내용이 아닌 독창적인 내용으로 꾸며야 한다는 것이었다. 그리고 그 원칙에 따라 강의 체계를 재정비하면서 우리 스스로가 타당하다고 여기는 방식으로 뛰어난 술의 경이로운 매력을 가르쳤다. 수업 내용의 선정도 기업 후원에 끌려 다니는 것이 아니라 우리 나름대로 파악한 소비자의 주류 구매 성향과 목적에 따라 정했다.

오늘의 험블 텀블러를 있게 한 다음의 분들에게 (그리고 이 자리에서 미처 언급하지 못한 몇 분들에게도) 이 기회를 빌려 정식으로 감사 인사를 전할 수 있게 되어 정말 기쁘다.

먼저 이 책의 맥주 부문을 편집해준 제임스 스미스@TheCraftyPint에게 진심으로 감사드린다. 진정한 맥주 전문가인 제임스는 craftypint.com의 운영자이자 '굿 비어 위크Good Beer Week'의 공동 설립자이며,《호주의 명품 맥

주 150선150 Great Australian Beers》이라는 훌륭한 책을 펴낸 저자이기도 하다.

위스키 전문가, 칵테일 대가, 작가, 스토리텔러 등으로 다양하게 활동하는 재주꾼, 프레드 시긴스@FredSiggins는 위스키 부문을 편집해주었다. (와인에게는 미안한 일이었지만) 내가 위스키에 푹 빠지게 된 것도 모두 그의 책임이며, 지금 내가 알고 있는 모든 위스키 상식도 그에게서 배운 것들이다. 위스키는 역사적 의의도 중요하지만 그만큼 아주 복잡하기 그지없는 세계이기도 하다. 그래서 책의 위스키 부문을 구성하는 데는 프레드 같은 든든한 조력자의 역할이 결정적이었다. 그런 의미에서 프레드에게 감사의 마음을 전하고 싶다.

캐롤라인 칠더리@TheGinQueenAU는 진 부문의 편집을 맡아 하나부터 열까지 모든 일에 정성과 지혜를 쏟아주었다. 그녀가 조언해준 내용, 그중에서도 특히 진의 역사에 대한 내용은 이 근사한 술의 핵심을 파악하는 데 결정적인 역할을 해주었다. 그녀의 소중한 공헌에 대해 잔을 들어 감사의 인사를 전한다.

어펌 프레스의 편집장 루비 애쉬비오르에게도 깊은 감사를 드린다. 그녀는 뛰어난 재치와 출중한 유머감각으로 나의 모자람을 채워준 대단한 실력자다. 또 이 책의 전개, 어조, 구성에 두루두루 살펴주면서 내 두서없는 글들을 체계 잡히고 흥미롭고 읽을 만한 글로 격을 높여주었다. 그 큰 공헌에 대해 어떻게 다 감사를 드려야 할지 모르겠다. 마음 같아선 책의 표지에 공동저자로 그 이름을 올려주고 싶기까지 하다. 진심이다.

어펌 프레스의 이야기를 꺼낸 김에 편집 팀원들인 마틴, 케이란, 젠, 카렌에게도 이 책을 세상에 나오도록 애써주며 예쁜 삽화를 넣어주고 아낌없이 협력해준 점에 대해 고마운 마음을 전한다. 모든 이의 뛰어난 실력에 대해서도 찬사를 보내고 싶다.

마지막으로 존경하는 부모님께도 감사 인사를 올린다. 먼저 험블 텀블러와 험블 텀블러의 여러 부대 행사에 대해 한결같은 마음으로 적극 지지해주셔서 감사드린다. 큰 지혜를 베풀어주고 훌륭한 부모이자 훌륭한 어른의 본을 보여주신 점, 맛있는 음식을 만들어주고 맛 좋은 차를 우려주신 점, 와인에 얽힌 추억을 들려주신 점에 대해서도 감사드린다. 두 분처럼 훌륭한 분을 부모로 둔 것을 대단한 '행운'이라고 여긴다.

옮긴이 **정미나**

출판사 편집부에서 오랫동안 근무했으며, 이 경험을 토대로 현재 번역 에이전시 하니브릿지에서 출판기획 및 전문 번역가로 활동하고 있다.
주요 역서로는 《스피릿》, 《작가와 술》, 《생각하는 술꾼》, 《와인 바이블》, 《와인 테이스팅 코스》, 《매혹과 잔혹의 커피사》, 《아이의 미래를 바꾸는 학교혁명》, 《소리치지 않고 때리지 않고 아이를 변화시키는 훈육법》, 《인생학교: 섹스》, 《인생학교: 정신》, 《인생학교: 시간》, 《스피치 세계사》 등 다수가 있다.

술 잡학사전
알고 마시면 더 맛있는 술에 대한 모든 것

1판 1쇄 발행 2018년 4월 20일
1판 5쇄 발행 2022년 8월 30일

지은이 클레어 버더 | 옮긴이 정미나
펴낸곳 (주)문예출판사 | 펴낸이 전준배
출판등록 1966. 12. 2. 제1-134호
주소 03992 서울시 마포구 월드컵북로 6길 30
전화 393-5681 | 팩스 393-5685
홈페이지 www.moonye.com | 블로그 blog.naver.com/imoonye
페이스북 www.facebook.com/moonyepublishing | 이메일 info@moonye.com

ISBN 978-89-310-1087-9 13590

• 잘못 만든 책은 구입하신 서점에서 바꿔드립니다.

문예출판사® 상표등록 제 40-0833187호, 제 41-0200044호